幣漲無疑

加密貨幣，一場史詩級騙局？

NUMBER GO UP

INSIDE CRYPTO'S WILD RISE AND STAGGERING FALL

ZEKE FAUX
齊克·法克斯——著
洪慧芳——譯

目次

｜前言｜

我覺得很扯，沒想到實際上更扯

巴哈馬拿騷，二〇二二年二月十七日

「我不會騙你。」山姆・班克曼―弗里德（Sam Bankman-Fried，簡稱SBF）對我說。

這句話，就是在騙。

當時我們在他巴哈馬辦公室裡，我把椅子拉到他桌邊，啟動錄音機。我是彭博社（Bloomberg）的調查記者，公司派我飛來採訪這位全球加密狂潮的關鍵人物。

SBF盯著眼前六台螢幕，一邊看emails一邊告訴我，關於加密貨幣，他會對我知無不言，言無不盡。《富比士》（*Forbes*）才剛宣布他是全球三十歲以下的首富，但他看起來像個圖書館裡通宵K書後被搖醒的學生，一身邋里邋遢，沒穿鞋，穿著藍色短褲與灰色T恤，T恤上印著他的加密貨幣交易所FTX字樣。他那爆炸頭被耳機壓得歪七扭八，像隻剃毛剃到一半的綿羊。他桌上有一包打開的鷹嘴豆咖哩，那是他昨天的午餐。

我的計畫是寫一篇人物報導，讓大家認識這位幣圈金童。這個年僅二十九歲的年輕人，似乎已經預見了貨幣的未來。他崛起的速度極快，所以當他說FTX有朝一日會主宰華爾街時，大家都覺得很有可能。他的身價至少有兩百億美元，但他宣稱，自己賺錢只是為了把所有的財富都捐出去。他開的是豐田 Corolla 汽車，喜歡睡在辦公室的懶骨頭上，我可以看到，那懶骨頭就放在他辦公桌旁邊。

這是個令人難以抗拒的故事。問題是，它根本是假的。當媒體、政治人物、創投業者、投資銀行家盛讚他是樂善好施的金童——相當於數位時代的巴菲特（Warren Buffett）或J．P．摩根（J. P. Morgan）——時，他正偷偷挪用客戶數十億美元的資金，揮霍在糟糕的交易、找名人代言，以及，如同毒梟在洗錢似的，大手筆買進小島上的房地產。

我很想告訴你們，是我揭露了這一切，是我這個英勇的調查記者，拆穿了這個史上最大的騙局，但很遺憾，我和其他人一樣都被騙了。我坐在繼伯納．馬多夫（Bernie Madoff）之後最大的騙子身邊，可以清楚看到他的 emails、公司內部聊天內容與交易紀錄，但我還是不知道他在搞什麼鬼。

「對我來說，把事情解釋清楚是我現在最想做的事。」SBF一邊說，一邊狂抖著那雙穿著短襪的腳，「你可以把我當成你的消息來源。」

「我明白。」我對他說，親切的點點頭。

這是一台被動過手腳的大型吃角子老虎機，快來玩！

我當然有很多疑問。打從開始研究幣圈的那天起，我就看到一堆警訊。這些公司為什麼要把總部設在惡名昭彰的小島？那些名不見經傳的阿貓阿狗虛擬貨幣，據說價值數百億美元，究竟是怎麼回事？這會不會是導致未來金融動盪的肇因？這一切，都是騙局嗎？

就在我造訪SBF在巴哈馬小島上所打造的帝國時，金融界的理性邏輯已經瓦解。幾乎沒有人知道加密貨幣是用來幹什麼的，連那些所謂的專家也無法解釋。大家根本搞不清楚，為什麼許多虛擬貨幣會有價值。但從二〇二〇到二二年初，比特幣（Bitcoin）和其他數百種次要貨幣的價格持續飆漲，而且很多貨幣的名字都很可笑，例如狗狗幣（Dogecoin）、索拉納幣（Solana）、波卡幣（Polkadot）、平滑愛情魔藥幣（Smooth Love Potion）。我在巴哈馬時，加密貨幣的交易價值已逾五千億美元，所有幣別加起來的總市值更超過兩兆美元。

加密貨幣的擁護者宣稱，他們是一場革命的先鋒，這場革命，將會帶來金融民主化，並為相信加密貨幣的人帶來世世代代的財富。不斷飆漲的行情，淹沒了質疑的聲音。一個個難以理解的術語，諸如區塊鏈（Blockchain）、去中心化金融（DeFi）、Web3、元宇宙（metaverse）等等，如今無所不在。這些術語究竟是什麼意思不重要，報紙、電視、社群媒體照樣放送著各種靠這些玩意兒一夕發財的故事。

加密貨幣就像一台被動過手腳的大型吃角子老虎機，幾乎每次拉霸都能賺錢。全世界有好幾億人受到誘惑，都知道有人海撈一票發了大財，相信著只要有更多人繼續買進，價格就會漲更高。

然而，現實世界並沒有因為這一切而開始改用加密貨幣。沒有人剪掉信用卡、關掉銀行帳戶、不再用現金，轉而使用卡爾達諾幣（Cardano）之類的加密貨幣。只見那些推銷者、狂熱者、投機者及徹頭徹尾的騙子都發財了，變得極其富有。他們有錢到令人難以置信、無法想像、不可思議。

SBF告訴我，他的FTX同事中，已經有五位是億萬富豪，這還只是其中一家加密貨幣公司而已。許多還在燒錢而且營運計畫可疑的新創公司，估值可以高達數十億美元。另一家加密貨幣交易所幣安（Binance）的創辦人趙長鵬（簡稱CZ），已經有約九百六十億美元的身價[1]。這些數字如此龐大，就連最荒謬的加密貨幣妄想聽起來也顯得合理，看起來，加密貨幣上漲是擋不住的趨勢。

當然，是漲到紙牌屋崩塌為止。

賭徒、程式設計師、炒作者與億萬富豪

從二〇二二年夏天起，許多加密貨幣騙局被揭穿。泡沫破了，約兩兆美元市值就此蒸發。億萬富豪破產了，數百萬散戶失去了積蓄。縱容騙子橫行的金融當局終於決定，嚴格執法的時候到了。

SBF和許多同夥被捕，加密貨幣沒消失，但熱度明顯消退。

這是一場史上最瘋狂的金融行情。剛開始，我打算深入調查的是泰達幣（Tether，主要功能是扮演加密產業的銀行），沒想到後來演變成一場為期兩年的旅程，從曼哈頓延伸到邁阿密，再到瑞士、義大利、巴哈馬、薩爾瓦多及菲律賓。這本書是根據我對幣圈不同階層人士所進行的數百次採訪撰寫而成，其中有賭徒、程式設計師、炒作者與億萬富豪。我在狂潮顛峰期間去過他們的遊艇與派對，也在政府展開調查時造訪過他們的藏身之所。

打從一開始，我就覺得加密貨幣很扯，沒想到事實證明，它比我想像的更扯。過去從來沒有那麼多的財富，是靠如此薄弱的概念創造出來的。真正讓我震驚的，倒不是那些搞加密貨幣的人有多膚淺，而是他們給世界帶來的毀滅性後果。調查旅程的尾聲，我來到了柬埔寨，追查加密貨幣如何助長中國詐騙集團販運人口。

二〇二一年十一月，加密狂潮接近顛峰時，我向出版社提出寫這本書的構想。當時我預測，加密貨幣很快就會崩盤，而我將是這場災難的記錄者。三個月後，我坐在SBF在巴哈馬的辦公室裡，從他那頭蓬亂的爆炸頭後面看著他的電腦螢幕，竟渾然不覺在我眼前上演中的巨大騙局。事實上，當時的我甚至擔心，我可能永遠也搞不清楚加密貨幣狂潮背後的祕密。

但我仍然十分確定，這個規模龐大的加密貨幣市場本質上是一個類似老鼠會的金字塔式騙局，只是還沒有爆。整個產業正蓬勃發展，而且很有可能在我截稿後還一直漲。或許，加密貨幣會繼續吸引更多追隨者，漲勢再也擋不住。這本書的結局會怎樣，我也不知道。

在和ＳＢＦ相處幾個小時後，我決定開門見山提出我的疑問。這樣做一半是出於採訪策略，一半是真心求助。我不指望他會告訴我這是一場騙局，但我想看看他是否願意為我指出正確的方向。於是，我說明了我的疑惑以及我的看法：泰達幣自稱是安全的加密銀行，是加密貨幣的支柱，但我認為那可能是一場騙局，會拖垮整個產業。

ＳＢＦ說，我錯了。加密貨幣不是騙局，泰達幣也不是，但他也不認為我的問題冒犯了他。他說他完全理解我的想法，接著他做了一件當時我並不覺得奇怪的事，但如今回想起來，我不禁懷疑他是否在對我暗示什麼。

我試圖進一步解釋時，ＳＢＦ打斷了我的話，用快要笑出來的語氣說：「你是不是覺得如果答案是『哇靠！這是世界上最大的龐氏騙局（Ponzi scheme）』會更勁爆，對吧？」

嗯，就是。

第1章

可疑的泰達幣，我的調查起點

紐約市布魯克林，二〇二一年一月

二〇二一年一月，在新冠疫情最嚴重的時候，我有個朋友叫阿傑（Jay），在我們高中好友的群聊中發了一則訊息，說他花了幾百美元，買了一種叫「狗勾幣」（doggie coin）的東西，還建議我們也應該投資。「除了名字，我對它一無所知。」他寫道：「我實在太無聊了。」

他連名稱都講錯，那個東西叫「狗狗幣」（Dogecoin），音譯是「多吉幣」。那是一種以斜眼柴犬的迷因為基礎的加密貨幣。別問我一個狗狗笑話是如何變成金融資產的，連狗狗幣的創造者也搞不清楚是怎麼回事[1]。它就像多數的加密貨幣一樣，沒有「收入」或「獲利」。為什麼它會有價值，也很莫名其妙。

這一切，我都一一解釋給阿傑聽。我說，狗狗幣連笑話都稱不上，一點也不好笑。他不在乎，他回我：「我完全明白這句多蠢，所以才覺得很好笑。」

當初聽我的，就能用十美元賺到五百美元

阿傑可不是什麼無可救藥的賭徒，他是三十六歲的專業人士，在波士頓的美好郊區有一棟附泳池的房子，也在兩個慈善機構擔任董事。他在網路論壇 Reddit 上看到狗狗幣的資訊時，越看越覺得其他人應該也會買進這種好笑的狗狗加密貨幣。

這樣想並不算瘋狂，畢竟，在疫情封城期間，數百萬人下載了羅賓漢（Robinhood）和 Coinbase 等應用程式。在精神上刺激不足、金錢上過度刺激之下，他們開始狂按「買進」按鈕。這些短線交易者聚在推特（Twitter）與 Reddit 上，一起把看似垂死的零售商「遊戲驛站」（GameStop）的股價推高了十幾倍，差點讓做空遊戲驛站的避險基金破產，震驚了華爾街。接著，他們把這種虛無主義、為了好玩而買的心態也帶進了幣圈。

狗狗幣取代了群聊中的政治話題與冷笑話。阿傑發訊息告訴我們，狗狗幣贊助了一名 NASCAR 賽車手。我注意到伊隆・馬斯克（Elon Musk）也在談狗狗幣，當狗狗幣的價格從一美分漲到兩美分，然後三美分，接著又漲到五美分時，我越想越氣。不是因為阿傑有賺錢而我沒跟到，比較像是我知道我是對的，狗狗幣根本漲得莫名其妙。好吧，我也是有點眼紅啦。

阿傑發出那則訊息幾天後，我打開《德拉吉報導》（*Drudge Report*），看到一隻笑容滿面的柴犬出現在網站的首頁：「Reddit 狂熱推高了狗狗幣！現在價值數十億美元！」[2] 阿傑後來賣出持有

的狗狗幣，賺了幾千美元。他拿那些獲利去迪士尼樂園玩了一趟，還發了自拍照來嘲笑我。「如果你們當初聽我的，投資十美元買狗狗幣，現在你們每個人都賺到五百美元了。」阿傑寫道：「我簡直是大預言家！」

阿傑不承認自己只是運氣好，而是證明他很了解群體心理。這事就這樣過去了，但我心裡卻一直記得。我開始發現，到處都有人投資加密貨幣。他們表現出來的樣子，彷彿幣價上漲證明了他們是天才一樣，而且這種人的數量還不斷增加。

似乎除了我以外，每個人都把疫情期間發放的振興經濟支票或退休積蓄拿去買加密貨幣了。每次有人問我該不該投資時，我都會告訴他們，我覺得那很冒險，但沒有人聽進去。就在我居住的布魯克林那個街區，一個鄰居靠投資加密貨幣，賺到了足夠翻新廚房的錢；另一個鄰居還賺到足以買房子，搬走了。

感覺最糟的是，我理當是這方面的專家，我的專業是報導華爾街騙子和科技巨獸。我算不上是冷硬派的調查員，而是一個三十六歲的布魯克林老爸，有三個孩子、一輛小型休旅車、一台七段變速的單車，連買一包三號AA電池，都要先上網查一下評論。幾個月後，我為了採訪，第一次嘗試喬裝，想要混進布魯克林區的一家高利貸公司，結果尷尬極了：我刮了鬍子，免得自己太顯眼，沒想到裡面都是留著大鬍子的哈西迪猶太教徒（Hasidic Jews）。但大體來說，報導騙局是我的強項。我喜歡研究騙子如何鑽法律漏洞，並揭穿他們的複雜手法，追蹤他們設立的離岸空殼公司。

對我來說，加密貨幣沒有這樣的吸引力。每次工作上遇到這個話題，我都懶得理，因為那一看就是騙局。加密貨幣根本沒實際用途，一堆人卻照買不誤。要我寫一篇揭發加密騙局的報導，感覺就像要美食家寫文章評論連鎖速食餐廳。

但和阿傑一番爭論之後，我開始對加密貨幣感興趣了，我想證明這些人都錯了。幾個月後，也就是二〇二一年五月，當《彭博商業周刊》（*Bloomberg Businessweek*）的主編來找我，要我寫一個和加密貨幣有關的主題時，我二話不說就答應了。

萬一爆發擠兌，就會重新上演金融風暴

「你對穩定幣（stablecoin）了解多少？」他問我。

答案是：不多，但我確實知道它們叫「穩定幣」，因為不像那些一味追求上漲的加密貨幣，它的價格會釘住美元。照理說，每一枚穩定幣都有一美元作為後盾，而當時最大的穩定幣是泰達幣（Tether）。

泰達幣似乎是加密世界的中心：每天換手的泰達幣，比任何加密貨幣還多。那是交易者把資金從一個交易所移到另一個交易所的一種方式，也是他們把投資放在穩定資產中的一種方式。我驚訝地發現，當時市場上已經流通了五百五十億枚泰達幣——這個數字足以使泰達公司成為美國前五十

大銀行之一。那也表示，理論上，大家已經匯給該公司五百五十億美元，並換到價值五百五十億的虛擬泰達幣。泰達公司堅稱，它把五百五十億美元投資於安全的標的。

問題是，沒有人知道錢在哪裡。

在Google上搜尋幾個小時後，我發現泰達公司非常可疑。該公司的一名高階主管原是義大利整形外科醫生，後來轉行當電子產品進口商，曾被逮到銷售盜版的微軟（Microsoft）軟體。泰達公司的創辦人之一，是迪士尼曲棍球經典電影《野鴨變鳳凰》（*Mighty Ducks*）的童星。我在泰達網站上發現一份舊檔案，上面列了購買這種加密貨幣的各種風險：公司破產、它存放資金的銀行破產、政府沒收它的資產，以及，「我們捲款潛逃。」我特別記下了最後這點。

我看不出是哪個國家在監管泰達公司。該公司的某位代表在podcast上表示，泰達公司已在英屬維京群島的金融調查局（Financial Investigation Agency）註冊，但金融調查局的局長艾羅爾．喬治（Errol George）告訴我，泰達公司並不受其監管。他說：「我們沒有監管，從來沒有。」

也有人認為，泰達幣其實沒有足夠的資金支撐，是憑空創造出來的代幣。如果這種說法屬實，那麼泰達幣就是個龐氏騙局，也將是史上規模最大的騙局之一。

這可不是網路酸民的陰謀論，現在連美國政府高層也開始擔憂。幾個月後，當我得知財政部長珍妮特．葉倫（Janet Yellen）召集全國所有的金融高層[3]——包括聯準會主席、證券交易委員會主席與其他六名官員——開會討論泰達幣時，我簡直不敢相信。美國通貨膨脹正在飆升，新冠疫情威脅著經濟復甦，而葉倫竟然想開會討論一個由《野鴨變鳳凰》的童星所構想出來的數位貨幣。在我看來，這就像擔心有人玩雪球仗失控，所以特別召開參謀長聯席會議（Joint Chiefs of Staff），以防演變成核武戰爭一樣。

其實監管機構也想知道，泰達公司的數十億美元在哪裡。他們認為，就算泰達幣真的在某個地方存放著約五百五十億美元的資產，如今它的規模如此龐大，已經有可能威脅到整個美國金融體系的安全。他們相信，如果持有泰達幣的人擔心泰達公司沒有足夠資金，就可能會開始贖回，當有越來越多人擔心，就會出現擠兌潮，誰也不想成為最後一個持有泰達幣的人。

再加上，如果泰達幣的資金都用來投資，在出現擠兌的情況下，它將不得不賤價拋售這些投資，連帶造成市場重挫。二〇〇八年導致美國經濟崩盤的金融危機，就是典型的例子，恐慌在整個金融體系中蔓延，引發了一家接一家銀行和基金的擠兌。

泰達幣跟美元一樣值錢？REALLY？

看起來，泰達幣可能是推動加密貨幣價格不斷攀升的一股神祕力量。如果泰達幣被揭穿是個騙局，我認為整個泡沫可能會破裂，所有加密貨幣都會暴跌，包括狗狗幣。這樣一來，連大預言家阿傑也得承認我是正確的。

於是，我開始調查泰達公司的資金流向。

實在很難相信，竟然會有這麼多人願意把五百五十億美元的真金白銀，匯給一家看起來如此可疑的公司，交易者每天買賣泰達幣，彷彿泰達幣和美元一樣值錢。泰達幣的交易非常頻繁，有時一天的交易量就高達一千億美元。那些在幣圈投資最多的人，似乎都很信任泰達幣，我很想知道原因。

很巧，二〇二一年六月，一萬兩千名加密貨幣的狂熱者將齊聚邁阿密，參加一場號稱有史以來最大的加密貨幣大會[4]。主要的講者包括眾議員榮．保羅（Ron Paul）、推特的共同創辦人傑克．多西（Jack Dorsey），以及（不知為何受邀的）滑板好手東尼．霍克（Tony Hawk）。這種大好機會，誰能抗拒呢？

第2章
這是一種「會上漲」的科技

佛羅里達州的犯罪小說家卡爾・希亞森（Carl Hiaasen），曾這樣描述自己的家鄉：「美國每個圖謀不軌的人渣遲早都會來到這裡，因為這裡有太多掠奪的機會。」[1]在他的小說中，這些圖謀不軌的人渣，包括了腐敗的警察、墮落的政客，以及賣海洛因的毒梟，他們都是邁阿密市蓬勃發展背後的金主。

在我參加的「比特幣二〇二一」（Bitcoin 2021）大會上，許多人似乎也符合這個描述。

現金是垃圾！你繼續當窮鬼吧！

來這裡之前，我認為加密貨幣非常可疑，而我對泰達幣的研究也沒有讓我消除疑慮。不過，來到邁阿密，周遭都是真正的加密信徒。他們正努力讓加密貨幣變成主流，並吸引機構法人與散戶投入大量資金。他們宣稱，加密貨幣背後的「區塊鏈技術」很快就會驅動日常的金融交易。

這場大會本來應該只討論比特幣，也就是第一個、也是最大的加密貨幣，但由於這是新冠疫苗問世以來的首場大型聚會，我猜想，整個幣圈的大人物都會出席。我打算禮貌地聆聽這群搞技術的人推銷他們的應用程式，然後問問他們對泰達幣了解多少。

大會是在看起來像倉庫的馬納溫伍德會議中心（Mana Wynwood Convention Center）舉行。抵達會場時，我看到好幾千人在場外的烈日下等候。排隊進場的隊伍蜿蜒至少一英里，途中會經過一幅俗氣的卡通老鼠壁畫和另一幅哭腫眼的小丑壁畫。與會者穿著印有加密貨幣標語的T恤，上面印著「你繼續當窮鬼吧」（Have Fun Staying Poor）或「HODL」（Hold On for Dear Life的縮寫，意思是「終生不出賣加密貨幣」）。還有人的T恤上宣傳著他們最喜歡的加密貨幣，這些貨幣的名稱似乎是在比蠢，越蠢越引人注目。大會召開期間，色情平台CumRocket發行的加密貨幣（CumRocket幣），在馬斯克發了一則推文，以連續三個表情符號（潮水、火箭、月亮*）指涉該貨幣後[2]，暴漲了四倍。

現場的氛圍更像是嘉年華會，而不是技術大會。在入口附近，我看到一個裝滿委內瑞拉貨幣玻

＊譯註：潮水（cum，也有「精液」的意思）與火箭（rocket）分別代表 CumRocket 的名稱。月亮代表幣圈用語 to the moon，意指價格不斷飆升，像火箭一樣升到月球。

利瓦（bolivares）的垃圾箱，箱側貼著「現金是垃圾」的標語。場外已經搭好了讓美國滑板好手霍克一展絕技的滑板坡道。進場後，可以看到模特兒身上彩繪著比特幣的標誌，穿梭在那些宣傳加密貨幣公司、奢華名表及邁阿密夜店的攤位之間。

現場幾乎沒有人戴口罩，為了融入大家，我也拿下了口罩。會場瀰漫著古龍水的刺鼻味，但聞起來反而令人安心——能聞到味道，應該就沒有確診。

這場奇怪的聚會遠到邁阿密舉行，當然是有原因的。四十三歲的邁阿密市長法蘭西斯・蘇亞雷斯（Francis Suarez）是第一位講者。他走上舞台時，電子音樂響徹全場，舞台後方是一個巨大的橘色比特幣標誌「B」。他穿著一件特別的T恤，上面以螢光色的《邁阿密風雲》（*Miami Vice*）字體印著「HOW CAN I HELP」（我能如何效勞）。

「在這座城市裡，我們真正了解『資本之都』是什麼意思。」他說，「意思就是，成為比特幣之都。」

蘇亞雷斯宣布[3]，他想用比特幣來支付市府員工的薪資[4]，接受民眾以加密貨幣來繳納罰款與稅金，甚至開放邁阿密市府投資比特幣。SBF的加密貨幣交易所FTX以一・三五億美元，取得邁阿密熱火隊（Miami Heat）NBA體育館的冠名權（該體育館是市政府所有）。蘇亞雷斯表示，這筆錢將用來支付反槍枝暴力專案與青少年暑期打工。

市長說那些質疑比特幣的人，和批評他政績的人一樣，老愛說氣候變遷問題嚴重，邁阿密街上連晴天都會淹水。剛好大會召開那週，美國陸軍工兵部隊（U.S. Army Corps of Engineers）發布了一份報告，呼籲政府要預防淹水，應在比斯坎灣（Biscayne Bay）建造一道六公尺高、會擋住金融區海景的巨型海堤[5]。蘇亞雷斯向大會現場的群眾說：「你們看到這裡有淹水嗎？我沒看到這裡有水啊。」

接下來的每一個講者都對比特幣充滿熱情，跟這些人比起來，蘇亞雷斯反而像個悲觀主義者。有些人說，比特幣將實現免費與即時轉帳，取代萬事達卡（Master）與Visa卡，還有人表示，比特幣將讓全球數十億無法在銀行開戶的人，能獲得金融體系的服務，講得好像比特幣無所不能似的。一位上台的podcast主持人說，比特幣是「人類歷史上第一個人造的防偽貨幣與社會制度」，還說它「可能是人類歷史上最重要的發明」。

許多講者抨擊中央銀行與通貨膨脹，他們的眼中釘是法定貨幣（簡稱「法幣」），指的是央行印製的貨幣）——也就是現代幾乎所有貨幣。他們把社會的所有弊病（從通膨到戰爭，再到營養不良）都歸咎於法幣，並呼籲大家回到貨幣由硬資產支撐的時代（儘管幾乎所有的經濟學家都認為，這將導致金融危機頻繁發生）。只不過這次，要用比特幣取代黃金的地位。

「比特幣徹底改變了一切。」穿著紮染T恤站在台上，頂著光頭，留著像大師般鬍子的傑克．多西說道。

把畢生積蓄交給與祕書亂搞的傢伙，你敢？

邁阿密大會上的講者把比特幣講得既複雜又具革命性，簡直就是神物等級。它的難以理解幾乎成了賣點，支持者把終於了解比特幣的那一刻，比喻成一種宗教覺醒。這種令人窒息的炒作，讓我對於比特幣究竟是什麼或區塊鏈如何運作，感到更加困惑。後來我才發現，加密貨幣根本沒那麼複雜——至少重要的部分沒那麼複雜。

所謂的區塊鏈，是一個資料庫。想像一個有兩欄的試算表：A欄是人名，B欄是他們擁有的貨幣數。

以比特幣區塊鏈為例，B欄的數字代表比特幣數量。A欄的人是由一串隨機字元來代表，而不是以名字來標示。就這麼簡單！這就是比特幣，它就是試算表中的數字而已，沒別的了。沒有試算表，比特幣就不存在。如果換成狗狗幣區塊鏈，B欄的數字代表狗狗幣數量。泰達幣也只是類似試算表中的數字（嚴格來講，區塊鏈是過去所有交易的清單，由軟體編寫成類似試算表的東西，但以上比喻已經夠接近實際定義了）。下一節將解釋這是如何運作的，我保證我會盡量講得有趣一點，但你也可以略過不看——因為，讀到這裡你已經是比特幣與區塊鏈的專家了。

上述的兩欄清單，一直是金融系統的核心，也是銀行的核心功能：記錄每個客戶

A 欄	B 欄
齊克	0.647
SBF	1,000,000

有多少錢。這是我多年前從一個被低估的財金知識來源學到的：喜劇綜藝節目《週六夜現場》（*Saturday Night Live*）。

有一次，《週六夜現場》播了一段搞笑短劇。一開場是個穿著西裝背心、梳著油頭、身材矮胖的銀行家，對著滿場的員工演講，背景音樂是貝多芬的〈歡樂頌〉（Ode to Joy）弦樂版。威爾・法洛（Will Ferrell）扮演其中一個員工，他留著八字鬍，努力憋著笑意。銀行家透過圓形的眼鏡鏡框，瞇著眼睛，說一個華爾街最重要的原則。「我們要列一份客戶清單，上面標示他們各自存了多少錢在我們這裡。」他說，「我們要把這個清單放在安全的地方。」員工們認真地點頭，銀行家再次重申清單的重要性：「我們必須特別小心地保管這個列有每位客戶姓名與投資金額的清單。」他說，「萬一清單遺失了，我們就完了。」

說完，他話鋒一轉：「還有，如果我和祕書偷情時，我老婆打電話來，就告訴她我在開董事會。」

這齣短劇很好笑，因為很貼近真實：萬一銀行搞丟了清單，後果真的會很嚴重。雖然銀行通常在保管清單方面做得很好，但歷史上三不五時上演的金融危機，也提醒我們別把畢生積蓄交給這種自私自利、還與祕書亂搞的金融家。

區塊鏈的技術創新之處，在於它讓客戶自己維護清單，不假銀行家之手。我想把一千枚比特幣從我的帳戶轉到別人的帳戶，如今不再需要透過手腳不乾淨的銀行家。相反的，我的電腦會通知每一台執行比特幣系統的電腦，告訴所有的比特幣用戶：「嘿，我正在把一千枚比特幣轉到另一個帳戶。」

到底，什麼是比特幣？（入門者可以看這裡）

那麼，這個概念是從哪裡來的？比特幣這種最原始的加密貨幣，是二〇〇八年萬聖節問世的，當時正值次貸危機顛峰，知名投資銀行雷曼兄弟（Lehman Brothers）才剛倒閉不久。

它是由一個名為中本聰（Satoshi Nakamoto）的個人或團體，在一個密碼學郵寄清單上發布一則消息開始的。中本聰寫道：「一種純粹點對點的電子現金，可線上支付直接從一方發送到另一方，無須透過金融機構。」

中本聰的身分一直是個謎，但他提出的概念吸引了自由主義者、技術愛好者及加密龐克（cypherpunk）*。他們看到了一種在網路上創造自由市場的方式，不受政府管控，他們喜歡這種交易的匿名性質。中本聰提出的概念，開始在密碼學郵寄清單、留言板和網路上其他鮮為人知的角落傳播開來，還有程式設計師與密碼專家自主地協助中本聰開發比特幣的開源軟體。二〇一一年，中本聰突然行蹤成謎，這些志工接手了網路的維護工作，此後再也沒有人聽到中本聰的消息。

中本聰所設計的這個保護比特幣清單系統，必須仰賴志願者的維護。電子現金的問題之一，是有人可能會試圖重複使用相同的比特幣——相當於「複製貼上」金錢。為了防止這種「雙重支付問題」，中本聰的解方稱為「挖礦」——這個機制非常複雜，不容易搞清楚，而且非常耗電，所以白宮發出警告，說比特幣可能妨礙美國對抗氣候暖化，這簡直就像世界上最可笑的反烏托邦科幻電影情節。

我盡可能為各位說明整個流程：一旦有夠多的交易訊息進來，網路上一些被稱為「礦工」的電腦，會把這批訊息編譯成所謂的「區塊」。他們確認我確實擁有一千枚比特幣，而且我還沒有把它們發送給其他人。接著，他們使這個區塊正式化，並把它添加到現有的區塊列表中——也就是區塊鏈。

然而，礦工不只投票確認交易的有效性而已（這需要對投票計數系統的信任），他們也參加一種極難的猜謎比賽，以生成一個亂數——截至二〇二三年，猜對的機率是75×10^{21}分之一[6]。猜對數字的礦工有權發布區塊及更新帳本，並獲得由系統創造出來的六．二五枚**全新比特幣作為獎勵[7]。隨著更多礦工加入挖礦，猜謎比賽的難度也會自動提高。

---

*譯註：一九八〇年代，一群電腦科學家與工程師，在網路討論如何用密碼學來發展具備隱私性的點對點（P2P）數位現金，這個族群名為「加密龐克」或「密碼龐克」。

用五十枚比特幣，買一百微克搖頭丸

早期除了挖礦以外，比特幣幾乎沒有其他用途。當時是靠一般家用電腦挖礦，只是科技宅男的嗜好，就像玩模型火車或業餘無線電一樣，比特幣的價格接近於零。

但是到了二〇一一年，暗網上突然出現一個叫「絲綢之路」（Silk Road）的網站，就像一個專門交易毒品的 eBay，利用比特幣可以匿名的特點，讓賣家在網站上架大麻、海洛因、搖頭丸、古柯鹼，收到買家用比特幣支付之後，再郵寄出毒品。一位早期買家在「絲綢之路」網站上花了五十枚比特幣，買了一百微克的搖頭丸，他後來告訴記者：「那感覺就像生活在未來。」[8]「絲綢之路」算是比特幣的第一個商業應用，而毒品買家上網購物前，不會先自己挖礦，而是到交易平台用現金購買比特幣，這一來，也開始推高比特幣的價格[9]。

比特幣與絲綢之路掛鉤之深，以至於二〇一三年十月該網站的創辦人羅斯·烏布利希（Ross Ulbricht）被捕時，比特幣的價格暴跌。但一個月後，比特幣的價格又神祕地暴增十倍，漲破一千美元。新聞中開始出現「比特幣百萬富翁」的報導[10]。華爾街的傳統金融機構認為，這種熱潮是無法持久的泡沫。多年後，研究人員發現那次價格飆升雖然是假交易與價格操縱的結果[11]，但是一般人可以靠比特幣致富的想法，已經深入人心。

二〇二一年邁阿密召開這場加密大會時，一枚比特幣的價格已高達三萬九千美元。把整個比特幣區塊鏈中的所有金額都存入我的帳戶中，需要花六千九百一十億美元。

這一切聽起來很離譜？我也覺得

中本聰的巧妙設計與程式師的自願奉獻，使比特幣這個系統穩健的運作到現在。但這種設計也導致一個意想不到的後果：大量的汙染。

這個系統是靠經濟誘因運作的。那些確認交易的礦工已經投入了大筆資金（用來買更多更快的電腦，參加解謎比賽），所以輸入假交易去破壞比特幣對他們來說根本不划算。但這也表示，用大量的電腦來猜測亂數以期獲得比特幣獎勵，在經濟上確實是合理的。就像有人在推特說的：「想像一下，如果讓你的車子全天候二十四小時怠速運轉，就可以解開數獨遊戲，讓你拿去換取海洛因。」

這種機制對環境造成了很大的危害。一旦比特幣的價格開始上漲，競爭會淘汰業餘的礦工。不

**譯註：比特幣的挖礦獎勵有一種減半機制，目的是減少挖礦獎勵來控制其供應量，以確保比特幣的稀缺性和價值。這個過程是每四年自動發生一次，每次將新產生的比特幣數量減半，直至總量達到兩千一百萬枚為止。二〇二四年四月二十日，隨著比特幣網路達到第八十四萬個區塊，比特幣完成了第四次減半。在這次減半之前，比特幣礦工每成功挖出一個區塊，可以獲得六．二五枚比特幣的獎勵；這次減半後，降至三．一二五枚。

出幾年，有公司開始銷售特別擅長猜謎遊戲的挖礦電腦。礦工們開始架設一整排這種電腦，後來甚至建立機房，擺滿用來挖礦的電腦。

礦工們在全球各地尋找廉價電源，也讓挖礦成了環保災難。他們蓋機房的地方，幾乎都遭到當地人的反對。紐約州尼加拉大瀑布的居民抱怨，比特幣礦工的強力冷卻風扇（為了防止電腦過熱的必備品）所發出的噪音，蓋過了當地的巨大瀑布聲[12]。向來沒多重視環保的中國，由於挖礦消耗大量的能源而禁止挖礦（至於德州，當然還是歡迎大家去挖礦）。

不像其他加密貨幣採用耗電量少很多的認證系統，比特幣的支持者反對更改中本聰的挖礦系統，所以無法減少挖礦的能源消耗。為了不讓駭客入侵，破解猜謎遊戲的難度非常高，也促使更多人使用更耗電的頂級電腦去挖礦。有些人試圖改用再生能源，但截至二〇二三年，用於比特幣挖礦的電力中，約八五%是來自煤炭與天然氣廠[13]。據一項估計，比特幣挖礦所消耗的能源，相當於人口四千六百萬的阿根廷全國所消耗的能源[14]。

如果你覺得這一切聽起來很離譜，我懂，我跟你想的一樣。

比特幣為什麼會漲？因為……它就是會漲

這一切最荒謬之處，在於比特幣區塊鏈中的數字，並不代表美元，甚至與金融體系毫無關聯。

一枚比特幣沒有理由比一枚狗狗幣，或任何其他資料庫中的其他數字更值錢，為什麼有人會燒掉大量的煤，只為了在區塊鏈上為自己的帳戶寫入一個更高的數字呢？

剛開始有一種理論認為，一旦比特幣成為主流金融體系的一部分，它的價值就會上升。當時的想法是如果比特幣成為一種更卓越的金融技術，就會有人想用它來從事金融交易。而那些想使用的人，就必須先買進。

當這種情況沒有發生時，比特幣的支持者開始改口，宣稱加密貨幣是「數位黃金」。根據中本聰的設計，比特幣的發行上限是兩千一百萬枚。他們說，既然是限量，也就意味著價格肯定會上漲。但光是限量，不等於就有價值，當年皮克斯（Pixar）動畫工作室的《玩具總動員》（*Toy Story*）最初只製作了兩千一百萬支VHS錄影帶，現在你上eBay買一支原版也只要三美元。

對這些信徒來說，比特幣價格上漲，就足以回過頭來證明它的存在價值。在邁阿密的舞台上，許多講者訴諸一種不合邏輯的推理：比特幣的價格將會上漲，因為它已經上漲了。他們利用這種鬼打牆的循環論證來回應疑慮，並預言一個無限繁榮的未來。這個概念最後變成一個流行的口號：幣漲無疑（Number go up，直譯為「數字會變大」）。

「數字會變大！」在二〇二一比特幣大會的舞台上，克拉肯（Kraken）加密貨幣交易所的高階主管丹・赫爾德（Dan Held）宣稱：「數字會變大的科技（number go up technology）是一種非常強大的科技，完全靠價格推升。隨著價格走高，它會吸引更多關注，更多人買進，並期待價格持續攀升。」

我簡直不敢相信自己的耳朵。我不是電腦專家，但我敢說你不可以把這種「數字會變大」（沒半點理由）的概念稱為「科技」。比特幣問世已經十三年（第一個網站的誕生和第一台iPhone問世之間，差不多也隔十三年），而你對比特幣端出的最好論述，竟然只是一個會永遠膨脹下去的金融泡沫？

這是「幣漲無疑」教，去你媽的馬斯克

但「幣漲無疑」已經儼然成了一種教派，銷聲匿跡的中本聰，真實身分從未揭曉，但已成了信徒心中謎一般的神。

主持人介紹兩個人出場。從熱烈的掌聲來看，似乎是當天的重頭戲，這時現場已經擠得水泄不通。首先登場的是幣圈podcast主持人麥克斯．凱澤（Max Keiser），他穿著白色西裝，戴著紫色墨鏡，在震耳欲聾的電子舞曲中現身，一邊高呼「耶！耶！」一邊揮舞著拳頭，舞曲的聲音越來越大。由於不久前馬斯克才說，比特幣對環境有害，特斯拉不接受比特幣，這時只見凱澤在台上大吼——彷彿他家的狗被馬斯克撞死似的——「去你媽的馬斯克！去你媽的馬斯克！」

接著，輪到五十六歲的企業家邁克．塞勒（Michael Saylor）上台，身穿全黑的套裝與黑色皮

靴。凱澤叫他「超猛男」（giga-Chad），Chad 是網路俚語，意指男性領袖。對這次大會的參與者而言，放膽做當沖交易就是一種男子氣概的展現，而塞勒，就是這種人。

不過如果要精確的說，塞勒其實曾是這場子裡最大的輸家。他在演講中沒講，但他的軟體公司微策略（MicroStrategy）在網路泡沫時期幾乎破產。二〇〇〇年，就在網路泡沫即將破裂之前，他對《紐約客》（*The New Yorker*）說：「我只希望有一天醒來，不會看著鏡子裡的自己說，『你曾經有一百五十億美元，但你把它揮霍光了。你這傢伙，讓一百五十億美元一夕蒸發。』」[15] 沒多久，他就損失了一百三十五億美元。

但微策略沒倒閉，多年來，塞勒低調的繼續經營。後來他開始買比特幣，越買越多。到這場大會召開時，微策略投入加密貨幣的規模已經高達二十億美元。

塞勒在他的推特頭像上放了一雙雷射眼睛——這是加密貨幣信徒的一種死忠訊號，意指他們相信比特幣的價格會飆漲到十萬美元。他也在推特上發一些玄之又玄的比特幣言論，比如：「比特幣是一群為智慧女神服務的網路大黃蜂，持續餵養著真理之火，在加密能量的高牆後，呈指數級成長，變得越來越聰明、越來越快、越來越強大。」當現場觀眾安靜下來，他一本正經帶著鼻音說出他那套哲理時，聽起來又更玄了。

「你可以把比特幣想像成一種植物。」塞勒在台上說，「我讓它繼續活一千年……活一千年不好嗎？永久富裕有什麼不對，不是嗎？」

我當然也想要長生不老、財富滾滾而來。有一度，坐在昏暗會場中的我，也覺得自己把積蓄存在退休金帳戶裡簡直蠢斃了。但我有任務在身：我來這裡，是為了找出泰達幣的真相。

照他的商業模式，就算是小孩擺攤賣檸檬水都會虧死

前往邁阿密之前，我仔細研究與會者名單，試圖找出哪些人曾與泰達公司往來、或許了解一些內情，並約訪了其中幾位。一位同事本來就約好與ＳＢＦ碰面，邀我一起前往。據說ＳＢＦ創立的ＦＴＸ交易所，是泰達幣大戶。

我想和他談談「商業票據」（commercial paper，簡稱ＣＰ）。ＣＰ是華爾街的術語，指華爾街提供給企業的短期貸款，用來支付庫存或薪資等日常開支。泰達公司聲稱，持有約三百億美元的商業票據，也是市場上第七大持有者，與嘉信理財（Charles Schwab）、先鋒集團（Vanguard）並列，但我與幾位同事問遍了華爾街交易員，沒人看到泰達公司投入商業票據市場。「這個市場很小，很多人彼此認識。」一位商業票據專家告訴我，「如果有新加入者，通常很容易知道。」

有些人猜測，泰達公司所謂的「商業票據」，其實是來自ＦＴＸ等交易所的借據。這可以解釋為什麼華爾街沒有人與泰達公司有任何交易。ＦＴＸ只要發一張票據給泰達，上面寫著「我保證付你十億美元」，泰達公司就可以發送十億枚泰達幣。

我們在一個專為媒體準備的會議室碰面，裡頭像個動物園，擠滿了跑幣圈新聞的記者。我看到一個肌肉發達的 podcast 主持人，穿著黑色緊身T恤大搖大擺走進來，身邊跟著三個穿著相同、一樣壯碩的助手，另一名男子一邊拍攝採訪，一邊抱著一隻毛茸茸的小狗。

SBF專程從FTX香港總部飛來，慶祝邁阿密熱火隊NBA體育館冠名權從原本的美國航空改為FTX。他似乎心不在焉，但我只有幾分鐘時間，於是開門見山，直接問他泰達公司是否用泰達幣跟他交換借據。他向我保證，那不是真的。

「我們真的匯給他們很多美元。」他說。他還告訴我，他成功把泰達幣兌換成現金（也就是說，把泰達幣匯回給泰達公司，收到真正的美元），但他描述的過程，聽起來有點奇怪。

「這要經過三個不同的司法管轄區，透過中介銀行。」他說，「如果你知道該去哪家銀行，你可以避開其中一些中介機構。」

我還想追問下去，他的公關就催他離開了。

接著我也約訪了艾力克斯·馬辛斯基（Alex Mashinsky），他是加密貨幣借貸平台攝氏網（Celsius Network）的創辦人。根據我讀過的資料，泰達公司是攝氏網早期金主之一[16]，所以我猜他應該很了解穩定幣。大會上，馬辛斯基的身影隨處可見——舞台上、會場裡，以及在媒體室裡連續接受多家媒體採訪。我和他在一間沒有窗戶、比較安靜的小房間裡見面。

五十五歲的馬辛斯基在以色列長大，講英語時仍帶有輕微口音。他高大魁梧、眼距近，一頭棕髮梳理在寬闊的前額上，穿著一件T恤，上面寫著UNBANK YOURSELF（擺脫銀行，財務自主）。為了讓他放鬆，我先問了一個簡單的問題：請說明一下貴公司的商業模式。

馬辛斯基的回答，聽起來狗屁不通。他告訴我，用戶可以把加密貨幣存進攝氏網並領取利息，年利率高達一八％——當時一般存款放銀行幾乎沒有利息可言。他說攝氏網也做貸款，但利率很低。也就是說，他的商業模式是高買低賣，這要嘛穩賠不賺，要嘛就是龐氏騙局。

我決定直接切入泰達幣。

「你們也使用穩定幣嗎？」我問道。

「我們有數十億美元的穩定幣。」他說。

後來我發現，攝氏網擁有一百八十億美元的資產[17]。我簡直不敢相信，這家公司累積的資金，竟然跟大型避險基金一樣多，但按照他的商業模式，就算是小孩擺攤賣檸檬水都會虧死。

「我猜想也是……」我努力不笑出來。

馬辛斯基說，根本不用擔心泰達幣的背後有沒有支撐。

「穩定幣基本上只是數位版的美元，不是嗎？」他說，「不是什麼騙局。」

但他接下來的描述，聽起來就很像騙局。因為泰達公司除了投資攝氏網之外，還借給攝氏網價值逾十億美元的泰達幣，然後馬辛斯基再把這些泰達幣拿去其他地方投資。馬辛斯基宣稱這很安全，因為他每借入價值一美元的泰達幣，就會拿出價值約一．五美元的比特幣作為擔保。萬一攝氏網破產了，泰達公司可以沒收並轉賣那些比特幣。他告訴我，泰達公司也為其他公司提供這項服務。

我原以為，泰達公司的商業模式是以一美元的價格出售一枚泰達幣，然後把那一美元存入銀行。但根據馬辛斯基的說法，泰達公司借泰達幣給他，只是用比特幣作為擔保，其實就像在印鈔票。若真如此，就沒那麼安全了，沒有理由相信數字一定會無故變大。

我問馬辛斯基，攝氏網真的給用戶這麼高、高到難以置信的利率嗎？他堅稱是真的，但他說得越多，我越不相信他。他說，傳統銀行把客戶的存款拿去投資，然後自己留下大部分的獲利，攝氏網不是，而是把多數的獲利回饋給用戶。馬辛斯基說，像摩根大通（J.P. Morgan）那樣的銀行，宣稱只能支付微薄的利息給存戶，那是不誠實的。

「有人在撒謊。」馬辛斯基說，「不是銀行，就是攝氏網。」

我很確定誰在撒謊，反正不是摩根大通。我暗暗提醒自己，回紐約後要好好調查攝氏網這家公司。

在這賭場裡，沒有人用籌碼買咖啡

二〇二一比特幣大會最奇怪的時刻，出現在壓軸。一個看起來稚氣未脫的矮小男子在舞台上來回走動，時而咯咯笑，時而咒罵，講述著他在薩爾瓦多海灘上度過幾個月的經歷。他穿著寬大的白色連帽衫，戴著棒球帽，看起來像個高中生在報告暑假過得如何，而且講得拉里拉雜，閒扯一通。

我後來得知他叫傑克・馬勒斯（Jack Mallers），二十七歲，是一家和比特幣有關的公司Strike的負責人。

馬勒斯說，他之所以去到薩爾瓦多的海灘小鎮，是因為有個聖地牙哥玩衝浪的老兄去那裡教窮人認識比特幣。他還說自己有一天在海灘上閒晃時，收到薩爾瓦多總統弟弟傳訊息給他，於是他決定跑去這個中美洲國家。

接著，我驚見薩爾瓦多總統納伊布・布格磊（Nayib Bukele）本人出現在馬勒斯身後的大螢幕上。在一段預先錄製的講話中，他宣布薩爾瓦多將採用比特幣作為國家貨幣。他不是先告知薩爾瓦多人民，而是選擇在佛羅里達州的邁阿密，用英語（大多數薩爾瓦多人並不會說英語）向一群比特幣愛好者，發布這個重大的國家政策。

現場觀眾為之瘋狂，馬勒斯甚至激動落淚。有史以來第一次，數百萬人將使用比特幣進行日常交易。他宣稱，隨著比特幣推動經濟發展，薩爾瓦多的年輕人「將不必訴諸犯罪或暴力」，而且該國「也將不會有移民問題」。

「我不會在歐洲發布，我會親自去薩爾瓦多，我們會在這塊土地上堅持到底，我他媽的會堅持下去絕不退縮！」馬勒斯一邊哽咽，一邊吶喊，「今天，人類邁出了一大步。」

我實在搞不懂。沒人要用比特幣買咖啡是有原因的，因為它複雜、昂貴，而且交易速度很慢。況且，萬一貧窮的薩爾瓦多人把積蓄投入加密貨幣後，價格下跌，會出現什麼狀況？但現場觀眾聽得如痴如醉，我看到喜極而泣的，不只馬勒斯一人。

我在邁阿密採訪的人當中，並非全都是比特幣狂熱分子。泰達幣的最大用戶是避險基金與其他大公司的專業交易員，我採訪了其中幾位。他們向我解釋，儘管有很多點對點貨幣的討論，以及不靠中介轉移價值的巧妙方式，但多數人並沒有使用加密貨幣來買東西。相反的，他們定期把資金匯到交易所，在那裡賭價格上漲。

像FTX這樣的加密貨幣交易所，本質上是一種大型賭場。許多交易所無法存取美元，尤其是在加密貨幣早期，銀行擔心會助長洗錢活動而不讓這些交易所開戶。泰達公司就是從這裡切入市場，取代銀行的角色。當客戶想下注時，他們會先買一些泰達幣，就像蒙地卡羅（Monte Carlo）的賭場及澳門的麻將館，會叫賭客先去某個櫃檯買籌碼一樣。

在這個賭場上，大戶賺錢的方式，是靠促成無數的小額賭注（例如阿傑在狗狗幣上令人羨慕的獲利）。當他們需要把大筆資金從一個交易所搬到另一個交易所，就是透過泰達幣。他們聲稱，他們會固定買賣數億美元的泰達幣，還說這是業界常態。即便如此，他們對泰達幣各有各的陰謀論——有人說它被中國黑道控制，有人說美國中情局用它轉移資金，有人說政府用它來追蹤犯罪。我發現，泰達幣之所以熱門，不是因為這些人信任泰達幣，而是因為他們需要用泰達幣交易，而且透過這種方式賺了很多錢。質疑泰達幣，對他們來說有害無利。

「也許有可疑之處，但不關我的事。」[18]加密貨幣投資公司CMS控股（CMS Holdings）的共同創辦人丹．馬圖謝夫斯基（Dan Matuszewski）說。

有交易員告訴我，泰達公司的經營者很神祕，可能不會接受我的採訪，但他們說有一位參與創造泰達幣的人很喜歡被關注：泰達公司的共同創辦人，也就是那位《野鴨變鳳凰》的前童星。

他叫布羅克．皮爾斯（Brock Pierce），從他的社群媒體帳號來看，似乎真靠加密貨幣賺了不少。我對皮爾斯了解得越多，對他越感到好奇。他搭私人飛機到世界各地宣傳加密貨幣，還在機身漆上《大富翁》遊戲的錢幣、比特幣與以太坊的標誌[19]。二〇二〇年，皮爾斯以獨立人士的身分參選美國總統，請歌手阿肯（Akon）來當他的選戰策略長。他戴著誇張的帽子、穿著花稍的背心、戴著手環，彷如《神鬼奇航》（*Pirates of the Caribbean*）裡的強尼．戴普（Johnny Depp），說話的語氣也像強尼．戴普在《巧克力冒險工廠》（*Charlie and the Chocolate Factory*）中的角色一樣神祕。他的右肩上有一個蠍子刺青，也是火人祭（Burning Man）*的常客。

---

*譯註：在美國內華達州的黑石沙漠（Black Rock Desert）舉辦的一年一度藝術盛事，慶典最後會焚燒人形木像。

第3章

說好的美元，到底在哪裡？

皮爾斯似乎出席了每一場加密貨幣大會，但我很難獲得獨家專訪他的機會。我覺得他身為泰達公司的共同創辦人，應該知道公司是否真的有那麼多億美元的準備金。

至少他能給我一些線索吧。

巴菲特？他是個反社會型老頭兒

我在邁阿密參加比特幣二〇二一大會時，發簡訊給他的兩位助理，但他們都無法告訴我皮爾斯何時有空檔受訪。在我參加的下一場加密貨幣大會上——當然也是在邁阿密——我聽說皮爾斯在一棟豪宅裡辦派對。這次，我發簡訊給皮爾斯的幕僚長，他叫我直接過去。

在那場加密貨幣大會上，我一直和一個年輕的比特幣玩家交談。他名叫德夫（Dev）[1]，主動提議說要載我一程。他戴著六角形墨鏡，穿著皮質風衣，一根手指上套著金屬套，看起來像龍爪，整個打扮就是個十足的怪咖。他來自紐約，似乎很高興能在這裡交到朋友。

德夫在他的賓士敞篷車裡點了一枝菸，說他高中時就開始接觸比特幣，那時一枚比特幣只值一美元，他用比特幣從「絲綢之路」訂購毒品。他會訂購大量的古柯鹼，用比特幣支付，請賣家把貨寄到他父母位於紐約布朗克斯（Bronx）的家裡。開車行經一個高爾夫球場時，他刻意猛催油門，拍下影片發到Instagram上。我說，我以為暗網已經沒什麼人在用。

「哪有！它還在，規模很龐大……你要嗑藥嗎？」他問。

我說我不嗑藥，但他要嗑我不介意。停紅燈時，德夫掏出一袋粉紅色的東西，他說那叫「凸西」（tusi），是有錢人嗑的古柯鹼。接著用那個爪狀的手指套舀了一點，吸了進去。

幾分鐘後，我們抵達皮爾斯的豪宅。豪宅外觀是白色灰泥粉飾牆，前有棕櫚樹，草地上停著一輛荒原路華（Land Rover）汽車。我沒有邀請德夫一起進去，心裡有點過意不去，但我不確定能不能帶訪客同行。

踏進豪宅，一看到裡面的情況，我就知道我錯了，德夫很適合這裡。我沒看到皮爾斯，只見屋裡全是跑趴的玩咖、騙子和跟班。

屋內裝修很現代，好像樣品屋，鋪著大理石地板，擺著銀色家電，還有一架閃亮的大鋼琴。我突然想到，搞不好這房子皮爾斯只租用一個禮拜。在客廳的地板上，我看到一個女人正在和嬰兒玩耍，我認出她曾出現在Netflix一部談社群媒體操縱的紀錄片中。我無意間聽到一個避險基金的經理在電話上吹噓，他昨晚和一個「性感人妻」上床。

我決定與這些客人閒聊，問他們對那位不見蹤影的派對主人了解多少。一位美女告訴我，她曾和皮爾斯在哥倫比亞的叢林裡共度一週，他為了保護原住民還在那裡買了土地。她說：「他是個大好人。」另一個男人告訴我，皮爾斯正在波多黎各一個舊軍事基地上建造航空站。一個自稱是「未來學家」的討厭傢伙告訴我，皮爾斯曾在西班牙的伊比薩島（Ibiza）上三天三夜沒睡。他說：「他周圍的人都是善良的海豚，不是鯊魚。」接著，他請我幫他聞一下糕點，說他對覆盆子過敏。

我走過大理石地板，穿過一扇玻璃門，進入院子。在那裡，我看到一張長桌，一群時尚男女圍桌而坐，彷彿是從另一場派對過來的。我在桌子的一端坐下來，向旁邊的人說明我的加密貨幣報導。桌子對面的一名男子，是PayPal創辦人兼投資者彼得・提爾（Peter Thiel）的特助。提爾是川普選總統的主要金主，他當天在加密貨幣大會上演講，說巴菲特是質疑比特幣的「反社會型老頭兒」。他沒有告訴現場聽眾的是，他共同創立的創投公司「創始人基金」（Founders Fund）最近賣出了絕大部分的加密資產[2]。

過了一會兒，桌子另一端有人開始大聲地吹噓一種叫做「Let’s Go」或「Let’s Go Brandon」（加油布蘭登）的加密貨幣。這個口號透過一種幾乎難以解釋的迷因化過程*，在川普的支持者之間變成取代「去你媽的喬・拜登」（Fuck Joe Biden）的委婉髒話。後來我得知，那個男人是避險基金經理人詹姆斯・庫圖拉斯（James Koutoulas）。他對同桌的人說，這個迷因幣「很蠢，但有人信」。一個月前，一名podcast主持人送給川普五千億枚這個迷因幣，當天下午，他兒子小唐納・川普在推特上發了一則神祕的貼文，似乎暗指這個迷因幣。

「這樣做沒問題嗎？」有人問道。

「可以拿來賺錢啊。」庫圖拉斯說，「去你媽的證管會。」

入夜後，大夥兒越來越醉，我也越來越無聊。一個紀錄片導演帶著他的製作人與攝影師走進豪宅，他們也在找皮爾斯。廚房裡，一個皮膚曬得黝黑的年長男人偷偷把一大罐威士忌倒入他的水壺中，有人抱怨鞋子被偷了，一位來自愛達荷州博伊西（Boise）的醫生和一個比特幣玩家正在討論新冠疫苗與「醫療自由」**。那比特幣玩家不願對我透露名字，只告訴我：「悶聲發大財就好。」說完發出尖銳的笑聲。

這時來了六名留著長直髮、穿著短裙或亮片裙的年輕女孩，其中一人坐在鋼琴前彈了一曲。「你看那身材。」一個老兄刻意提高音量對我說，然後走過去告訴女孩她彈得難聽死了。皮爾斯直到午夜過後才出現，但我還來不及上前採訪，他就消失在豪宅的眾多房間裡了。

迷宮般的遊艇上，他說要拿回我們的主控權

幾週後，我又去巴哈馬參加一場加密貨幣大會。一位宿醉嚴重的朋友告訴我，她前一晚在一艘

超級遊艇上參加派對，遊艇就停泊在新普洛威頓斯島（New Providence）海岸外約半英里處。她說，某個她忘了名字的加密貨幣玩家，從一個俄羅斯富豪手中買下了那艘遊艇。

她讓我看了一些她上傳到Instagram的影片。在她的手機裡，我看到一艘名為「脈輪號」（Chakra）的巨型五層遊艇在夕陽下閃閃發光。從船頭延伸出去的木製船首斜桅又長又尖，整艘遊艇看起來就像準備好率領一支艦隊出征似的。下一個影片顯示「脈輪號」的主人爬過頂層甲板的欄杆，從三、四十英尺（約九至十二公尺）的高度微笑地躍入大海中。我看到他右肩上有一個蠍子刺青，認出那是皮爾斯。

我不知道他也來參加大會了，當晚我傳簡訊給皮爾斯的助理，問他我能不能去參觀遊艇。他叫我去某個碼頭，他會派一艘快艇來接我。我登上快艇，很快就駛向大海。皮爾斯的攝影師也在快艇上，他要去遊艇上拍攝影片，好拿到社群媒體上發布。我們的快艇接近那艘超大遊艇時，遊艇上的

---

*譯註：NBC的體育記者凱莉・史塔瓦斯特（Kelli Stavast）在一場賽車現場訪問奪冠的賽車手布蘭登・布朗（Brandon Brown）時，把觀眾高呼的「Fuck Joe Biden」講成「Let's Go Brandon」，從此迷因化，也變成美國共和黨人的政治口號。

**譯註：拜登總統在二〇二一年九月發布一項行政命令，要求聯邦政府公務員接種新冠疫苗，否則將面臨紀律處分（包括解雇）。約六千名聯邦工作人員組成「支持醫療自由的聯邦人員」（Feds for Medical Freedom）組織，指出該命令超越總統權限，對此提起訴訟。

燈火逐漸清晰了起來，我的期待也越來越強烈。

不過，船員拉我上遊艇並帶我到最底層的甲板時，景象有點令人失望。我本來以為會看到很熱鬧的派對，結果只見二十幾個人圍在吧檯安靜的喝酒。

那些客人似乎互不相識。一位加密貨幣的創投基金經理人穿著一件嘲諷戀童癖傑佛瑞・艾普斯坦（Jeffrey Epstein）私人島嶼的T恤，嘲笑著另一位遊艇客人正在搞的一個騙局。一名加密貨幣的公關人員向一個年輕女孩提供他所謂的「哥倫比亞行軍粉」（Colombian marching powder）＊。一小群跳舞的人告訴我，他們是來巴哈馬實習的哲學系學生，他們的老闆是FTX公司的SBF。

一位船員帶我們參觀這艘迷宮般的超大遊艇，這艘龐然大物總長約八十六公尺，有二十一個房間。在上層的一間休息室裡，我們巧遇皮爾斯。他站在那裡，對著四、五位看起來一臉茫然的客人侃侃而談。

他的個子不高，大約一百六十五公分，臉上掛著一抹天真笑容，讓人想起他以前的童星模樣。但他那頭金髮，以前是像富家子弟那樣整齊分線，現在換成波浪狀的及肩長髮，身上穿著則完全是《神鬼奇航》電影中傑克船長的打扮。他裸著胸膛，穿著一件長及腳踝的黑色背心，戴著一頂別著兩根棕色羽毛的軟呢帽，手上掛著一排手環，臉上戴著一副菱形墨鏡。

我走近時，皮爾斯正對著那群人說：「歸根究柢，我們從來就不曾擁有過什麼主控權，除非你是握有權力的人。我們將透過宣布不再依靠他們，來拿回我們的主控權。」

我先自我介紹，但卻緊張的脫口說：好巧，我們剛好都來巴哈馬！

「我不知道這算不算巧合，」他說，「我會說，這叫共時性（synchronicity）**」

幣圈的復仇者聯盟……還是戀童癖？

皮爾斯告訴我，「脈輪號」不是他的私人遊艇，任何一位加密貨幣愛好者只要購買NFT（非同質化代幣，這是一種獨特的加密資產），就可以搭這艘遊艇，從加勒比海航行到邁阿密參加巴塞爾藝術展（Art Basel）、到摩納哥看一級方程式賽車、到法國參加坎城影展。他形容這是「幣圈第一個超級遊艇俱樂部」，也是幣圈大戶們的「漂浮總部」。

「我們是復仇者聯盟。」他說，「這是復仇者聯盟的船。」

我感覺他好像在推銷「分時度假」的概念，但你倒貼我錢我也不想聽這種東西，況且那裡也不是理想的採訪地點。我的嚮導很快就把我帶回遊艇底層，後來我和皮爾斯終於通上電話，他說他早

---

*譯註：行軍粉是古柯鹼的俚語稱法。

**譯註：共時性是瑞士心理學家榮格提出的概念，包括「有意義的巧合」，用來表示在沒有因果關係的事件之間，看似有意義的關聯。

在二〇一三年就想出了穩定幣的概念。他說，他打從一開始就知道那會改變歷史的進程。

「我不是那種盲目亂射飛鏢的業餘創業者。」他告訴我，「我是創意的推手，我只接不可能的任務。」

當時，皮爾斯是少數真的有真金白銀可以投資的比特幣玩家之一，而他的財富是來自一段近乎傳奇般的職涯。在拍完《野鴨變鳳凰》後，他拍了一支Gushers爆漿水果軟糖的廣告（廣告中，他吃了一顆水果軟糖後，變成了香蕉），並在電影《第一公子》（*First Kid*）中扮演調皮的總統之子，之後他就對好萊塢失去了興趣。

一九九六或九七年，他十六歲時，一位演員朋友介紹他認識數位娛樂網（Digital Entertainment Network，簡稱ＤＥＮ）的創辦人。ＤＥＮ是一家網路狂潮時期的新創公司，已籌集了數千萬美元，打算透過串流方式向青少年播放四到六分鐘的影片，以取代電視媒體[3]。ＤＥＮ的創辦人馬克·柯林斯—雷克特（Marc Collins-Rector）當時三十多歲，住在加州恩西諾（Encino）的一棟頂級豪宅中，那棟豪宅曾是死囚唱片公司（Death Row）創辦人[4]、人稱「蘇格」（Suge）*的馬里昂·奈特（Marion Knight）所有。他的男友查德年紀比他小很多（兩人交往時，查德還是十幾歲的少年），兩人都開法拉利[5]。

但ＤＥＮ的商業模式有嚴重的問題。首先，當時大家普遍使用的撥號上網速度還不夠快，無法流暢的播放影片。但對柯林斯—雷克特來說，這門生意的真正魅力，似乎是可以讓他被一群俊俏少年圍繞。他一眼就看上皮爾斯，馬上以高達二十五萬美元的年薪[6]，請當時還是少年的皮爾斯來當DEN的執行副總裁。皮爾斯的任務是製作網路節目《查德的世界》（*Chad's World*）[7]，由後來演出《美國派》（*American Pie*）的演員西恩．威廉．史考特（Seann William Scott）擔綱，講述一個有錢的男同志收留少年查德的故事[8]。一位觀眾告訴《雷達》（*Radar*）雜誌，那個節目就像是「戀童癖同性戀版的《銀匙》（*Silver Spoons*，一九八〇年代的情境喜劇）」[9]。

接下來的發展就很不堪了，根據一系列的訴訟、報導以及聯邦刑事調查檔案，柯林斯—雷克特在豪宅裡開趴，讓青少年在那裡吸毒飲酒狂歡，被迫與年長男性發生性關係，甚至遭到強姦。一名十七歲少年後來回憶：「我就像派對上的玩物，被傳來傳去。」[10]

最早的一批訴訟是在一九九九年提告，隔年在一名私家偵探的建議下，柯林斯—雷克特帶著足以裝滿兩大台林肯轎車的路易威登行李，搭私人飛機準備逃離洛杉磯[11]，他的男友與皮爾斯也跟著他。他們等飛機起飛後，才決定飛往西班牙，最終落腳在海濱度假勝地馬貝拉（Marbella）[12]。

兩年後，有關當局抓到他們[13]，柯林斯—雷克特最終被引渡回美國。他在美國承認，跨州運送未成年人從事性行為。皮爾斯在西班牙監獄度過一個月後，被無罪釋放。

＊譯註：Sugar是來自Sugar Bear（糖果熊），這是他童年時的暱稱。

皮爾斯告訴我，雖然柯林斯－雷克特或許「變態」，但有些所謂的受害者其實只是為了敲詐勒索而編故事。皮爾斯說，他在豪宅裡看到的派對都很正常。他曾在受訪時表示：「那些指控都不是真的，至少就我來說不是，我也不是男同志。」[14]

皮爾斯躲在馬貝拉時，花很多時間在電玩《無盡的任務》（*EverQuest*）上。這是一種龍與地下城的新型線上遊戲，玩家不是投入預設的單人任務，而是進入一個虛擬世界，裡面的巫師、祭司、盜賊可以組隊一起探索地下城及打怪。每次勝利都會獲得虛擬金幣，或是像寶劍或戰斧之類的稀有物件。

這款電玩令皮爾斯廢寢忘食，他會扮演黑暗精靈巫師艾史瑞斯（Athrex）[15]，一玩就是二十四個小時，沒日沒夜，還會同時用六台電腦以獲得更多的戰利品。他不是唯一沉迷於這些無盡任務的人，玩家都很渴望獲勝，所以現實世界中也冒出虛擬寶藏的交易市場。想要最好裝備的玩家，可以上eBay購買，並由遊戲中的快遞員運送，不必花幾個小時殺死怪物來賺取虛擬金幣。

對一些玩家來說，尤其是比較貧窮的國家，這成了一種打工賺錢的機會：他們可以整天在電玩世界裡打怪，賺取虛擬金幣，然後把虛擬金幣賣給那些想抄捷徑獲勝的有錢玩家。這種被稱為「電玩血汗工廠」如雨後春筍般湧現，打工仔——這些虛擬農奴被稱為「金農」（gold farmers）——夜以繼日的點擊滑鼠。當時一位記者到中國南京參觀一家打金農場[16]，遇到一位三十歲打著赤膊、猛抽菸的老兄，在一個日光燈照明的小辦公室裡上十二個小時的夜班。他扮演的是持杖僧侶，以時薪三十美分的待遇在遊戲裡殺巫師。

這些毫無身分認同的白種男人，擁有驚人力量

二〇〇一年，皮爾斯創立了一家虛擬寶物經紀公司，叫網路遊戲娛樂公司（Internet Gaming Entertainment，簡稱ＩＧＥ）[17]。其實有很多玩家認為，購買稀有寶物根本是作弊，遊戲開發商也試圖關閉這種灰色市場經濟，但他們祭出的措施收效甚微，灰色市場越來越大。短短幾年內，有四十五萬人在玩《無盡的任務》[18]，還有更多人在玩另一種類似的遊戲《魔獸世界》（*World of Warcraft*）[19]。據估計，虛擬寶物的年銷售額高達二十億美元[20]。

皮爾斯的ＩＧＥ在上海開設了一個辦事處，以便更接近中國的金農。皮爾斯說，他的供應鏈中有多達四十萬名金農[21]。二〇〇五年，ＩＧＥ每月收入已逾五百萬美元[22]。那年，ＩＧＥ雇用前高盛銀行家史蒂夫・班農（Steve Bannon）來協助ＩＧＥ公開上市（班農多年後成了川普的顧問）。班農從高盛與一些投資基金那裡，募集了六千萬美元的資金[23]。皮爾斯淨賺了兩千萬美元後卸任，班農接管了ＩＧＥ，但由於後來遊戲開發商積極打擊虛擬寶物的銷售，ＩＧＥ沒多久就倒閉了。

這次經歷，也讓班農見識到玩家如何在網上凝聚民意，向大企業施壓，迫使大企業就範，後來也與川普分享他的看法。

「這些傢伙，這些對任何群體毫無身分認同的白人男性，擁有驚人的力量。」班農說[24]。

皮爾斯則是從這次經驗中獲得不同的啟發：虛擬貨幣世界是賺取大量真金白銀的好地方。於是，他從《無盡的任務》裡的金幣，無縫接軌轉進比特幣。

萬事達幣誕生，ICO風起雲湧！

二〇一三年，皮爾斯率先經營一檔比特幣創投基金。當時，比特幣的用途依然不多，加密貨幣主要仍是技客與特殊愛好者在玩。但就在當時，一個化名為「達幣教士」（dacoinminster）的人在熱門的Bitcointalk論壇上發布了一項提議，該提議最終促成了泰達幣的問世以及三兆市值的熱潮，他稱這個概念為「萬事達幣」（MasterCoin）。

「達幣教士」的本名叫威利特（J. R. Willett），三十三歲，是名軟體工程師，任職於華盛頓州西雅圖郊區一家日曆應用程式公司。在他發布那則提議十年後，我透過電話聯繫上他。他仍在同一家公司上班，也樂於回憶十年前那個輝煌時刻。

威利特於二〇一二年一月發布論文初稿解釋他的概念，他稱之為「第二份比特幣白皮書」。那時，比特幣對威利特來說只是一個嗜好（他老婆很有意見）。但他一直很想開發一種更先進的數位貨幣版本，功能不僅僅是把貨幣移來移去。他的「萬事達幣」概念不容易解釋，但基本上是在比特幣的交易資料中編碼祕密訊息，那將代表著一種新貨幣。如果你回想一下前面提過的兩欄式比特幣試算表，萬事達幣本質上是一種添加更多欄位的方法，每一欄追蹤不同貨幣的所有權。

威利特想像，他只要打造出萬事達幣的系統，其他人就會想出各種使用它的方法。例如，追蹤房產所有權的貨幣、追蹤股票張數及衍生性金融商品，甚至是真實的貨幣等等。這些想法都不是完全原創的——他告訴我，他在論壇上看過很多人討論類似的想法，他只是第一個落實想法的人。

根據威利特的萬事達幣白皮書提議，他的系統可以用來創造出美元支撐的貨幣，也就是後來泰達幣使用的系統。他甚至準確地預料到，穩定幣會引來犯罪集團。

「如果你覺得比特幣成為黑道的洗錢工具很糟，那麼將來當所有人都可以存放『美元幣』（USDCoins）時，你等著瞧吧！」威利特在二〇一二年如此寫道，「我認為犯罪集團（就像我們其他人一樣）會更喜歡穩定幣，而非不穩定幣。」[25]

威利特也以一種革命性的方式，為這個專案募集資金。儘管萬事達幣還無法運作，他卻可以透過銷售萬事達幣，募集了約五十萬美元[26]。用戶之所以購買萬事達幣，是希望威利特完成開發後，萬事達幣變得很值錢。威利特基本上發明了一種創造新加密貨幣的簡易方式，並開創了用發行新貨幣來募集數百萬美元的新手法，也就是後來所謂的「首次代幣發行」（initial coin offering，簡稱ICO）。

威利特的計畫很有創意，但也是違法的。他所做的，就是美國證管會所謂的「未註冊證券發行」，也就是在沒有任何保障承諾下，銷售投資機會。威利特告訴我，如果主管機關注意到他在做的事，可能會罰他數十萬美元，幸好當時證管會還沒有盯上比特幣論壇。

「他們要是知道接下來會演變成這樣，應該會拿我開刀，殺雞儆猴。」威利特笑著說，「但他們從頭到尾沒有找上我。」

這玩意兒，幾乎違反了銀行業的每一條法規

皮爾斯用他賣掉ＩＧＥ所賺來的數百萬美元，投資了萬事達幣。他開始推廣萬事達幣，並宣布他將資助那些為萬事達幣想出新用途的程式設計師。皮爾斯告訴我，用萬事達幣來創造穩定幣，就是他想出來的點子。

「泰達幣的點子是我自己想出來的。」皮爾斯說，「嗯，我的意思是說，這可能是上帝的旨意吧。」

皮爾斯聯繫了曾參與萬事達幣開發的程式設計師克雷格．賽拉斯（Craig Sellars），他朋友里夫．科林斯（Reeve Collins）答應擔任執行長。科林斯有個詭異的成就，是發明一種背投式廣告（pop-under internet ads，就是那種當你在關閉瀏覽器視窗後才會看到的煩人小框框）[27]。他們最初把這個專案項目稱為真實幣（Realcoin）[28]，當時離岸比特幣交易所 Bitfinex*的菲爾．波特（Phil Potter）正在開發類似的概念，於是雙方展開合作，並改用波特取的名字：泰達幣（但波特告訴我，其實他才是最早帶著這個概念去找賽拉斯的人。他說：「我想皮爾斯一定會告訴你，他從西奈山下來時，這一切都寫在石板上了。」**）

賽拉斯在加州聖莫尼卡（Santa Monica）的一棟平房裡工作，編寫追蹤帳戶及處理交易所需的程式碼。這個程式很簡單，轉帳一千美元到泰達公司的銀行，泰達公司就會更新區塊鏈，以反映你在試算表中的那一欄上有一千個泰達幣。接著，泰達幣可以像其他加密貨幣那樣匿名移轉。透過威利特的萬事達幣協議，他們可以把資料編碼到比特幣區塊鏈中。

他們向創投公司紅杉資本（Sequoia capital）及一些加密貨幣的投資者推銷穩定幣，但沒有人感興趣。

「你無法想像，當時每個人都覺得這個點子蠢斃了。」科林斯告訴我。

問題在於，泰達幣就像其他加密貨幣一樣，幾乎違反了銀行業的每一條法規。銀行會追蹤每個開戶的客戶身分以及每個帳戶的金錢流向，以便執法機構能追蹤犯罪分子的交易。泰達公司雖然會

＊譯註：有些人稱 Bitfinex 為「綠葉交易所」，因其商標是一片綠葉，但這不是正式的中文名稱。

＊＊譯註：以《聖經》摩西於西奈山領受刻有「十誡」的石板來嘲諷皮爾斯。

確認直接向它購買泰達幣的客戶身分，但泰達幣一旦在市場上流通，只需發送一串程式碼，就可以匿名轉移。一個毒梟可以在數位錢包中持有數百萬枚泰達幣，然後神不知鬼不覺的發送給恐怖分子。

其他提出類似概念的人被逮捕了。夏威夷一個鼓吹大麻的活躍分子因製造印有眾議員榮・保羅頭像的代幣，而遭到執法機關以詐欺罪逮捕[29]。另一個人開發出一種名為「電子金」（e-gold）的網路貨幣，則被控洗錢[30]。

二〇一三年五月，就在皮爾斯與夥伴準備大展拳腳推銷泰達幣時，原型穩定幣「自由準備銀行」（Liberty Reserve）的開發者也被捕了[31]，因為自由準備銀行允許用戶只用電郵地址來發送及接收資金。檢察官表示，這種匿名網路貨幣吸引了騙子、信用卡盜刷者、駭客及其他犯罪分子。開發者是來自布魯克林區的亞瑟・布多夫斯基（Arthur Budovsky），他放棄公民身分，搬到哥斯大黎加[32]，試圖避開美國的司法管轄。但即使這樣做，他依然無法擺脫被捕的命運。

自由準備銀行其實不是加密貨幣，而是一個用來追蹤用戶有多少錢存在布多夫斯基伺服器上的資料庫[33]，但在功能上，它很像泰達幣。與泰達幣的用戶一樣，自由準備銀行的多數用戶其實是從第三方買到這種網路貨幣。布多夫斯基辯稱，這表示用戶如何使用這種網路貨幣與他無關。但最終他還是認了洗錢相關指控，並被判處二十年徒刑[34]。

「美國遲早會追查泰達幣的。」布多夫斯基從佛羅里達州的監獄寫電郵給我，「連我都有點同情他們了呢。」

泰達幣，確實有真金白銀支撐？

我與皮爾斯通電話時，問了他一個關鍵問題：泰達幣的背後，確實有真金白銀做後盾嗎？他向我保證，有。他說泰達幣正在保護美元作為全球準備貨幣的地位。「要不是有泰達幣，美國可能垮了。」他說，「從很多方面來說，泰達幣是美國的希望。」

但我發現，滔滔不絕的皮爾斯幾乎沒告訴我，泰達幣背後支撐的資金究竟在哪裡。於是，我開始想到別的事情。在電影《野鴨變鳳凰》中，年輕的皮爾斯在一場少年曲棍球賽中錯過了關鍵的罰球，那次失誤在幾十年後仍然困擾著劇中成年後的他。我明明是在追問他是否涉入龐氏騙局，但對我工作一無所知的他，似乎認為我是個快要混不下去的記者，這次泰達幣的採訪任務很可能是挽救我的飯碗、甚至我的靈魂的最後機會。

「要是你這次沒搞清楚，你就完了。」皮爾斯告訴我，「這是你最後的機會，是你尋求永恆救贖的最後一搏。」

但皮爾斯似乎不打算幫我找到救贖。他告訴我，其實他在二〇一五年——也就是在他開始投入那個專案約一年後——就放棄泰達幣了。那時泰達幣幾乎沒有用戶，而且看起來很可能過不了政府那一關。只要吃一次證管會的官司或入獄，他就無法實現夢想了。

皮爾斯說：「我覺得，如果我從這個東西賺錢，會妨礙我為這個國家做我該做的事。」

倒是皮爾斯的合資夥伴 Bitfinex 交易所，對繼續推動泰達幣很感興趣[35]。波特與他在 Bitfinex 的同事比較不擔心泰達幣的合法性，因為 Bitfinex 交易所本來就已經在灰色地帶運作了。當時，大家都還不確定協助加密貨幣交易是否合法，也因此該交易所很難在銀行開戶。但如果交易所使用泰達幣而不是美元，它就不需要銀行帳戶了。

波特把他的想法告訴了 Bitfinex 交易所的老闆——義大利前整形外科醫生吉安卡洛・德瓦西尼（Giancarlo Devasini），後者接受了這個想法。德瓦西尼和他的合夥人已經擁有四〇%的泰達公司股份，他們以幾十萬美元的價格，從皮爾斯的團隊那裡買下剩餘的股份。不過，皮爾斯告訴我，他是免費轉讓他的股份。

採訪過多數參與開發泰達幣的人以後，我發現他們並沒有我想要的答案。他們講的話都大同小異：創建出這個加密貨幣史上最成功的公司，他們都有功勞；至於這家公司現在在做什麼，他們完全沒有責任。更重要的是，他們不知道這家公司是否真的擁有它宣稱的全部資金。

德瓦西尼似乎是一個比較理想的詢問對象。名義上，他是泰達公司的財務長，但我問過很多與泰達公司有生意往來的人，他們都說他才是泰達公司的負責人。泰達公司的員工非常少，買賣泰達幣往往需要直接發簡訊給德瓦西尼本人。但是關於這個義大利人，他們能告訴我的資訊就只有這些了。

「他很了不起，是業界先鋒。」皮爾斯曾說，「為了幣圈的發展，他承擔了極大的個人風險與財務風險。」

這個「了不起」的人，一生都籠罩在重重迷霧中。當時他五十七歲，按幣圈的標準來看，已經很老了。我能查到的相關背景資料，讓我腦海警鈴大作：**整形外科事業失敗，被控進行盜版軟體生意**。追查金融界可疑分子多年，我得出的經驗法則是：騙子本性難移。只要我能找到某人過去行騙的證據，他現在的事業很有可能也會被證實是一場騙局。

看來，該調查一下德瓦西尼這個人了。

｜第4章｜

可疑的整形外科醫生

我開始搜尋關於德瓦西尼生平的線索時，網上資料少之又少。但我所看到的內容清楚顯示，他和皮爾斯一樣，是沿著一條迂迴曲折的路，登上幣圈之頂。

我看了他在二〇〇九年拍的一支影片[1]，宣傳餐飲宅配服務Delitzia。影片中，他穿著寬鬆的白襯衫，站在陽台上做蕁麻燉飯（nettle risotto），旁邊不知何故擺了一個大型的花園小矮人雕塑。

把女人的身體，當作「保時捷的頭期款」

網路上有一張泰達老闆的照片引起了我的注意，那是二〇一四年為米蘭一家藝廊所舉辦的展覽拍攝的。照片中，德瓦西尼站在鏡子前，臉上塗了一半的刮鬍膏，盯著鏡子，那表情彷彿他不認識自己似的。

展覽的主題是人生轉捩點。在附帶的採訪中，德瓦西尼說，他的轉捩點出現在一九九二年，當時他放棄當整形外科醫生[2]。他談到他無法勸阻一個年輕女孩做縮胸手術（他說：「那胸部那麼適合她。」），為此感到很沮喪，以及其他醫生如何把病人的身體視為「支付海濱豪宅的房貸，或買保時捷的頭期款」[3]。

「當整形醫生感覺像一場騙局，是在利用別人一時任性的衝動。」他說。

德瓦西尼在訪談中提到，他沒有具體向任何人提辭呈，而是乾脆不上班、不接老闆電話，然後搬去中國。這聽起來實在太奇怪了，於是我去找了那個很可能是他老闆的醫生，但他沒有回我的電話或訊息。

所以，我決定循著這條線索前往義大利，訂了飛往米蘭的機票。

他以前上班的萊蒂西亞診所（Villa Letizia）是在狹窄街道上的一棟新古典建築裡，附近有一座矗立五百年的天主教堂。診所官網上列了許多整形服務，從隆鼻到陰囊整形（網站貼心的說明那是指「陰囊拉提」），應有盡有。

在大廳裡，兩名穿著黑色皮短褲和高跟鞋的助理在候診的女人之間穿梭，那些女人的臉看起來都很光滑，完全看不出年紀有多大。我問接待員，是否有員工早在一九九〇年代初期就在診所任職。這時，一個留著西瓜皮髮型的男人從後面辦公室走了出來。他看到有記者來訪，似乎很生氣。他對我說：「我們現在很忙。」我留了張便條，但從未收到回覆。

看來診所是條死胡同，追查不出什麼頭緒。但我的研究員以及我後來雇用的另一位義大利記者，從畢業紀念冊、大學成績，以及訪問德瓦西尼的同學與前同事，填補了德瓦西尼生平中的一些細節。以下是我們的發現：

德瓦西尼是一九六四年在杜林（Turin）*出生，在杜林東部約六十四公里的卡薩萊蒙費拉托鎮（Casale Monferrato）長大，該鎮位於波河（Po River）岸邊。他的父親也是醫生。一位同學記得他「勇敢，不怕冒險」。他在米蘭大學讀醫學院，一九八九年寫了一篇有關皮膚移植技術的論文[4]。不知道為什麼當了整形外科醫生沒幾年就離開醫界，前往中國。回到米蘭後，他進入電子業，從亞洲進口零件，在義大利銷售筆記型電腦。

「他是一心想要功成名就的人。」與德瓦西尼合作進口筆記型電腦的維托里奧・比安奇（Vittorio Bianchi）說。

一九九五年，他涉入盜版軟體糾紛[5]。有人向警方檢舉，懷疑買到盜版的微軟產品。義大利警方根據線報，突擊搜查了小型電腦商家以及幾家軟硬體經銷商的辦公室。警方表示，他們破獲了一個配銷十五萬兩千張盜版磁片的集團。集團首腦二十六歲，有買賣贓車零件的前科。

德瓦西尼被指控向其他公司銷售這些盜版產品，他最終向微軟支付了一億里拉（約六萬五千美元）的和解金[6]（他也同意配合調查。泰達公司說，德瓦西尼當時並不知道那些軟體是盜版的）[7]。那次事件後，德瓦西尼成立了一家公司，投入ＲＡＭ產業，在米蘭郊區蓋了一座工廠，同時生產ＣＤ和ＤＶＤ。那裡的工人回想起德瓦西尼時，說他是一個不錯的老闆。

虧損中的工廠，突然遭神祕大火燒毀

德瓦西尼的家鄉卡薩萊蒙費拉托鎮，以水泥廠聞名，德瓦西尼娶的就是義大利最大水泥廠之一布茲尤尼斯（Buzzi Unicem）的家族成員。他太太是建築師，在法國蔚藍海岸為自己和德瓦西尼設計了一棟現代別墅。別墅就在摩納哥外，靠近義大利邊境，照片顯示別墅屋頂有一個無邊泳池，可以俯瞰地中海，看起來像是一個已經功成名就的人所居住的地方。

但根據當時德瓦西尼的生意夥伴馬可・福薩（Marco Fuxa）的說法，二〇〇〇年代末ＲＡＭ產業走下坡，中國也開始削價競爭ＣＤ與ＤＶＤ，導致德瓦西尼的小工廠無利可圖。這個說法與我在Bitfinex網站上看到的內容不太相符，網站上說，德瓦西尼旗下公司每年總營收超過一億歐元，而且他在二〇〇八年金融危機爆發前不久就賣掉那些公司了。但義大利公司的紀錄顯示，那些公司二〇〇七年的收入只有一千兩百萬歐元，其中幾家甚至申請破產[8]。我採訪的前員工中，沒有人記得德瓦西尼賣掉公司。

他們告訴我的是，二〇〇八年，德瓦西尼的生產設備在一場大火中付之一炬[9]。福薩說，那場

＊譯註：義大利第三大城市，義大利北部的重要工業城市。

大火是被德瓦西尼安裝的柴油發電機引發，他之所以安裝柴油發電機，是因為當地供電不足。「基本上他是在工廠後面建了一座發電廠，結果一把火將全部燒個精光。」福薩告訴我。一個虧損中的工廠，突然遭神祕大火燒毀，在我看來就非常可疑。

那段時間，德瓦西尼也做過其他生意，但成敗較難論定。例如，他在義大利開了一個購物網站，還授權了一項防拷貝技術給色情ＤＶＤ業者。二〇〇七年，東芝（Toshiba）控告德瓦西尼旗下另一家公司侵犯ＤＶＤ格式的專利。泰達公司說那場訴訟「毫無根據」[10]，最後不了了之。

德瓦西尼旗下有一家公司叫永動集團（Perpetual Action Group），特別有意思。二〇一〇年，線上電子商品批發平台 Tradeloop 宣布禁止永動集團上架，因為有買家投訴向永動訂購了價值兩千美元的記憶體晶片，收到的盒子裡卻裝著一塊木頭[11]。買家揚言提告，德瓦西尼在給對方的信中寫道：「你想告我是吧？咱們法庭見。我的律師肯定一路笑著去銀行，心裡想著要是世上能多一點你這樣的傻瓜就好了。」讀到這個事件，我不禁好奇：如果泰達公司的客戶要求兌現泰達幣，泰達公司會怎麼回應。

就在我調查永動集團時，收到一位私家偵探來訊，說他也在調查這家公司。他傳給我一些西班牙的法院檔案，顯示該公司與一個有逃稅前科的人有業務往來。我對這消息很感興趣，所以答應在倫敦與他見面。那個私家偵探要我「搭地鐵皮卡迪利線（Piccadilly）到卡克福斯特斯站（Cockfosters），然後在布魯姆斯伯里（Bloomsbury）的羅素伯爵酒吧（Lord John Russell）碰面」，但見面後，他不但沒有提供任何證明德瓦西尼本人涉嫌逃稅的證據，反而希望我能提供他究破性的資料，他說：「感覺像在鬼打牆。」就像那家整形外科診所，永動集團這條線索也查不出個所以然。

瘋狂的世界中，我是獨醒的英雄

想要洞悉德瓦西尼的過去與世界觀，最有趣的角度是來自我在米蘭發現的一條線索。當時我已無計可施，於是去了一家米蘭咖啡店，花一個上午的時間上網搜尋「德瓦西尼」這個名字。在此之前，我已經花好幾個小時做這件事，但這次，也許是因為我使用義大利的網路，還真的發現了一些新東西。

因為，德瓦西尼的名字出現在義大利的政治網站 Il Blog delle Stelle 留言區。那是反建制派政黨「五星運動」（Five Star Movement）的官方網站，由網路大師吉安羅伯托．卡薩雷喬（Gianroberto Casaleggio）和喜劇演員畢普．葛里洛（Beppe Grillo）於二〇〇九年創立。二〇一二年一月，一位自稱吉安卡洛．德瓦西尼的網友用義大利語寫道：「如果我們同心協力，真的可以改變現況。加油畢普，永不放棄！」這名網友還貼了一個連結，連向他的個人部落格。

我點進連結，出現的網頁上沒有德瓦西尼的名字，但瀏覽幾分鐘後，我很確定這就是他的部落格。其中一個線索是：部落客提到自己的生日，而我知道那就是德瓦西尼的生日。

部落格上有一張暗示性的照片，是一個女人把雙腿伸出貨車車窗，內褲掛在其中一隻腳踝上。部落格的名稱是 Etsi Omnes Ego Non，這句拉丁文大致可譯為「即使眾人皆如此，我也不隨波逐流」。這句格言最著名的使用場景，是出自一位參與暗殺希特勒的納粹軍官。由此可見，德瓦西尼似乎覺得，在這個瘋狂的世界中，他是眾人皆醉我獨醒的英雄，但這樣的他也可能禁不住貨車裡的誘惑。

他似乎是在工廠火災後不久開始寫部落格。約莫那個時候，四十四歲的他離了婚，從部落格的文章來看，他感到無聊、孤獨、痛苦、欲求不滿。從第一篇標題為「沉迷於自我」的文章開始，德瓦西尼形容自己是個罕見的天才。他受不了與其他人相處，說其他人跟金魚沒什麼兩樣，被電視、臉書、自拍搞得弱智。他特別看不起女人，稱她們是「動物」，形容她們是膚淺、善於耍手段的性愛對象，還說女人之所以喜歡他，是因為他能洞察她們的靈魂。總之整個世界是一場騙局，只有他能看穿。

「智慧，是比誠實更罕見的美德。」德瓦西尼寫道。在另一篇文章中，他問道：「這麼簡單的道理，難道沒有人懂嗎？要嘛我是天才，要嘛其他人都在羞辱你的智商。」

德瓦西尼說，他長時間一邊騎單車穿梭米蘭各地、一邊思考。他還說（其實滿突兀），自己對通貨膨脹及銀行感到厭惡。

「如今的銀行毫無價值，」德瓦西尼寫道：「它們沒有錢。沒錢的銀行就像沒油的汽車，就像沒奶的女人，完全沒用，甚至讓人厭煩。」

還有，他也寫到自己瞧不起朝九晚五的上班族，欽佩跟他一樣勇於冒險的人。這種態度出自一位創業者，似乎也很正常。但接著讀到另一篇似乎很推崇馬多夫的文章，我嚇了一跳。

在一篇發表於二〇〇八年——馬多夫被捕一週後——的文章中，德瓦西尼以近乎欽佩的字眼，描述這個大騙子。讀著那篇標題為「那又怎樣」的文章，我覺得不可思議，感覺德瓦西尼似乎受到馬多夫啟發，文章讀起來幾乎像一首詩：

我自問，何以一個人能搞出如此龐大的騙局？

難道他親自拆閱所有的信件？

難道整家公司只有他能綜覽全部的投資部位？

難道他一手包辦對帳、撰文、做財報，然後再發給客戶與分析師，而員工都沒發現異狀？

他們整日都在做什麼？在臉書上聊天？

接著，我看到德瓦西尼對監管機構的看法：

證管會在幹嘛？

他們沒在監管那麼大的避險基金，難道是忙著玩俄羅斯方塊嗎？

他們是不是像荷馬．辛普森（Homer Simpson）那樣，

核子反應爐著火了，仍然雙腳蹺在桌上酣睡著？

德瓦西尼想表達什麼？在我看來，他似乎一直在思考馬多夫是如何成功行騙那麼久的，而且他有了答案。詐騙其實不難，因為沒人會注意到這種事，大家都很蠢。

德瓦西尼對金融業非常著迷，在二〇一一年十二月一篇標題為「障眼法」的文章中，他解釋了義大利銀行如何利用數十億美元的低利率資金，來賭任何東西或購買收益較高的公債，毫無風險的獲利。

長大後，我不想當太空人或足球明星，

我的夢想是開銀行！

昨天義大利銀行向歐洲央行借到了一千一百六十億歐元……

他們可以隨心所欲的運用那筆錢……

帶著所有的錢，去買刮刮樂、去買彩券，或是去投附近的吃角子老虎機。

孩子們，別擔心，即使賠光了，我還可以給你們更多錢。

這實在太明顯了。透過泰達幣，德瓦西尼就像是創造了一個幣圈的中央銀行。如今，據說泰達幣的用戶已經給了他數百億美元，而我卻不知道這家公司到底用這些錢做了什麼事。

在其他文章中，德瓦西尼描述自己是一個等待時機採取行動的人。「我們可能日復一日做著同樣的事情，過著同樣的日子上千次、上萬次，絲毫沒有意識到生命正從我們身邊悄悄流逝。然後突然間，一切都變了。」

對德瓦西尼來說，那一刻在二〇一二年降臨，那天，他第一次讀到比特幣。

第5章
把錢存台灣，但匯不出去

二〇一二年十二月，德瓦西尼寫道：「只要在Google輸入『比特幣』，你就能發現一個神奇的世界。幾個月前，我偶然發現這東西，它改變了我的人生。」[1]

這個未來即將成為泰達幣老闆的人，對於比特幣難掩興奮之情。他在一個義大利政治部落格討論區熱切地寫道，比特幣將會消滅他討厭的銀行，而且價值會上漲，因為它的供應數量有上限。

他那倒閉的工廠，留下了兩千萬張賣不出去的CD和DVD。他決定把它們換成比特幣。他在Bitcointalk論壇上發了一則廣告，每張CD或DVD以〇・〇一枚比特幣的價格（當時約折合十美分）出售。他以前的商業夥伴福薩告訴我，後來那些CD和DVD都賣光了。如果他所說是真的，而且那些比特幣還在，價值可以飆升至三十幾億美元。

「他就是這樣賺到錢的。」福薩說。

什麼遊戲規則？我說了算！

約莫同一時期，德瓦西尼投資了交易平台 Bitfinex，那是當時讓人用一般貨幣買賣比特幣的諸多網站之一，創辦人是一位年輕的法國人，他複製了另一家交易所 Bitcoinica 由一個十六、七歲的少年寫出來的程式碼[2]。德瓦西尼很快就成為 Bitfinex 的實際負責人，在 Bitcointalk 論壇上，他直接和那些提出投訴的客戶對嗆。例如二〇一四年二月，他直接嗆一個投訴的客戶：「你是在鬼扯，還是忘了啟動大腦？」[3]他回應另一位客戶時寫道：「我們的運作透明，不表示我們需要花時間駁斥毫無意義的指控。」[4]

雖然跟其他交易所比起來，Bitfinex 比較牢靠，但也還是不牢靠。比特幣交易所的基本職責是保護用戶存入的現金與加密貨幣，但是打從這個行業出現以來，一直做不到這點。

第一家大型交易所 Mt. Gox 是改造一個網站而來的，那個網站原本是在交易《魔法風雲會》（*Magic: The Gathering*）的卡片（Mt. Gox 是 Magic: The Gathering Online eXchange 的縮寫）。不意外，後來證實它沒管好價值數十億美元的資金。無論安全性與紀錄保存都很糟，用戶一存入比特幣馬上就會被駭客偷走。二〇一四年，Mt. Gox 宣告破產，並承認弄丟了該系統中七％的比特幣[5]。另一個早期的交易所 BTC-e，在創辦人被指控為毒販並幫其他罪犯洗錢後宣布倒閉[6]。還有一家交易所叫 QuadrigaCX，創辦人離奇死亡後[7]，被揭穿是個騙局。據統計，已有四百多家交易所倒閉，其中近半數沒有給任何理由就從此消失了。

在這種競爭環境下，Bitfinex 光是倖存下來就算贏了。到了二〇一六年，它已成為全球最大的交易所之一[8]。不意外的是，同一年它也被駭客盯上了。身分不明的攻擊者駭入其伺服器，偷走了十一萬九千七百五十四枚比特幣——相當於該交易所為客戶保管的一半以上加密貨幣[9]。

沒人知道這個事件的責任歸屬，那次損失導致 Bitfinex 資不抵債。也就是說，如果當時所有存戶同時要求贖回他們的比特幣，Bitfinex 帳上根本沒有足夠的比特幣讓存戶提領。若是在傳統金融業，Bitfinex 應該宣布破產。

但 Bitfinex 的做法，是把所有客戶帳上餘額都砍掉三六%（包括那些比特幣沒有被偷的客戶）[10]，然後發出借據給客戶，以彌補客戶的損失[11]。接著，Bitfinex 遇到非常幸運的轉機：加密貨幣市場蓬勃，交易量大增，短短八個月內，交易所就賺到了足夠的錢，可以用現金或 Bitfinex 的股份償還客戶[12]。Bitfinex 靠著這招，取得客戶的忠誠度。從德瓦西尼接下來幾年的作為，可以看出他也因此學到了一課：**就算他片面修改遊戲規則，也不會怎樣**。

當我缺錢，我就去創造一種代幣

Bitfinex 之所以能如此快速的弭平虧損，是因為加密貨幣正處於第一個泡沫之中（從二〇一七延續到二〇一八年），數百種新加密貨幣相繼問世，所有交易所的交易大增，也進一步推升了對泰達幣的需求。

這些新加密貨幣是由新創企業出售，目的是為他們開發的應用程式募資，就像威利特的萬事達幣。這些新幣的發行者承諾，一旦應用程式開發完成，這些新幣就會有用處。套用電子報《金錢大小事》（*Money Stuff*）專欄作家麥特・萊文（Matt Levine）的說法，這就好像萊特兄弟為了資助飛機的發明，而預售累積里程一樣。以太坊（Ethereum）這個可程式編寫的區塊鏈，使發行新幣的流程——也就是「首次代幣發行」（ＩＣＯ）——變得更容易。二〇一七年，新創企業靠ＩＣＯ共募集了六十五億美元[13]，大家都想從「下一個比特幣」分一杯羹。

那時炒作風氣很盛，似乎任何人只要發布一份白皮書，解釋他們發行新幣的計畫，就能募到數百萬美元的資金。泰達公司的共同創辦人皮爾斯推廣一種名為柚子幣（ＥＯＳ）的代幣，標榜那是「第一個為了支援商業去中心化應用而設計的區塊鏈作業系統」，總共募集了四十億美元[14]。是的，你沒看錯。

「我不在乎錢。」皮爾斯當時受訪時說，「如果我需要錢，我就去創造一種代幣。」[15]報紙上充斥著各種靠加密貨幣致富的故事。在Instagram上，幣圈人士炫耀著靠獲利買來的勞力士名表與藍寶堅尼超跑。二〇一八年一月《紐約時報》的一個標題寫道：「大家都削爆了，除了你。」[16]

這些靠ＩＣＯ募資的新創公司承諾，區塊鏈將藉由追蹤及驗證來源，徹底改變商業。連微軟、ＩＢＭ等大公司也開始宣稱，他們將把幾乎所有的東西都放上區塊鏈，舉凡鑽石[17]、萵苣[18]、貨櫃、個資，甚至房地產。區塊鏈驅動的ＩＣＯ，似乎是加密貨幣一直在等待的實際用途。

但有一個問題：儘管不斷有人做各種測試，這些東西都沒有進展到測試階段以後。多數ＩＣＯ都是騙局，事實上，它們甚至稱不上什麼新騙術。ＩＣＯ只是讓一種跟股市一樣古老的騙局，變得更容易施展罷了。這招，就叫做「拉高倒貨」（pump-and-dump），俗稱割韭菜。

越混亂越好，不能讓他們知道我們在做什麼

「拉高倒貨」是這樣運作的：騙子先創立一家名義上至少涉及某種熱門事業的公司——例如十九世紀的鐵路業與單車業，或現在的網路公司。商業計畫一點都不重要，只要夾雜一堆流行字眼就行了。南海公司（South Sea Company）可說是史上第一批股票騙局之一，其策畫者在一七二〇年左右告訴其同夥：「搞得越混亂越好，不能讓他們知道我們在做什麼，這樣他們才會更急著加入。」[19]

先以低價把股票（或新的貨幣）分給局內人，局內人再以越來越高的價格，不斷來回的交易股票（或貨幣），以創造出需求的假象。積極的推銷，加上不斷上漲的價格，吸引了新的投資者。有些人本來就很容易受騙，但多數人自認為很懂這個遊戲：趁早買進，跟著水漲船高，然後在崩盤

（遲早的事）之前賣出。

英國詩人亞歷山大・波普（Alexander Pope）是南海公司的投資者，他在一七二〇年寫給股票經紀人的信中解釋：「只要命運眷顧我們，大家一定會稱讚我們有先見之明。萬一失敗了，就讓我們把不幸藏在心裡。然而，在這個充滿希望與獲利機會的時代，不冒險很丟臉。」[20]

邁克・諾沃格拉茲（Mike Novograt）講得更白。他曾是華爾街的基金經理人，現在是幣圈大戶，他說：「這會是我們這輩子最大的泡沫，你可以趕快上車，海撈一票，我們就打算這樣做。」[21]

一九八〇與九〇年代，當一大群投資新手進入股市時，這種拉高倒貨的騙局特別流行。那個年代，正如電影《華爾街之狼》（*The Wolf of Wall Street*）所描述的那樣，每年造成的損失高達二十億美元[22]。當然，如果你就是行騙的人，那就是二十億美元的獲利。

錢太好賺了，黑道當然也來分一杯羹。黑道分子會帶著裝滿現金的紙袋去賄賂經紀人，要經紀人去向退休老人兜售他們公司（基本上毫無價值）的股票。也因此，紐約繁華的金融區常有黑道糾紛：有一次，與黑幫掛鉤的經紀人毆打另一個經紀人，還把他吊在紐約證交所對面的九樓窗外[23]。

不過，搞這種股票騙局很費事，需要缺德的律師、經紀人、銀行家一起草擬公開說明書，即使說明書中的所有資訊都是假的，而且會留下書面紀錄，日後更容易被查緝。相較之下，加密貨幣不需要這些東西，只需要一些基本的程式設計，以及社群媒體上的意見領袖發幾則貼文宣傳一下就好了。程式設計還可以上網找自由工作者來代勞。

名人代言、媒體曝光，全都是騙局

二〇一七年九月，ＩＣＯ熱潮接近顛峰，拳王小佛洛伊德．梅威瑟（Floyd Mayweather Jr.）發布了一則推文，不熟悉加密貨幣流行語的人，是完全看不懂的。推文裡有張照片，照片中的他秀出二十三條閃閃發亮的冠軍腰帶，他在照片上方寫道：「Centra（ＣＴＲ）的ＩＣＯ將在幾個小時後開始，快去買，我已經買了。」

梅威瑟的意思是，他已經買了一種名為Centra的新加密貨幣，他呼籲七百七十萬名推特粉絲也跟著買進。據悉，Centra與某種加密貨幣的簽帳金融卡（debit card）有關，但梅威瑟沒有費心去解釋這點。

在梅威瑟的幫助下，Centra最後募了約兩千五百萬美元[24]，但就像多數透過ＩＣＯ募資的公司一樣，這完全是一場騙局。它從未發行加密簽帳卡或任何東西[25]，甚至連該公司網站上列出的執行長也不存在——只是一張來自圖庫的照片。後來大家才知道，它的創辦人中有一個二十六歲吸食大麻、鴉片類藥物成癮的年輕人[26]，在邁阿密經營一家高檔古董車租賃公司，他們付了梅威瑟十萬美元請他代言[27]。

這顯然是非法的，但他們相信，有關當局要花上幾年時間才會知道發生了什麼事——多數情況下也確實是如此。有人估計，當時百分之八十的ＩＣＯ都是詐騙[28]。

美國不准開戶，只好把錢轉進台灣……

更多ＩＣＯ與新幣的出現，意味著更多的交易——至少在二〇一八年熱潮消退以前是如此。這股熱潮催生了許多後來在幣圈中呼風喚雨的巨擘，例如ＳＢＦ，就是在這個時期首次利用比特幣價差進行交易，賺得飽飽的。

對德瓦西尼來說，ＩＣＯ熱潮對他的兩家公司——交易所 Bitfinex 以及當時他已經接管的穩定幣泰達幣——都很有利。對 Bitfinex 來說，更多交易意味著更多手續費收入。這些費用在二〇一七年為 Bitfinex 帶來了三．二六億美元的獲利[29]。光是德瓦西尼的持股，價值就超過一億美元。

至於泰達幣，因為最初只能在 Bitfinex 上使用，限制了它的實用性。但後來另一家名為 Poloniex 的交易所開始接受泰達幣，交易員開始使用泰達幣在兩個交易所之間轉帳賺取價差，泰達公司也因此必須發行更多泰達幣。到了二〇一七年三月，市場上流通的泰達幣已逾五千萬美元，到了年底，已達十億美元。

但 Bitfinex 與泰達公司很難處理如此大量湧入的資金，因為銀行不讓這些加密貨幣公司開戶。不是因為讓他們開戶違法，而是因為有風險。萬一加密貨幣交易所被發現涉入洗錢，銀行也會跟著遭殃。

照理說，泰達幣本來應該是解決這個問題的方案。Bitfinex 最初收購泰達公司時，策略長波特向德瓦西尼表示，銀行可能會願意與一家穩定幣公司往來，也因此說服 Bitfinex 買斷皮爾斯的股份。但波特的判斷是錯的：大多數的銀行也不想與泰達幣扯上關係。

二〇一七年初，Bitfinex 只好把資金存放在台灣的幾家銀行。但台灣的銀行也需要依賴其他銀行——例如通匯銀行（correspondents）——作為中介角色，才能把資金從台灣轉給其他國家的客戶。而這些通匯銀行不認同加密貨幣，一家接一家停止為 Bitfinex 和泰達公司處理交易，最後一家是富國銀行（Wells Fargo），在二〇一七年切斷了此一業務。

隨後，台灣的銀行也關閉了 Bitfinex 的帳戶，Bitfinex 資金也因此被困在台灣，根本無法轉移到海外。德瓦西尼和同事急著想把錢弄出去，甚至曾經想要租一架飛機把現金空運到海外。他們原本要控告富國銀行，但很快就撤案[30]。

沒想到的是，事後一個三十幾歲的ＩＴ工作者無意間在法院檔案中，發現了這起流產的訴訟檔案，他簡直不敢相信自己看到的內容。照理說，泰達幣有存在銀行的美元作為後盾，但根據這些檔案，Bitfinex 自己承認，他們無法使用銀行系統。更怪的是，即使在提出訴訟之後，Bitfinex 仍持續發行泰達幣。那年夏天，它又創造出兩億枚新幣。但如果 Bitfinex 沒有正常運作的銀行帳戶，真的有人匯給它兩億美元嗎？

後來，這個三十幾歲的ＩＴ工作者以 Bitfinex'ed 的代號在推特、Medium 及其他社群媒體註冊。他發布的內容，給德瓦西尼帶來大麻煩。泰達幣，催生了一個強大的網路正義魔人。

第 6 章

再見台灣，轉進波多黎各

Bitfinex'ed 仔細研究泰達對富國銀行提起的訴訟之後，發現泰達幣的背後根本沒有現金支撐。他開始提出一連串令人不安的問題：泰達公司到底把資金放在哪裡？為什麼它沒有提供查核過的財報？他把泰達幣和原型穩定幣「自由準備銀行」相提並論[1]，後者的創辦人因洗錢被捕[2]。

二〇一七年五月，他發出一則推文：「沒有在銀行開戶……那他們怎樣收資金？根本鬼扯。」

四年後，當我幫《彭博商業周刊》調查泰達幣時，Bitfinex'ed 仍每天發布多則貼文，充滿陰謀論，但引起廣大共鳴。幣圈的人都會跟我提到他的貼文。泰達幣的支持者罵他散播負面的謠言，但我看到一些訴訟案件與主流媒體的報導，與他寫的內容呼應。他似乎對泰達幣瞭若指掌，讓我不禁懷疑他是不是泰達公司的在職員工，要不就是在政府部門負責調查工作。於是，我設法約他見面，並承諾不會透露他的身分。

一隻雞，發明了可以複製世界上任何東西的裝置

他約我在邁阿密海灘比斯坎灣的一棟公寓大樓外碰面。我坐在公寓外一邊等、一邊滑手機看推特時，一則推文引起了我的注意，內容似乎在指涉我即將會見的人。「想像一下，每天睡醒、刷牙、喝些咖啡，然後花十六小時在網路上批評穩定幣。」一位加密貨幣網紅寫道。我覺得好笑，但隨即意識到我也很像他描述的人。

一個滿臉笑容的男人向我走來，穿著一件淺藍色的馬球衫，上面沾了吃塔可餅留下的油漬，留著平頭，蓄著凌亂的山羊鬍，其中幾根不規則的長毛從奇怪的角度冒出來。他穿著紅黑相間的運動鞋及寬鬆的 Levi's 牛仔褲，看起來不太像神祕的間諜，比較像是窩在父母家地下室打了好幾週電玩的人。他要我叫他安德魯，我們一起走到公寓大樓的游泳池邊，坐在俯瞰海灣的沙灘椅上。

「我真的認為這是有史以來最大的金融騙局。」他說，「你可以把我的話當鬼扯，自己去調查，但我肯定他們絕對在撒謊。」

遇到一個與自己志同道合的人，「安德魯」似乎有點過於興奮。當他送我一枚徽章，上面的圖案是 Bitfinex 的商標被火焰吞噬時，我感到更不安了。他告訴我，他不想透露真實身分，是因為曾有泰達幣支持者恐嚇他。他越講越激動，聲音也越來越高亢。

「如果我錯了，為什麼他們不證明我錯了？他們都說我神經病，但這些問題他們也沒法解釋清

楚啊。」他的聲音高亢到近乎尖叫。

安德魯凝視著穿越海灣的快艇。他說，他看得出來泰達幣是騙局，因為他自己就曾做過類似的事情。在一款多人電玩遊戲中，他想出了一種無限印鈔的方法，這樣他就可以添購他想要的武器與其他東西。他說他沒有從中賺到任何金錢，後來他去一家遊戲公司上班，成為一名「白帽」駭客*。

「我知道印鈔票可以如何影響資產價格。」他說，「所以當我看到加密貨幣發生同樣的事情時，我知道那是怎麼回事。」

安德魯告訴我，一九八九年卡通《唐老鴨俱樂部》（*Duck Tales*）裡，有一集解釋了泰達幣這種騙局[3]。在那一集中，一隻雞發明了一種可以複製世界上任何東西的裝置。於是，小鴨們開始複製硬幣，以便購買任何想要的東西，結果導致鴨堡（Duckberg）引發惡性通膨，一根棒棒糖要價高達五千美元。當史高治・麥克老鴨（Scrooge McDuck）**察覺異狀時，他以蘇格蘭口音說道：「哦，天啊，別告訴我你們一直在複製鈔票。」

安德魯認為，泰達公司就像那些小鴨一樣，一直在印鈔，新加密貨幣的背後毫無任何資產支

---

*譯註：意指道德駭客或電腦保安專家，專門從事滲透測試，以確保資訊系統安全；反之，駭入系統搞破壞的網路罪犯，稱為黑帽駭客。

**譯註：在故事裡，史高治・麥克老鴨是全世界最富有的鴨，但他仍不斷擴充財富。唐老鴨是史高治的外甥。

撐。他們用新幣去買比特幣，推高了比特幣的價格。他說，泰達公司可以藉由發行泰達幣給任何人來放款，並稱之為「應收帳款」。或者，德瓦西尼可以為自己加發新的泰達幣，然後把新幣發送到交易所，用那些偽造的錢來購買比特幣，藉此平衡他的帳目。

「你只要發行十億枚泰達幣，然後用它來買進價值十億美元的比特幣。」他說，「現在你背後就算有資產支撐了。」

聽到這裡，安德魯已經把我搞糊塗了。我原本希望從這次會面中獲得新線索，而不是聽到卡通片裡的類比。安德魯告訴我，他想揭穿 Bitfinex 的騙局，並不是出於個人因素，但看來似乎就是。他說，他想像過讓演員凱文·史密斯（Kevin Smith）——在《終極警探》（*Die Hard*）的續集中，史密斯扮演一個窩在母親家地下室工作的邋遢駭客華洛克（Warlock）——在電影中扮演他。他說：「我覺得這樣對 Bitfinex 來說羞辱意味更強。」

我問安德魯，他的消息或證據是從哪裡來的，他無法提出任何新的東西。顯然我還是得自己去挖掘。

資金抽離台灣的銀行，但什麼是「貴銀國際」？

如果有人能證實泰達幣背後是否真的有支撐，那肯定是它的往來銀行。我試著聯繫 Bitfinex 在台灣曾往來的銀行，但是沒有得到回應。

我讀到的資訊顯示，台灣的銀行停止與他們往來後，德瓦西尼與同事在世界各地到處尋找一家更適合 Bitfinex 交易所及泰達公司的銀行。最終，他們找到了一家：位於波多黎各的新創公司，名為貴銀國際（Noble Bank International）。

我聯繫了該銀行的創辦人約翰．貝茲（John Betts）。二〇二一年六月，我們約在曼哈頓見面。他是身形高大的南非人，曾在高盛銀行上班，舉止充滿了前高盛人的自信。不過，當時貴銀國際已經倒閉，他很憤怒。我們繞著華盛頓廣場公園邊走邊談，他一路抽著電子菸。Bitfinex 交易所和泰達公司曾是他最大的客戶，但他警告我別相信他們。

他說：「你應該對任何拒絕公開其持有資產、拒絕監管與透明度的金融事業，抱持高度懷疑。」

貝茲解釋，貴銀國際不是一家真正的銀行，而是一家在波多黎各寬鬆法規下成立的「國際金融實體」。他的計畫是為所有主要的加密貨幣避險基金及公司開設帳戶，這樣一來，他們就可以輕易互相轉移資金，無須把資金轉出貴銀國際。

貝茲告訴我，泰達公司在貴銀國際開戶時，每個泰達幣背後確實都有一美元支撐。但短短一年後的二〇一八年，雙方就不歡而散，結束往來關係。他懷疑，德瓦西尼後來有侵占準備金的嫌疑。

貝茲說，德瓦西尼想利用泰達幣的準備金來賺錢。當時，泰達公司存放在貴銀國際的資產約有十億美元。那些錢躺在帳戶裡毫無收益，德瓦西尼提議，他可以用這筆錢去買有利息的債券。如果投資年息三%的公司債，一年就可以賺取三千萬美元的利息。

但貝茲反對。泰達幣網站長期以來一直承諾，每個泰達幣背後都有傳統貨幣的支撐。拿那些錢去投資，就違背了這項承諾。況且，就算是比較安全的投資，也可能出現虧損，那將導致泰達幣背後缺乏足夠支撐，容易引發擠兌。

當貝茲拒絕德瓦西尼的提案時，德瓦西尼反過來指控他竊占。貝茲勸德瓦西尼聘請會計師事務所做完整稽核以博取大眾的信任，但德瓦西尼表示，泰達幣不必為了回應批評者而做那麼多事情。

「德瓦西尼想要更高的報酬率。」貝茲說，「我一再勸他要有耐心，好好跟稽核人員合作。」

結果雙方爭論越演越烈，導致德瓦西尼想從貴銀國際撤出資金。德瓦西尼的副手波特想把資金留在「國際金融實體」[4]，所以德瓦西尼和其他合夥人以三億美元買斷了波特的持股。波特選擇收美元，而不是泰達幣[5]。

二〇一八年六月，貝茲以健康與家庭因素為由，辭去貴銀國際的職務。貝茲一走，德瓦西尼便如願以償，從貴銀國際提領資金。不久之後，貴銀國際就倒閉了[6]。貝茲告訴我，泰達公司從貴銀國際提領資金後，德瓦西尼就可以隨心所欲的投資了，但他不確定德瓦西尼後來做了什麼，他只知道德瓦西尼做的事情，比現金存款的風險大多了。泰達公司可能把那筆錢拿去投資任何東西。

「那不是穩定幣，而是高風險的離岸避險基金。」貝茲說，「連他們的往來銀行也不知道他們持有什麼資產，也不知道那些資產是否真的還在。」

我知道貝茲批評泰達幣，有他自己的動機。他把貴銀國際的倒閉以及自己的離開，歸咎於德瓦西尼。但貝茲說的一切，感覺很合理。泰達幣的商業模式本來就有利益衝突：任何投資收益都屬於德瓦西尼及其他股東，但任何損失都由泰達幣持有者承擔。而且，如果泰達公司真的在某項投資上虧損了，肯定會想辦法隱瞞，而不是主動揭露，引發擠兌風險。

雖然傳統銀行也有同樣的利益衝突，他們會把客戶的存款拿去投資以賺取收益，但那些存款是有保險的，還要被監管機構約束。據我所知，政府中只有一兩個人關注過泰達幣，他們是在紐約州總檢察署投資保護局工作的律師，其中一位，是約翰．卡斯蒂利翁（John Castiglione）。

第7章

快還錢！我快倒閉了！

紐約市投資者保護局（The Investor-Protection Bureau）位於紐約金融區的一座辦公大樓裡。在前檢察長艾略特·史必哲（Elliot Spitzer）的領導下，曾讓華爾街的投資銀行聞風喪膽。但近年來威力大不如前，裡頭沒有足夠的數據科學家與經濟學家，當然也沒有加密貨幣專家。

二〇一七年，當時三十八歲的約翰·卡斯蒂利翁與同事布萊恩·懷赫斯特（Brian Whitehurst）奉命負責調查加密貨幣市場。這是個重大任務，但兩人對加密產業都不太熟悉。

卡斯蒂利翁於二〇一四年從瑞生國際律師事務所（Latham & Watkins）跳槽到總檢察署。瑞生是擁有兩千一百位律師的大型事務所，他主要是為大企業辯護。跳槽到公家機關任職後，薪資也跟著大幅縮水。他在總檢察署的年薪約八萬美元，還不到瑞生事務所菜鳥律師的一半，但他不介意，因為他就是想在政府部門工作。

他剛加入總檢察署的任務之一，就是調查暗池（dark

pools）——華爾街大型投資銀行經營的私人股票交易平台。這些投資銀行宣稱，共同基金等機構投資者透過暗池，可以避免被外界獲悉它們的巨額交易，否則如果讓外界知道富達（Fidelity）要購買十億美元的蘋果公司股票，就會搶在富達前買進股票並推高股價。但卡斯蒂利翁和同事的調查發現，許多金融業者經營的暗池，反而讓掠奪性交易大戶享有特權，最終導致業者被罰了約兩億美元的罰款。

卡斯蒂利翁與同事意識到，如果連受到嚴格監管的華爾街銀行都這麼糟糕，那加密貨幣市場上發生的事情可能更糟。二〇一八年四月，總檢察署向十三家規模最大的加密貨幣交易所，發出一份簡單的調查問卷，上頭列了三十四個問題，涵蓋許多基本資訊，例如交易所負責人是誰、如何處理交易、如何監控交易、如何保護客戶資金等等。

卡斯蒂利翁在給交易所的信中寫道：「就像其他新興領域，虛擬貨幣的挑戰在於防止詐騙與其他濫用行為，維護市場誠信及保護投資散戶，同時避免扼殺合法的市場活動或創新。」[1]

但是，這項調查引起加密貨幣業者強烈反彈。有四家交易所根本不回應[2]，其他一些交易所表示沒有責任監管可疑的交易。於是，卡斯蒂利翁與懷赫斯特鎖定 Bitfinex 交易所，因為擁有該交易所的集團也同時擁有泰達公司，看來危險訊號最多。Bitfinex 聲稱，他們有一個高階主管住在紐約——策略長波特，但公司並不在紐約營運。可是卡斯蒂利翁向紐約幾家交易公司發出傳票，那些公司告訴他，確實有使用 Bitfinex。

卡斯蒂利翁認為，Bitfinex 有一點特別奇怪：這家交易所的業主，同時控制著在該交易所交易的一種貨幣（也就是泰達幣），在這種情況下，泰達幣會不會被用來操縱交易所的交易價格，或甚至是比特幣的價格？（那年六月，金融學教授約翰・格里芬〔John Griffin〕發表了一篇名為「比特幣真的不受泰達幣影響嗎？」〔Is Bitcoin Really Un-Tethered?〕的論文[3]，他認為有人發行毫無支撐的泰達幣，以拉抬比特幣的價格。）卡斯蒂利翁與懷赫斯特向泰達公司和 Bitfinex 發出傳票，索取交易紀錄。

他還不知道，其實當時這兩家公司正處於生死存亡的危機之中。

沒有特殊技術，基本上只是一種洗錢服務

打從公司成立開始，Bitfinex 與泰達公司在與銀行往來時就常遇到困難。Bitfinex 有時不得不採用一些特殊的變通手段來移動資金。二〇一七年，波特和交易者在線上交談時就承認了這點。「我們以前與銀行往來時，遇過一些問題。」波特說，「但我們總是可以找到變通的方法、化險為夷，例如開設新帳戶或轉移到不同單位等等，在幣圈裡每個人都必須想辦法破解各種關卡。」[4]

泰達公司和 Bitfinex 所面臨的存亡危機，就是源自這種卡關與破關的問題。一直以來，Bitfinex 都是使用巴拿馬匯款服務商「加密資本」（Crypto Capital）來轉移及持有部分現金[5]。令人驚訝的

是，這個管道實際的運作方式，比表面上看起來更可疑。加密資本在網站上宣稱，它可以讓用戶「立即向世界各地任何加密貨幣交易所存入與提取法幣」[6]，但它並沒有任何特殊的技術，它基本上是一種洗錢服務。

加密資本是直接用一個虛構的公司名稱開設銀行帳戶，他們告訴銀行，會用這些帳戶來做一些正常的事情，比如房地產投資。然後，他們讓Bitfinex這樣的公司使用那些帳戶來幫客戶轉帳（Bitfinex後來宣稱，加密資本保證一切都是正大光明且合法）。其他加密貨幣交易所——包括Kraken、QuadrigaCX、幣安——也使用加密資本的這項服務。到了二〇一七年，加密資本每月處理的轉帳金額，超過一億美元[7]。

二〇一八年夏天，Bitfinex在加密資本的帳戶中有近十億美元[8]，但後來，這家洗錢機構突然暫停Bitfinex客戶提款。Bitfinex與泰達公司老闆德瓦西尼連續寫了好幾封訊息給加密資本的以色列籍負責人奧茲．約瑟夫（Oz Yosef），信中的語氣越來越著急。

「我們這裡被客戶大量提領，要是無法匯一些錢出來，就快撐不住了。」二〇一八年八月，德瓦西尼在給約瑟夫的信中寫道：「在正常情況下，我不會打擾你（以前我從未打擾過你），但現在是很特殊的狀況，我需要你的幫忙。」[9]

約瑟夫找了一堆藉口糊弄德瓦西尼，例如有弊端、有銀行法規要遵循、有稅務問題、有打字錯誤、有銀行人員休假等等。當時情況很緊急，萬一被外界發現提款延遲不僅是暫時的系統故障，就可能會引發擠兌。

但情況持續惡化。到了十月，許多客戶等提款已經等好幾週了[10]，市場上開始謠傳 Bitfinex 帳戶裡的錢不足。Bitfinex 從未正式承認它與貴銀國際的往來關係，但當時有報導說 Bitfinex 與貴銀國際停止往來[11]。十月七日，Bitfinex 在網站上發布一份聲明，用誤導性的措辭暗示該交易所沒聽過貴銀國際：「目前流傳的說法與指控中，提到一家貴銀國際，但該公司對我們的營運、生存能力或償付能力毫無影響。」[12]一週後，Bitfinex 否認提款有任何問題：「所有加密貨幣與法幣的提領正常，並無受到任何影響。」[13]

但這不是真的。同一天，德瓦西尼寫信給約瑟夫：「我很早就說了，有太多提領等候多時。我們要如何才能從你那裡拿到錢？……請幫幫忙。」

約瑟夫回信說，銀行無緣無故關閉了他們的帳戶。德瓦西尼說，你這藉口太爛了。

「我現在需要給客戶確切的答案，不能再拖了。」德瓦西尼寫道，「請你了解，目前的狀況可能對幣圈的每個人都很危急。我們不趕快採取行動的話，比特幣可能會跌破一千美元。」

德瓦西尼的訊息似乎意味著，如果加密資本不讓他的客戶提款，Bitfinex 與泰達公司可能會爆發擠兌。如果這兩家公司出現擠兌，可能會導致整個加密市場崩盤。

三天後，德瓦西尼補充寫道：「太多錢卡在你們那裡了，我們隨時都可能爆發危機。」十一月，在加密資本依然沒匯出任何款項後，他忍無可忍。「你別再玩我們，告訴我到底發生了什麼事。」德瓦西尼寫道，「我不是你的敵人，我是來幫你的。目前為止，我一直很有風度，但你必須停止胡說八道，告訴我發生了什麼事。」

真相是：波蘭當局發現了他們的伎倆，並查封了加密資本在該國的銀行帳戶，而加密資本的多數現金都存在那裡。後來，美國當局控告約瑟夫詐騙，但他逃到以色列。二〇一九年，另一個與加密資本有關的人在波蘭被捕。波蘭檢察官指稱，加密資本也為販毒集團洗錢。

「卡住」聽起來像是「消失」的委婉說法

二〇一九年二月，泰達公司的律師來到總檢察署。卡斯蒂利翁、懷赫斯特與另一位同事，和來自Bitfinex與泰達公司的兩位律師坐在會議室裡，另一位辯護律師透過電話的擴音器參與會議。

卡斯蒂利翁要求那幾位律師證明，所有泰達幣都是由真實的客戶用真實的美元購買的[14]。一開始，律師拒絕這要求，但經過一番討論後，其中一位律師承認，事態有一些意外的「發展」。他們很多事隱瞞不提，只說Bitfinex有八．五億美元以上的資金，存在一家匯款服務商（也就是加密資本）那裡，現在那筆錢似乎「卡住了」。Bitfinex只好借用泰達幣的準備金，來填補缺口。

「抱歉，你可以再說一遍嗎？」卡斯蒂利翁問道。

卡斯蒂利翁簡直不敢相信自己聽到什麼。「卡住」聽起來像是「消失」的委婉說法，而「消失」意味著交易所已經資不抵債，瀕臨崩解。在華爾街，一個交易所要是處於這種情況，必須公告周知並停止營業，但目前看來，Bitfinex 甚至不打算讓客戶知道這件事。卡斯蒂利翁要求律師先離開，他與同事要討論一下。

「我真他媽的不敢相信我剛聽到了什麼。」他對同事說，「他們真的說八．五億美元的客戶資金都消失了嗎？然後他們打算用泰達幣的準備金來填補這個洞？」接著，他聽到會議室的電話擴音器傳來一個聲音。其中一位律師告訴卡斯蒂利翁，他忘了把電話調成靜音。

那場會議就這樣不了了之。接下來幾週，卡斯蒂利翁持續深入調查泰達幣。他不喜歡陰謀論，但 Bitfinex 與泰達公司的律師如此閃爍其詞，看來事有蹊蹺。泰達公司網站上向用戶保證：「每一枚泰達幣的背後，都有傳統貨幣一比一的支撐，存放在我們的準備金裡。因此一個泰達幣（USDT）永遠等於一美元（USD）。」但開完那場會議後，網站上的文字改成：「每一枚泰達幣始終都有我們的準備金提供百分之百的支撐，保證金包括傳統貨幣與現金等價物，有時可能也包括其他資產，以及泰達公司出借給第三方（可能包括關聯企業）的應收款項。」

換句話說，泰達幣的「準備金」可以是任何東西。

剛開始，Bitfinex 的律師表示，借用泰達幣資金來支應缺口只是計畫，幾週後他們告知卡斯蒂利翁，這計畫已經結案。他們保證，這是合理的交易，沒有利益衝突。他們寄給卡斯蒂利翁一些文件，記錄了泰達公司提供給 Bitfinex 九億美元的信貸額度。其中，代表泰達公司簽名的人是德瓦西尼，而代表Bitfinex簽名的人，也是德瓦西尼。

二〇一九年四月，檢察長帶著調查結果向曼哈頓的州法院申請禁制令，禁止這兩家公司之間做更多轉帳。總檢察署一位律師寫道：「Bitfinex 高層也同時擁有及經營泰達公司，他們從泰達公司的準備金中拿走數億美元，並用這筆錢來支撐 Bitfinex 交易平台。」

這番指控相當嚴重，而且可能帶來傷害，但事後發展卻出人意料：什麼也沒有發生。這個消息揭露以後，並未引發擠兌。泰達幣一度跌至九十七美分，但不久就反彈了。當時一位加密貨幣交易員告訴記者：「市場根本不在乎，幣圈對痛苦有極大的耐受力。」[15]

擠兌沒有出現，倒是出現緊急紓困。為了償還貸款，Bitfinex 藉由出售名為「Unus Sed Leo」（拉丁文，意思是「一個，卻是獅子」）的加密貨幣[16]*，募集了十億美元。它承諾將以未來的交易收入，買回這些加密貨幣[17]。買家包括EOS（泰達公司的共同創辦人皮爾斯所推動的ICO），以及SBF創立的避險基金阿拉米達研究（Alameda Research）。德瓦西尼基本上是自己印鈔票來取代加密資本賠掉的資金，並把他印出來的新鈔賣給幣圈大戶。

---

*譯註：意指「雖然只有一個，卻是獅子」。也就是說，即使只有一個個體，卻很強大，足以產生重大影響。意謂儘管Bitfinex面臨挑戰，仍像獅子一樣強大，有影響力。

二〇二一年二月，泰達公司同意支付一千八百五十萬美元以和解紐約的訴訟，但不承認有任何不當行為。當時，紐約州的檢察長詹樂霞（Letitia James）在一份聲明中表示：「Bitfinex與泰達公司肆無忌憚且非法掩蓋了巨額的財務損失，以延續其計謀及保護公司獲利。泰達公司宣稱其虛擬貨幣的背後一直都有美元支撐，那是天大的謊言。」然而，支持者把這番話倒過來解讀為政府對泰達幣的認可——如果泰達幣真的是一個巨大的騙局，州檢察長怎麼可能會和解呢？這個案子，把總檢察署搞得人仰馬翻。由於業者宣稱不再與美國客戶往來，因此也無法確定這些業者是否可受紐約司法管轄。

卡斯蒂利翁與懷赫斯特試圖提醒其他監管機構，注意泰達公司與Bitfinex的情況。德瓦西尼已經擺明，他會把泰達幣的準備金拿來當Bitfinex的小金庫，但美國證管會似乎對此不感興趣（該機構仍忙著處理ICO熱潮中的拉高倒貨騙局），卡斯蒂利翁只與司法部的檢察官通了短暫的電話。二〇二一年十月，商品期貨交易委員會（The Commodity Futures Trading Commission）針對另一件與紐約州檢察長這個案件有關的案子，對泰達公司開罰了四千兩百五十萬美元。

泰達公司與紐約州達成和解的條件之一，是必須每季發布報告，清楚說明其持有的資產，並把更詳細的資訊寄給檢察長。卡斯蒂利翁希望這些報告可以促使大家更仔細的審查，但後來並沒有任何監管機構要求查看這些報告。

比特幣自發明以來已經過了十幾年，如今加密貨幣已經無所不在。二〇二〇年，隨著疫情期間加密貨幣交易的熱絡，泰達幣呈指數級成長，售出了一百七十億枚。翌年，泰達公司又售出五百七十億枚泰達幣，然而監管機構仍不確定該如何處理這家公司，或如何處理整個產業。加密貨幣正瘋狂成長，卻沒有人執行任何保障投資者的例行措施。

第8章

別碰，很危險

二〇二一年夏天，我能找到的唯一一家願意坦承他們與泰達公司有往來的金融機構，是巴哈馬的德爾泰克信託銀行（Deltec Bank & Trust）。德瓦西尼與貴銀國際的創辦人貝茲發生爭執後，把公司的資金從波多黎各的貴銀國際轉移到德爾泰克。

我寫電郵給德爾泰克的董事長尚恩・夏洛潘（Jean Chalopin），他答應與我談談。我說，我希望當面訪問他，於是我訂了飛往拿騷（Nassau）的機票。

電影都亂講，小島上的免稅天堂才不是那樣

七月，我們在德爾泰克的辦公室見面，那是位於首都一個不錯的地段，一棟六層建築的頂樓，周圍環繞著棕櫚樹。夏洛潘曾參與製作動畫《G型神探》（*Inspector Gadget*），他的辦公室門上掛了一幅畫，上面畫著一九八〇年代穿著風衣的機器戰警。書架上陳列了幾本雜誌，封面人

物是他的妻子與女兒。他的妻子曾是模特兒，女兒則是作曲家。七十一歲的夏洛潘頂著一頭蓬鬆的紅髮，戴著無框的圓形眼鏡。我們坐下來時，他從書架上抽出一本有關金融詐騙的書《視人不清》（*Misplaced Trust*），語帶神祕地說：「有些人為了錢，什麼奇葩事都做得出來。」

他給自己泡了杯茶，說他是一九八七年賣掉他的第一家動畫工作室ＤＩＣ娛樂（DIC Entertainment）後，來到巴哈馬的。那筆買賣讓他發了大財，並在巴黎郊外買了一座城堡，在巴哈馬買了一棟粉紅色殖民風格的豪宅。那棟豪宅後來成為二〇〇六年電影《００７首部曲：皇家夜總會》（*Casino Royale*）中反派的巢穴，而夏洛潘本人看起來也像〇〇七電影中的角色。

他告訴我，他精通兩種語言，另外四種語言也會一點，以前還會自己開私人飛機。他過去投資的事業包括：巴黎一個失敗的未來主題樂園、中國長城附近一個明朝主題公園。一九八〇年代初期，他成為德爾泰克的客戶，後來與這家銀行的年邁創辦人克拉倫斯．多芬諾二世（Clarence Dauphinot, Jr.）成為朋友。

電影中常把巴哈馬的銀行描繪成洗錢天堂。夏洛潘抱怨：「電影裡總是演一個傢伙開著飛機，載著好幾大包的現金。」他告訴我，那是過時的刻板印象。他說，德爾泰克的競爭優勢是良好的客戶服務，而不是隱密性。

一九九五年多芬諾過世後，這家曾在整個拉丁美洲從事投資銀行業務的銀行，縮減為一家小型的資金管理公司。夏洛潘投入資金，最終成為該銀行的最大股東。他決定去尋找新事業領域的客戶，例如生技、基因編輯、人工智慧等等。因為這些新領域規模通常太小，無法獲得大銀行的特別關注。他鎖定的另一個領域是加密貨幣，他認為其他銀行對加密貨幣避之唯恐不及是錯的。

他表示：「大家對加密貨幣的看法是：『別碰，很危險。』但你只要深入些探索，就會發現其實不是那樣。」

夏洛潘告訴我，二〇一七年，一位靠比特幣致富的客戶向他介紹了泰達幣與德瓦西尼。德瓦西尼親自為他做了一頓義式燉飯，他很欣賞德瓦西尼的直率。當他們發現兩人的母親在同一個義大利城鎮長大時，開始互稱對方為cugino（義大利語的「表兄弟」）。德瓦西尼在夏洛潘的巴哈馬豪宅旁買了一棟房子，兩人又一起買下及平分這兩棟房子之間的濱海土地。夏洛潘告訴我，泰達幣遭到不公平的汙衊。「根本沒有什麼陰謀，」他說，「他們不是安隆（Enron），也不是馬多夫。出問題時，他們會光明正大的解決。」

夏洛潘說，二〇一八年十一月讓泰達公司來德爾泰克銀行開戶之前，他對這家公司做了好幾個月的調查。他簽署了一封信，為泰達資產作擔保。批評者堅稱泰達幣背後沒有現金支撐，讓他很訝異。「當時大家提出的最大質疑是『錢根本不存在』，但我知道錢確實存在！就存在這裡。」

但是，當我問夏洛潘，他是否確定泰達公司的資產現在有完全的擔保，他笑了。他說，這個問題很難回答，他只為泰達公司保存現金與風險極低的債券，而且最近泰達開始透過其他銀行來處理資金，只有四分之一的資金（約一百五十億美元）仍放在德爾泰克銀行。「我無法談論我不知道的事情。」他說，「我只能掌控放在我們這裡的部分。」

向中國大企業提供數十億美元短期貸款

與夏洛潘見面一個月後，二〇二一年八月，我的調查終於有了突破。經過多次懇求，一位消息人士寄給我一份檔案，裡面詳細列出了泰達公司大部分準備金。他要我保證絕不透露消息來源，也不公布可能暴露其身分的細節。那份檔案列出了泰達公司的數百項投資，其中多數都很正常：短期債券。但也有一些奇怪的東西，比如投資避險基金，以及對銅、玉米、小麥價格的小額押注。

在我看來，風險最大的部分是向中國大企業提供的數十億美元短期貸款。美國的貨幣市場基金會避免購買中國債券，認為中國不透明的金融體系有風險，而且當時投資者認為，中國的房地產市場正處於危險的泡沫中。泰達公司的投資組合中，似乎包含中國政府（例如上海浦東發展銀行）及房地產開發商（例如世茂集團）所發行的債券。

這份檔案並不完整，所以無法回答「泰達公司有沒有任何資金消失」的問題，但我看到的泰達投資組合，確實比該公司所公布的要奇怪多了。

當時，我也得知聯邦政府正在調查泰達公司，聽說檢察官想找德瓦西尼來談談，不過根據我的經驗，許多這類調查最終都不了了之；即使最後被控告，通常也會以支付罰款的方式解決。但我很想知道，如果美國政府真的提出指控，幣圈會繼續支持泰達幣嗎？還是會引發擠兌呢？

這篇關於泰達公司資金流向的報導發表在《彭博商業周刊》前，我寄了一些問題請該公司回應。德瓦西尼氣炸了，他不久前用舊網名 urwhatuknow 在推特上開了一個帳號，在推文中以幣圈辱罵負面新聞的術語ＦＵＤ（fear、uncertainty、doubt 的縮寫，意思是「懼、惑、疑」）*，抨擊我即將發表的文章。

「又一家被金融宰制、奄奄一息的雜誌，打算靠編造泰達幣的ＦＵＤ（假消息）來賺錢，苟延殘喘。」他寫道。

泰達公司的律師史都華．霍格納（Stuart Hoegner）更直接針對我，在一支影片中，他稱泰達公司的批評者是「聖戰分子」（jihadists），一心只想摧毀泰達公司；他也駁斥外界指控泰達公司在操縱市場，認為這種指控很可笑。在一封電子郵件中，他說我的報導「不過是那些沒有參與過公司營運或缺乏第一手資訊的酸民，在那裡含沙射影傳來傳去的消息」。

他說：「我們有一套明確、全面、詳盡的風險管理架構，以保護及投資那些準備金。」他也補充提到，從來沒有客戶要求提款被拒。

霍格納叫我去看他們的財報，這份由開曼群島一家會計事務所提供的財報顯示，泰達幣有足夠的資產支撐。但當我問霍格納，泰達公司到底把錢存在哪裡時，他卻拒絕透露。他保證，泰達公司有足夠的現金可以支付單日最高支出，但這說法並沒有讓我比較放心。畢竟，擠兌可能持續超過二十四小時。

那年十月，《彭博商業周刊》發表了我的調查報告，標題是「六百九十億美元的加密貨幣之謎」（當時泰達公司已發行六百九十億枚泰達幣）。在該文中，我提到泰達公司創辦人的離奇背景，以及他們披露的資金去向充滿了誤導性資訊，但我其實沒有真正解開這個謎團。

每個人都根據自己想相信的說法來解讀這篇文章。幣圈支持者認為這篇報導證實，泰達公司確實至少有一些資金，但幣圈質疑者卻看到該公司擁有中國商業票據而感到不安。我自己也不確定該如何看待這些財務紀錄，我努力挖掘各種關於泰達資產的細節，許多貸款似乎是給真實存在的公司的合法貸款，還有一些貸款卻無法查證，中國企業貸款的資料向來品質不高，這點並不令人意外。這些紀錄比較像是另一個不確定的線索，而不是確鑿的證據。

只要它們倒閉，我們就能海撈一票

我的報導在華爾街引起了避險基金的關注，尤其是做空者。這些基金是靠做空這種可疑的公司

*譯註：意指有心人士試圖散播謠言來打擊對手的行為，也可以泛指各類假消息。

來賺錢，等它們倒閉時就可以大賺一筆。有些基金還會發布揭露騙局的報告來加快這個過程。

幾位專門做空的大型基金分析師告訴我，他們早就做空泰達幣（或正考慮這麼做）。對他們來說，這是一個誘人的賭注，因為泰達幣永遠不會漲超過一美元，所以他們不會虧錢，但泰達幣卻有崩盤的可能。放空機構「總督研究」（Viceroy Research）共同創辦人弗雷澤．佩林（Fraser Perring）告訴我：「我押了一大筆錢，賭他們是騙子。最壞的情況是我幾乎不會有損失，還是很有錢，但如果泰達幣崩盤，那我就賺翻了！」

泰達幣就算不是騙局，也可能崩盤。如果消息傳出，泰達公司以六百億美元的資產來支撐七百億枚泰達幣，就可能會引發擠兌潮。一旦六百億枚泰達幣被兌現，剩下的就變得一文不值了，這將使做空者的賭注開始獲利。在存款保險制度出現之前，像這樣的銀行擠兌很常見。有些批評者把泰達公司比喻成十九世紀在美國偏遠地區大量出現的銀行，那些銀行動不動就倒閉。

當時，美國政府沒有發行紙鈔，只發行金幣與銀幣（因為美國的開國元勛擔心通貨膨脹，第二任美國總統約翰．亞當斯〔John Adams〕說，通貨膨脹是「沒完沒了的連續重大竊盜」[1]），但這一來也導致了貨幣短缺，於是他們想出了一個變通辦法：各州允許銀行印製自己的銀行券（或稱銀票），可隨時兌換成美國硬幣。

可是當時很少有銀行在金庫內保留足夠的硬幣，供應客戶兌換銀行券。他們大量印製銀行券，想印多少就印多少，然後用銀行券來購買房地產等實質資產。只要這些銀行券繼續流通、沒有被拿去兌現，這種情況就能持續下去。這些金融機構後來被稱為「野貓銀行」（wildcats），據說是因為他們把分行設在野生動物出沒、人跡罕至的偏遠地區，這樣就不會有人帶著銀行券來兌換硬幣。

野貓銀行會在稽查員來查帳那天，借入準備金。載著黃金的馬車會趕在稽查員之前抵達銀行，或是在查帳期間從後門運進一堆硬幣。密西根州有一家銀行在箱子裡裝滿了釘子與玻璃，然後在最上面鋪一層薄薄的銀幣，想藉此蒙混過關，但稽查員並沒有上當。

當時密西根州的銀行監管員阿爾費斯·費爾奇（Alpheus Felch）寫道：「對那些肆無忌憚的投機者、冒險者來說，這是多麼大的誘惑，他們只想著發財，隨時準備不計一切風險追求財富。」[2]

南北戰爭初期，林肯總統開始印製聯邦紙鈔，並對其他貨幣徵收很高的稅以後，野貓銀行時代終於結束，曾經推動偏遠城市經濟發展的野貓銀行券也逐漸廢棄不用。有人給孩子玩，在鄉下地區還被拿來當壁紙。

我們很容易就可以看出，野貓銀行與泰達這類加密貨幣公司的相似之處。想像一下，你掌控著一台可以免費印鈔的機器，誰有足夠的自制力，不想多印個幾百萬美元來花用？何況，其實光是謠言就足以引發致命的擠兌。一九七三年，一名日本高中生對當地一家信用合作社的評論，引發了一個謠言，結果掀起一場破壞性的恐慌[3]。二〇二三年三月，一位知名 podcast 主持人放人了大家對加州矽谷銀行（Silicon Valley Bank）投資組合的擔憂，導致銀行主要客戶（新創企業的高階主管）恐慌而引發擠兌[4]。許多做空者表示，泰達幣到現在都沒有爆發擠兌，實在令人意外。

但任何分析師對泰達幣的了解，似乎都不如那個在網上化名為 Bitfinex'ed 的陰謀論者「安德魯」。一位避險基金的交易員告訴我，他曾聘請前中情局分析師來解讀泰達公司高階主管在電視採訪時的肢體語言，但我認為這種分析沒什麼用。另一個分析師開了三小時的黑色休旅車來紐約州北部與我碰面，當時我正在度假，但他只告訴我一些德瓦西尼過去的故事，與泰達公司的現狀幾乎沒什麼關係。

興登堡登場，懸賞一百萬美元

二〇二一年十月，興登堡研究（Hindenburg Research）宣布，懸賞一百萬美元以取得泰達幣內幕[5]。興登堡創辦人奈特．安德森（Nate Anderson）寫道：「我們強烈認為，泰達公司應該全面、徹底地公開其持有的資產。在缺乏公開資訊的情況下，我們懸賞一百萬美元，給任何能夠提出泰達幣背後準備金獨家詳情的人。」

我認識安德森近十年了。我們剛認識時，他在一家研究公司擔任基層分析師。當時我們在一家咖啡店碰面，他給了我一份有關白金合夥（Platinum Partners）避險基金的檔案。我寫了一篇揭弊報導，他則向證管會檢舉那家避險基金，不久那家基金就倒閉了。後來，安德森創立了興登堡研究，成為華爾街最著名的做空者之一。他搞垮了好幾家公司，例如市值兩百億美元的電動貨車公司尼古拉（Nikola）。三十七歲的安德森只比我大幾個月，我對他羨慕又嫉妒，他不會像阿傑那樣在狗狗幣獲利時，刻意傳自拍照來嘲笑我，我也常在《紐約時報》與《華爾街日報》上看到他充滿魅力的照片。

起初，看到安德森懸賞一百萬美元，我心裡很不爽。幾個月下來，我一直努力解開這個謎團，就像其他主流記者，我不曾付費去取得資訊。現在竟然有人懸賞一百萬美元，誰還肯免費爆料給我？後來我突然想到，我自己可能就有安德森想找的東西。於是，我安排了一次會面。

十一月，我們在紐約中央公園入口處的一個熱狗餐車前碰面。安德森穿著帽T出現，我們沿著小徑漫步，經過一群正在打棒球的孩子、拍照的遊客及一支鋼鼓樂隊時，他談到他可以拿泰達公司的資產詳細資料來做什麼。他說目前為止，他的懸賞公告還沒有吸引到任何重要的線索。我告訴他，或許我能幫上忙。在不透露細節下，我描述了我收到的檔案。

「根據我剛剛的描述，你會給我一百萬美元嗎？」我問道。

「會。」安德森說。

「你有一百萬美元嗎？」

「我身上沒有。」他說，但他向我保證，他銀行裡的錢遠遠超過這個數字。

他是認真的。想到他願意為我口袋裡 iPhone 上的一些文件，支付我相當於年薪好幾倍的報酬，

我不禁興奮了起來。但我向消息來源承諾過，我不會分享這些檔案。我告訴安德森，用檔案換取賞

金，對我來說是不道德的。

「這不算不道德。」安德森說。

「對我來說是不道德，但對你不算。」我說，「消息來源把檔案交給我，不是要讓我轉賣的。」

我告訴安德森，如果我把檔案給他，我會遭到解雇。他說，他會雇用我。我說那些檔案很難解讀，他說他的專業團隊可以破解。我問他，為什麼願意為這些資訊付那麼多錢。他說，潛在的報酬是一百萬美元的好幾倍。

他沒有打算做空泰達幣，而是打算向政府提出一份檢舉報告，檢舉獎金是政府罰款的三〇%。尼古拉公司已經支付了一・二五億美元的罰款，這表示安德森因為揭發電動貨車造假一事，獲得了三千七百五十萬美元的獎金。如果政府因泰達公司謊報準備金而開罰，罰金很可能至少也有那個數目。安德森說，他會分享他拿到的獎金。我迅速心算了一下，發現我可能分到一千萬美元，或甚至更多。

我一直在閱讀有關有效利他主義（effective altruism）的文章，那是ＳＢＦ也參與的一種慈善運動。當下，我不禁想起這個慈善運動的主張：就算我自己不想要這筆錢，但我可以拿到之後再把它捐給慈善機構。只要是把錢投入到正當用途，一千萬美元可能會挽救成千上萬人的生命。在這種情況下，如果我拒絕這筆獎勵，豈不是更不道德？

然而，就在那天騎車去和安德森碰面的路上，我看到了影集《金融戰爭》（*Billions*）的拍攝現場前，張貼了一張「禁止停車」的告示。在影集中，不道德的避險基金經理鮑比・阿克謝爾（Bobby Axelrod）說：「如果你從來不敢說『幹，老子不幹了』，那你他媽的存再多錢有什麼意義？」我認同這個說法。但也許，你甚至不需要有「他媽的再多的錢」，也可以說「幹，老子不幹了」。只要你覺得那樣做是對的，就可以直接說「幹」。不必因為有人給你一千萬美元，你就改變了想法，就像如果你真的認為狗狗幣很蠢，那就沒必要買它。於是，當下我的憤慨戰勝了貪婪。我告訴安德森，有些事情比錢更重要。

「這本書的書名會叫做《阿傑錯了、齊克是對的：加密貨幣的故事》（*Jay Is Wrong and Zeke Is Right: The Cryptocurrency Story*）。」我說，「知道嗎，作家總是有一些堅持是不該妥協的。」

三兆美元的產業，泰達幣撐得起來嗎？

回到家後，我收到安德森發來的簡訊：「我們今天的對話對全球金融體系來說，是潛在的系統性風險。」雖然這樣講有點誇張，但也不算是錯的。我們見面幾天後，二〇二一年十一月八日，比特幣的價格漲到了六萬八千美元的歷史新高[6]，所有加密貨幣的總值超過三兆美元[7]。這麼龐大的規模，真的可以建立在泰達幣的基礎上嗎？

直到當時，我對泰達幣的了解還不夠，但它確實很可疑。我不敢相信每天竟然有人匯數百萬美元到巴哈馬的德爾泰克銀行，以換取《野鴨變鳳凰》的童星想出來的數位貨幣，而且還是被美國刑事調查單位鎖定的對象所經營的。但我覺得，答案不在我取得的那些檔案中。根據經驗，我所有最精采的故事都是來自那些對計謀的運作方式瞭若指掌的內幕人士。

我研究泰達幣所遇到的所有人中，有一個人很特別，他既是泰達幣的訊息來源，也是彭博社潛在的報導對象：山姆·班克曼—弗里德（ＳＢＦ）。自從幾個月前我們在邁阿密短暫見面之後，他已經成了幣圈最知名的人物。十一月十日，我在幣圈媒體《Protos》上看到，ＳＢＦ創立的避險基金阿拉米達研究在二〇二一年收到三百一十七億枚泰達幣[8]。這表示，ＳＢＦ應該已經以某種方式把三百一十七億美元匯給泰達公司了。ＳＢＦ在邁阿密已經向我保證，他與泰達公司之間的交易是光明正大的，但我想，身為泰達公司的一大客戶，他肯定知道更多內情。於是，我決定向彭博社的主編提議，寫一篇關於他的專題報導，讓我有理由更深入了解他。

這是個令主編難以抗拒的題目。畢竟，ＳＢＦ才二十九歲，他成立兩年半的交易所ＦＴＸ市值已經有兩百五十億美元[9]。《富比士》估計他個人的身價高達兩百二十五億美元，大家都說他是金融版的臉書創辦人馬克·祖克伯（Mark Zuckerberg）[10]。

我不認為ＦＴＸ是能與社群媒體相提並論的創新，它比較像是一個用隨機代幣賭博的賭場。對我來說，ＳＢＦ這個人最有趣的部分，是他的動機。

ＳＢＦ說，他從小就決定這輩子要致力行善，為這個世界做最大的善事。青少年時期，他曾參與保護動物權的活動。上大學後，他認為做善事的最佳方式，是盡可能賺最多的錢，然後全部捐出去。如今，不到十年光景，他已經成為全球最富有且最有權力的人之　。

但目前為止，他捐給慈善機構的善款，比他花在請名人代言、行銷、華府遊說上的錢還少。他就像大學裡哲學研討會上的一個思想實驗，變成了現實生活中的實例。這個想要拯救世界的人，會先累積到金錢與權力，還是會在追求金錢與權力的過程中先跌落神壇？

彭博社主編批准了我的提議。當時，SBF剛從香港搬到巴哈馬，離紐約只有三小時的飛行時間，對我來說也很方便。他的公關代表欣然同意，讓我去FTX位於拿騷的新辦公室採訪他。

第9章
小島上的加密海盜

早在SBF把他的加密貨幣交易所FTX遷到巴哈馬之前，這裡就一直是騙子、走私者、海盜的天堂。

一六九六年，遭到英王通緝的海盜亨利・艾弗里（Henry Avery）把一艘偷來的軍艦駛入拿騷港[1]。短短不到二十年的時間，巴哈馬就成了海盜統治的不法之地，其中包括人稱「黑鬍子」的愛德華・蒂奇（Edward Thatch），把巴哈馬當成劫掠附近航道的基地。海盜們扯下主廣場旁堡壘上的英國國旗，升起了一面畫著白色骷髏頭的黑旗[2]。

利潤豐厚的國際犯罪中心

巴哈馬是一個由七百個島嶼組成的群島，從海地西部邊緣一直延伸到離邁阿密不到一百七十七公里的地方，這個地理條件，讓它成為逃離美國獨立戰爭的保皇黨人、南北戰爭期間的邦聯軍火販子[3]、禁酒令時期的私酒走私者的便利基地。在那個年代發財的白人接管了這些島嶼，實施種族隔離政策，像封建領主那樣統治當地，後來被稱為「灣街仔」（Bay Street Boys）[4]。

禁酒令撤銷後，灣街仔們開始幫美國人逃避另一項法律：所得稅。島上的律師為美國的逃稅者設立了非常多虛假的「個人控股公司」，有些辦公大樓每一層都貼滿了公司招牌[5]。黑手黨在卡斯楚革命後離開古巴時，灣街仔們替黑幫老大邁爾·蘭斯基（Meyer Lansky）在巴哈馬發展賭場[6]。蘭斯基賄賂巴哈馬的財政部長，要求他推行新法規，禁止當地公司揭露財務資訊（即使是對刑事調查人員，也不能透露），對洗錢者來說也更有吸引力[7]。

《生活》雜誌稱巴哈馬是「利潤豐厚的國際犯罪中心」，根據該雜誌的調查，到了一九六〇年代，灣街上的銀行比酒吧和餐廳還多，它們為高利貸、毒販及逃稅者服務[8]。有些灣街騙子透過向美國人兜售假保單或假股票，有些用假的巴哈馬存款憑證作為抵押品，去跟美國的銀行借到真金白銀。一位英國的殖民官員寫道，該地區「吸引了各種金融鬼才。我們認為，為了維護大眾利益，應該控管其中一些人的活動」[9]。

其中有一家巴哈馬銀行，是由一個惡名昭彰的華爾街騙子經營的，他為了逃避美國的詐騙調查而逃到加勒比海[10]。另外一家銀行是美國中央情報局提供資助的管道，用來支應對抗古巴的祕密行動[11]。有一個古柯鹼走私大戶，是與哥倫比亞毒梟巴勃羅·艾斯科巴（Pablo Escobar）合作的新納粹分子[12]，他在當地買下自己的小島，在銀行裡存入販毒得來的大量現金，錢多到一些巴哈馬銀行開始向他收取一%的點鈔費[13]。

一九六七年，新上台的黑人總理林登．平德林（Lynden Pindling）把灣街仔趕出權力中心。但是在他執政下，政府依舊腐敗[14]。一九七九年的一項研究估計，每年流入巴哈馬的「犯罪與逃稅資金的金流」高達兩百億美元[15]。過去二十年間，在歐美的施壓下，巴哈馬勉強簽署了資訊揭露條約，並加強了反洗錢的執法，導致銀行存款開始下降。

後來，加密貨幣帶來了新商機。二〇二〇年，巴哈馬的立法機構通過了「數位資產與註冊交易所法案」（Digital Assets and Registered Exchanges Bill），這是世界上最早讓加密貨幣脫離法律灰色地帶、使它與傳統金融平起平坐的法律之一。巴哈馬已經準備好迎接新一代的「金融鬼才」了。

SBF是率先來到這裡的幣圈玩家之一。二〇二一年秋天，他把FTX從香港遷到巴哈馬，打算在當地斥資六千萬美元建造總部，可容納一千名員工，並為訪客提供一家精品旅館[16]，地點就設在西灣街（West Bay Street）的海濱地段。

二〇二一年十月，巴哈馬現任總理菲利普．戴維斯（Philip Davis）在一場慶祝FTX總部搬遷慶祝活動上表示：「如今國際上公認，巴哈馬擁有全球最強大的數位資產立法架構之一。FTX的到來，證明了我們正朝著正確的方向前進。」[17]

我貼身採訪他，他彷彿不理會我的存在

我是二〇二二年二月來到巴哈馬，也就是總理發表那場演講的四個月後。我背著 L.L.Bean 背包在拿騷機場搭上計程車時，司機馬上把我當成幣圈人士。他說：「要去ＦＴＸ，對吧？」然後就把我載到ＦＴＸ新總部建成前的臨時辦公園區。

臨時辦公園區位於離機場不遠的一個停車場裡，是由一群紅色屋頂的單層低矮小屋組成，螺旋槳飛機不時從上空轟鳴而過。ＳＢＦ就在其中一個小屋內工作，幾十名程式設計師與業務員擠在長桌前，面對著一整排的電腦螢幕。工作區用便利貼標記著名字，彷彿每個人都忙著賺錢，沒時間打開行李似的。牆上空蕩蕩的，除了一面釘在牆上的骷髏頭海盜旗以外，什麼也沒有。

我在廚房和ＳＢＦ的助理聊天時，這位億萬富豪走了進來。他腳上沒穿鞋，只穿著白色的中筒襪，身上穿著藍色短褲與灰色的ＦＴＸ Ｔ恤。他抓起一包鷹嘴豆咖哩微波調理包，撕開包裝，沒有加熱就直接拿勺子舀來吃。助理提醒ＳＢＦ，我是來採訪他的記者。他對我說：「哦，嗨。」看起來相當冷淡，我甚至不確定他是否知道我要來。他的助理告訴他，明天我會跟著他進行貼身採訪。

翌日早上，我及時回到ＦＴＸ的辦公室，正好趕上ＳＢＦ對紐約經濟俱樂部（Economic Club of New York）做的線上演講。這個成立一百一十五年的組織，曾邀請國王、總理、總統，以及亞馬遜的傑夫・貝佐斯（Jeff Bezos）和摩根大通的傑米・戴蒙（Jamie Dimon）演講，央行總裁在這裡發

表的評論能夠影響市場。現在，輪到這位二十九歲的加密貨幣金童了。

ＳＢＦ靠在一張電競椅上，透過 Zoom 視訊演講。我把椅子拉到他身後，從他的肩膀後方觀看。受邀在如此享譽盛名的組織演講，我看不出他心情如何。在演講後的問答時間，當俱樂部的成員問到美國該如何監管加密產業時，他一邊回答，一邊打開奇幻電玩《童話大亂鬥》（*Storybook Brawl*），選擇扮演「彼得・潘茲」（Peter Pants）的角色，準備與一個叫「新潮袋鼠」（Funky Kangaroo）的人對戰。

「我們預計美國市場會有很大的成長。」ＳＢＦ說，同時對電玩中的一個騎士施了一個法術。對ＳＢＦ來說，這種場合早已失去了新鮮感。他從前一年十二月以來，已到國會作證兩次，當天稍早他還上了全國公共廣播電台（National Public Radio, NPR）。

就在他滔滔不絕地講述熟悉的談話要點時，我的注意力轉移到他的工作空間。那裡充斥著一個「幾乎是住在辦公室的人」的生活痕跡，他桌上散落著皺巴巴的美鈔與港幣、九支潤唇膏、一支體香膏，以及一罐約七百克的海鹽，上面標示著「ＳＢＦ的鹽罐」，還有他前一天在我面前打開來吃完的鷹嘴豆咖哩空袋子。他常睡的那個懶骨頭躺椅就在桌子旁邊，他幾乎可以直接滾過去睡覺。

當天我跟在ＳＢＦ身邊時，他幾乎沒注意到我的存在，所以我看到了多數高階管理者會努力保密的各種訊息。例如，他的華盛頓策略長寫信來說，參議員柯瑞・布克（Cory Booker）會支持他偏好的監管方案；一些億萬富豪、《紐約時報》及數位媒體《Puck》的記者也來信要求與ＳＢＦ見面。他的行程表顯示，當晚他要飛往慕尼黑，去會見喬治亞的總理[19]。ＳＢＦ一度還收到一則訊息，說匯款服務商 MoneyGram 正開價約十億美元出售，他花了幾秒鐘考慮這家公司是不是划算的收購標的。他的助理傳訊來說，一家投資銀行的負責人正在巴哈馬，想見他五分鐘，ＳＢＦ回覆：「沒興趣。」

我不喜歡花錢所帶來的快樂，太短暫了

結束經濟俱樂部的演講後，ＳＢＦ打開一個追蹤ＦＴＸ收入的 Excel 試算表。跟競爭對手一樣，ＦＴＸ是一個人們可以去賭加密貨幣價格的地方。每次有人在ＦＴＸ網站上買入狗狗幣或賣出卡爾達諾幣時，ＳＢＦ都會收取一小筆費用。

ＳＢＦ自豪的對我表示，前一年這些費用加總起來高達十億美元。他給我看一張圖表，顯示ＦＴＸ交易所的成長速度超過了它最大的競爭對手幣安。他告訴我，稱霸加密貨幣市場只是個開端。「我們現在有點像在兒童泳池裡玩耍。」ＳＢＦ說，「理想的情況下，我希望ＦＴＸ成為全球最大的金融交易平台。」

ＳＢＦ的朋友們告訴我，雖然他很愛講大話，但他對這些新財富所帶來的奢華生活幾乎沒什麼興趣。有人說，他根本是工作狂，忙到很少洗澡。他沒有睡在辦公室的時候，是和約十個同事擠在

一棟公寓裡。我問起這件事時，ＳＢＦ告訴我，他覺得買東西沒有多大的價值。

「花錢讓自己更快樂的方式，很快就失效了。」他說，「我不想要遊艇。」

但據我所知，「遊艇」一詞似乎有點避重就輕。他和同事合住的那個頂層公寓，其實是位於島上最頂級的度假村裡。此外，我到訪的前一個週末，他搭乘私人飛機到洛杉磯去看超級盃比賽。ＳＢＦ告訴我，由於ＦＴＸ賺錢的速度極快，花錢取得這種便利性是值得的。

超級盃那個週末，充滿了派對。ＳＢＦ說，他甚至不知道自己是如何或為什麼會獲邀參加的。例如，他與籃球傳奇人物俠客・歐尼爾（Shaquille O'Neal）共進午餐，還參加了一場由高盛執行長擔任ＤＪ的派對[19]。他從未見過的歌手希雅（Sia）邀請他到比佛利山莊的豪宅共進晚餐，他在那裡與流行歌星凱蒂・佩芮（Katy Perry）聊了加密貨幣[20]，亞馬遜創辦人貝佐斯與演員李奧納多・狄卡皮歐（Leonardo DiCaprio）也出席了晚宴。怪的是，演員凱特・哈德森（Kate Hudson）在用餐前還唱了國歌。我問他玩得是否開心。

「我不知道『開心』適不適合拿來形容那場派對。」ＳＢＦ說，「我不太喜歡派對。」

ＳＢＦ很難玩得開心，這或許和他的朋友描述他的另一個特質有關。他們告訴我，ＳＢＦ不管做什麼，都會在腦中不斷的評估機率、成本與效益。任何決定——無論是在桌遊馬拉松中的一步棋，或是十億美元的交易，還是在派對上要不要和貝佐斯聊天——他都可以簡化成一個「期望值」。這是一種機率術語，指加權平均的結果。ＳＢＦ的目標始終是盡可能賺最多的錢，這樣他就可以把錢捐給慈善機構。以這個標準來看，連睡眠都是一種不太值得投入的奢侈，保持清醒以便持續交易的期望值太高了。

他的兒時朋友麥特・納斯（Matt Nass）告訴我：「你每花一分鐘睡覺，就少賺幾千美元，那表示你可以拯救的生命也減少了。」

溺水的孩子，遇上加密貨幣大亨

當天稍晚，SBF帶我去一間會議室，他先盤腿坐在沙發上，接著伸出右腿，開始用力拍打。他刻意挪出時間與我交談，但眼前沒有螢幕可看，他似乎感到不太自在。我們交談時，我注意到SBF在抓他手臂上一塊看起來像藥用貼片的東西，但覺得問他那是什麼有點不太禮貌*。當我們開始談論他如何決定成為激進資本家時，他放鬆了一點，說自己是受到澳洲的道德哲學家彼得・辛格（Peter Singer）的啟發。

一九七一年，辛格仍在牛津大學就讀時，提出一個看似簡單的倫理問題：如果你走過一個池

*譯註：作者在最後一章有問他那東西是什麼。

塘，看到有個孩子溺水，你會停下來救她嗎（就算這樣會弄髒你的衣服）[21]？如果你願意救那個孩子（誰不願意呢？），辛格接著主張，只要你有能力，就也有責任去拯救其他的孩子。捐款給國際援助組織可以讓孩子免於飢餓，那對你來說只是很少的花費。不捐款，就像放任孩子溺水一樣。

辛格把這個思想實驗稱為「溺水的孩子」，這個實驗在哲學流派中興起，後來形成效益主義（utilitarianism）學派。效益主義者主張，追求世界集體福祉的極大化，是一種正確的行動。SBF從小就被培養成效益主義者，他的父母都是史丹佛大學的法學教授，住在加州的帕羅奧圖（Palo Alto），晚餐時經常會談論這些哲學話題。

然而，選擇正確的行動，不見得都像拯救「溺水的孩子」那麼明確。如果殺一個人可以拯救五個人，我們應該殺一個人嗎？如果違法可以助人，那麼違法是合理的嗎？有一些極端的效益主義者認為，即使人口過剩導致不幸，但人口多的世界總比人口少的世界要好。這種論點主張，所有人類都值得活下去，所以人越多越好。批評者認為，這種論點根本是「令人反感的結論」。

「山姆（SBF）約十四歲時，有天晚上從臥室走出來，突然對我說：『什麼樣的人會把他們不認同的論點稱為『令人反感的結論』，從而否定它呢？』」他的母親芭芭拉・弗里德（Barbara Fried）在二〇二〇年出版的著作《面對稀缺：非結果論思想的邏輯與局限》（*Facing Up to Scarcity: The Logic and Limits of Nonconsequentialist Thought*）的謝辭中寫道[22]。

出身於這樣的家庭，也難怪SBF會覺得學業很無聊。高中時，他參加奇幻卡牌交換電玩《魔法風雲會》（*Magic: The Gathering*）比賽，並設計數學解謎競賽，讓參賽隊伍解決一系列相關的腦筋急轉彎問題。據報導，在高年級的惡作劇中，學生們把百元紙鈔上的頭像換成了他的臉[23]。

他的學校成績還不錯，所以順利獲得麻省理工學院錄取。原本他想當個物理學教授，但很快就發現自己不適合做學術研究。他加入一個名為Epsilon Theta的男女混合兄弟會，並搬進那個社團位於布魯克萊恩（Brookline）的宿舍。在那裡，社團成員並不是舉辦啤酒派對，而是通宵玩桌遊，睡在擺滿上下鋪的閣樓裡。SBF當時的一個朋友告訴記者：「就把它想成是一個兄弟會，只不過所有的飲酒作樂都換成你能想到的最宅嗜好。」[24]

那時，SBF已經完全接受效益主義了。「我是個效益主義者，」二十歲時他在部落格上寫道：「基本上這就是說，我認為將世界總『效益』最大化是正確的做法（你可以把總效益想成總幸福減去總痛苦）。」在麻省理工學院，他開始更深入的思考，這對於他應該如何過一生究竟意味著什麼。他開始吃素，甚至招募社團成員去為一個反工廠化養殖場的組織發放傳單。二〇一二年，SBF去聽了威廉·麥卡斯科爾（William MacAskill）的演講。麥卡斯科爾是二十五歲的牛津大學博士生，他試圖把辛格的理念轉化為一場運動。麥卡斯科爾想用數學計算來找出，個人如何運用其金錢與時間來做最大的善事，他們稱這個運動為「有效利他主義」（effective altruism）。

在Au Bon Pain餐廳共進午餐時，麥卡斯科爾向SBF說明了他的想法：「薪力行善」（earn to give）[25]。他說，對於像SBF這樣有數學天賦的人來說，到華爾街謀求高薪工作，然後把賺來的錢捐給慈善機構，可能更有意義。有效利他主義者估算，在非洲花幾千美元購買經殺蟲劑處理過的蚊帳，可以防止一人死於瘧疾。麥卡斯科爾當時估計，一個成功的銀行家若捐出一半收入，整個職業生涯可以拯救一萬人的生命[26]。

這是一個有爭議的理論。有人認為，在銀行工作將會持續造成不平等，並削弱捐款可能帶來的任何效益。這個運動也因為把富人描繪成英雄，以及未能解決貧困的根本原因而遭到批評。但SBF覺得麥卡斯科爾的說法似乎很有道理，我訪問麥卡斯科爾時，他笑著回憶起SBF當時聽完他的論述後一本正經的回應：「他說：『嗯，這有道理。』」

另一位也認同麥卡斯科爾的年輕人，去了股票交易公司簡街資本（Jane Street Capital）上班。簡街是少數幾家利用數學模型與電腦程式以壟斷華爾街造市業務的公司之一，每次有人買賣股票或ETF時，簡街很可能是交易的另一方。在簡街當基層交易者，年薪約二十萬美元。

九五%的機率會失敗，只有五%機率變獨角獸，你幹不幹？

SBF在簡街獲得了實習機會。大學畢業後，他搬到紐約，去簡街上班，在國際ETF部門擔任交易員[27]，負責開發及監督買賣股票的電腦演算法，試圖透過預測價格走勢來獲利，或是賺取買賣雙方之間〇・〇一%的微小價差。他很喜歡這份工作，也與同事相處融洽。同事和他一樣大都是精通數學的怪咖，他們甚至還參加了解謎比賽。

SBF說，他把約一半的薪水捐給了動物福利團體，以及有效利他主義認可的其他慈善機構。他可以預見自己在簡街的未來——年薪將漲到數百萬美元，他將成為這場運動（指有效利他主義）的堅定支持者。但工作幾年後，他開始認為這條路太保守了。對非效益主義者來說，很難理解他的邏輯。當時他已經踏上通往金字塔頂端一%的道路，卻還在想應該找個風險更大的事情來做。不過，他還是以他一貫的做法，用期望值來評估這個決定。

期望值是潛在結果的加權平均值。假設他在簡街的職業生涯，百分百一定會產生一千萬美元的終身收入，那就是在簡街做到退休的期望值。而另一個職業選項是創辦一家新創公司，這有可能失敗且一無所獲的機率是九五%，但如果有五%的機率變成價值十億美元的獨角獸公司*，那麼這個選項的期望值會比待在簡街高出許多：五千萬美元。

SBF認為，選擇風險較低的路對他來說是自私的，即使另一條路極有可能讓他一無所有。身為真正的效益主義者，他必須追求期望值的最大化。

「你應該要有意願接受很大的失敗機率。」他告訴我，「即使你一直做得很好，為了發揮最大

---

*譯註：指成立不到十年、估值十億美元以上，且還未上市的科技公司。

的影響力，滿足於現狀並不是最好的做法。」

ＳＢＦ曾考慮從政，制定可能影響數百萬人的政策，或者成為記者，寫出精采的報導以影響世界對重要議題的看法。後來，二〇一七年底，他從簡街辭職，搬回加州，在麥卡斯科爾的有效利他主義中心（Centre for Effective Altruism）擔任事業發展主管。他說，他的想法是，他可以在推動這場運動中發揮重要的作用。但還有另一種可能性也引起了他的注意，這個選項在幾週後把他重新拉回了交易領域。

當時，加密貨幣正處於第一波熱潮：充滿騙局的首次代幣發行（ＩＣＯ）風起雲湧，比特幣與數百種新發行的貨幣瘋狂飆漲。有效利他主義中心的執行長塔拉・麥克・歐萊（Tara Mac Aulay）業餘時會交易加密貨幣，她一直在研究交易策略，並向ＳＢＦ展示了一些獲利成果。當時ＳＢＦ還不太了解加密貨幣，引起他注意的是CoinMarketCap.com上的一個頁面，上面列出了世界各地交易所的報價。

ＳＢＦ注意到某些加密貨幣在一些交易所的售價遠高於其他交易所，這正是他在簡街學到的那種買低賣高的套利機會。以前在簡街時，他曾為交易設計了複雜的數學模型，以便從微小的價差中獲利。加密貨幣交易所的價差是以前那些交易的數百倍，有如不勞而獲，而且不需要特殊的區塊鏈知識——只要在一個網站上點擊「買進」按鈕，在另一個網站上點擊「賣出」按鈕，就能賺到保證的獲利。

「這太容易了，」SBF回憶道，「背後一定有什麼問題。」

SBF在幾個交易所開了帳戶，開始與塔拉一起進行交易。許多表面上看來可以套利的機會，確實是假象。他看到的一些價格是假的，還有一些價格很快就消失了。但有夠多的交易確實可以套利，SBF因此知道他挖到寶了。他在柏克萊租了一間房子，裡面有三個臥房，開始招募更多的朋友來幫忙。

他們需要一個程式設計師，來寫簡街那種交易系統。SBF不擅長寫程式，但他認識程式設計天才王紫霄（Gary Wang）。王紫霄比SBF小一歲，八歲時從中國移民到美國，在紐澤西州費城郊區的櫻桃山（Cherry Hill）長大。他從小自學程式設計，並在美國的數學競賽中名列前茅。兩人是十幾歲時在俄勒岡州的一個數學營上結識[28]，後來在麻省理工學院重逢，王紫霄也加入了SBF那個兄弟會[29]。王紫霄沉默寡言，個性靦腆，樂於讓SBF在各種活動中扮演領導者。例如，他們以「素食警察」（Vegan Police）之名組團參加年度Battlecode程式大賽時，就是由SBF領隊。

王紫霄後來也成了有效利他主義者，大學畢業後去Google上班，擔任Google航班（Google Flights）的程式設計師。二〇一七年十一月，SBF告訴他，如果他們一起合作交易加密貨幣，可以賺到更多錢並捐出去。於是，王紫霄成了SBF信任的副手，後來擔任FTX的技術長。

還有尼夏·辛（Nishad Singh），他是SBF弟弟的朋友，常到帕羅奧圖跟他們全家一起共進晚餐。為人誠懇，工作勤奮，生性友善，也是堅定的有效利他主義者。當時他剛從加州大學柏克萊分校畢業幾個月，剛開始在臉書工作，但也被ＳＢＦ的說辭說服了。他從較低階的開發人員做起，隨著公司的成長，成為管理其他程式設計師的理想人選。

幾個月後，ＳＢＦ招募了另一位曾在簡街工作的年輕數學菁英卡洛琳・艾莉森（Caroline Ellison）。艾莉森有一頭紅髮，講話語氣溫和，是《哈利波特》（*Harry Potter*）的超級粉絲，父母都是麻省理工學院的教授，在波士頓郊區的牛頓市長大，曾帶隊參加數學競賽。她在史丹佛大學求學時，接觸到有效利他主義。跟ＳＢＦ一樣，喜歡在網路上發文討論一些奇怪的效益主義思想實驗，例如「醫生是否應該從一個健康的人身上摘取器官，來拯救五個病人？」這類問題。由於艾莉森也是套利交易員[30]，ＳＢＦ解釋加密貨幣的獲利商機時，她一聽馬上就懂了。

去日本吧，只需要做四個多月，一萬變十億

為新公司命名時，ＳＢＦ與夥伴們想要一個聽起來很中性的名字，以免引起銀行警覺，因為許多銀行仍不願與加密貨幣的交易者往來。他們決定把公司命名為阿拉米達研究（Alameda Research）。「尤其是在二〇一七年，如果你把公司直接叫『某某加密貨幣／比特幣套利跨國事業』之類的名稱，沒有銀行會讓你開戶。」ＳＢＦ後來告訴記者[31]。

阿拉米達的每個員工都把自己的積蓄彙集起來，為公司注資，並同意把公司的獲利捐給慈善機

構。他們也從一些富有的有效利他主義者那裡募到更多的資金。不久，阿拉米達就開始獲利了：十一月的獲利約五十萬美元[32]，十二月約四百萬美元。到了二〇一八年的年初，約有十五人從ＳＢＦ的租屋處全天候交易。廚房裡擺滿了站立式辦公桌，一個貯藏室被他們拿來當作打盹的地方。

有一種特殊的套利機會，是ＳＢＦ特別想要利用的。比特幣在日本交易所的價格，通常高於美國交易所。如果一枚比特幣在美國的售價是六千美元，在日本就相當於六千六百美元的日圓。理論上，有人可以在美國交易所買進比特幣，然後把它送到日本交易所賣出，再把賣出得到的日圓兌換回美元，從而獲得一〇%的報酬。這是前所未聞的報酬率，以這種報酬率套利，只需要做四個多月，一萬美元就能變成十億美元。

在日本套利的主要障礙，是實際操作。頻繁的來回匯款那麼多錢，在銀行眼中就很像是洗錢，你告訴他們這其實是加密貨幣交易，也很難讓他們放心，只會導致阿拉米達的銀行帳戶被關，就像德瓦西尼與 Bitfinex 那樣。ＳＢＦ在匯款方面遇到很多麻煩，他甚至開始計算，如果租架飛機載一群人到日本，把現金帶回美國，會不會比較划算（答案是不會）。

後來，一位日本的研究生自願幫他們在日本開設帳戶。二〇一八年一月，阿拉米達設法拼湊出一套臨時的銀行與電匯系統，每天都像在跟時間賽跑一樣。如果他們無法在日本銀行關門前把錢匯出日本，就會錯過當天一〇%的報酬。完成整個交易循環，需要像搶銀行那樣精確的流程。一個團隊每天在美國的一家銀行駐守三個小時，以確保資金轉帳順利。另一個團隊在日本等待數小時，以確保在匯款回美國時，能夠排在櫃檯隊伍的最前面。在套利交易的高峰期，阿拉米達每天能產生一百五十萬美元的獲利。價差只持續了幾週，但在價差消失之前，阿拉米達已經賺了約一千五百萬美元。

不過，到了二月，阿拉米達幾乎吐光了所有獲利。幾個設計不當的交易，讓阿拉米達虧了數百萬美元。而且，由於它在交易所之間做了太多轉帳，其中有三百萬美元的加密貨幣在轉來轉去之間弄丟了。當時最大的金主要求拿回資金，塔拉與約一半的阿拉米達員工辭職，並把搞丟那筆錢歸咎於SBF。在他們的諸多抱怨中，包括他是糟糕的管理者、無法追蹤重要的細節，以及太急於賺大錢而忽視了穩定獲利的機會。

二〇一八年末，SBF去澳門參加了一場比特幣大會[33]，在那裡遇到一些幣圈大戶，他們大都定居在亞洲。他意識到，如果他也搬到那裡，就可以建立更多的人脈及擴大交易。他在 Slack 上告訴同事，他不回柏克萊了。最終，許多同事也跟著他搬到香港。

搬到香港還有另一個好處：香港對加密貨幣的管制比美國寬鬆。大型的加密貨幣交易所大都設在美國境外，例如 Bitfinex 與幣安。SBF與同事一離開加州，就決定建立自己的交易所並稱之為FTX。

SBF的團隊花了四個月的時間，為新的交易所編寫程式碼。FTX交易所於二〇一九年五月開業。那時ICO熱潮已降溫，但仍有大量的加密貨幣交易。買賣加密貨幣的市場狀況不佳，漏洞很多；價格暴漲或暴跌時，市場常崩解。例如，幾年前 Bitfinex 遭駭客攻擊，損失了一半的比特幣；另一個最大的交易所 BitMEX 正受到美國的調查。

新交易所出現的消息，迅速在專業的加密交易員之間傳開。FTX大受歡迎，它提供複雜的衍生性商品交易（例如內建槓桿的加密貨幣，或加密貨幣的指數期貨），甚至還可以對選舉與股價押注。它也提供保證金貸款，讓交易者可以提高報酬。SBF告訴我，在我訪問他的當時，FTX交易所每天產生約一百萬美元的獲利。與此同時，阿拉米達並未停止交易。他說，他的加密貨幣避險基金（阿拉米達）在二〇二一年額外賺取了十億美元的獲利。

同時擁有一家交易所（FTX）及一個在該交易所上交易的公司（阿拉米達），顯然有利益衝突。在華爾街，這是法律禁止的，因為交易公司可能獲得優惠待遇或取得機密資訊。但SBF對我和其他的詢問者保證，阿拉米達遵守的規則和其他的交易者一樣。艾莉森和另一位年輕的交易員被任命為阿拉米達的共同執行長。SBF告訴我，他現在只負責管理FTX。

二〇二一年九月，SBF搬到了巴哈馬。雖然艾莉森和一些交易員留在原地，但SBF這支加密海盜團隊的大部分團員，都跟著他去了加勒比海。

第10章
有點像羅賓漢

二〇二二年二月我抵達拿騷時，SBF已經身家萬貫、富可敵國。那時距離他在柏克萊租公寓進行交易的日子，才過了四年。就在前一個月，FTX從數家創投業者募集到八億美元[1]，使公司的估值達到了三百二十億美元的新高。而且不過是三個月前，FTX才剛募到四・二〇六九億美元（420.69 million）[2]。420.69這個帶有大麻與性暗示的數字是刻意挑選的*，他們想為這輪投資注入一點小屁孩的幽默感。

對，我就是要讓大家覺得我看起來很瘋狂

他開始塑造出一種加密金童的公眾形象，把加密產業推向主流。相較於泰達公司的共同創辦人皮爾斯或攝氏網的創辦人馬辛斯基以「加密先知」自居，SBF上電視談論加密產業的榮景時，似乎顯得比較踏實。他樂於和華爾街的交易員討論數字，或與國會工作者討論公共政策。他

的風格也給人一種真實感。當有同事建議ＳＢＦ剪頭髮時，他拒絕了。

那位同事回想起當時他們的對話，ＳＢＦ說：「坦白講，我認為剪頭髮對我的期望值是負的。」ＳＢＦ一如既往的引用了期望值，「我認為讓大家覺得我看起來很瘋狂非常重要。」[3]

ＳＢＦ花錢的速度似乎和賺錢一樣快，他主要是把錢花在行銷上。ＦＴＸ簽了一份一・三五億美元的合約，取得邁阿密熱火隊的ＮＢＡ體育館冠名權；也簽了另一份二・一億美元的合約，贊助一支職業電競團隊[4]；另外還簽下許多職業運動員作為代言人，包括俠客・歐尼爾及四分衛球星湯姆・布雷迪（Tom Brady）。我造訪ＦＴＸ的幾天前，ＦＴＸ在超級盃期間播了一支廣告，估計花了約兩千萬美元[5]。那支廣告是由影集《人生如戲》（*Curb Your Enthusiasm*）的拉里・大衛（Larry David）扮演一個穿越時空的盧德分子（Luddite）**，對人類歷史上的各種重大發明——從輪子到馬桶，再到隨身聽——都嗤之以鼻。當他看到ＦＴＸ的加密貨幣交易 app 時，他說：「呃，我不需要。」廣告上的文字是：「別像拉里，別錯過下一個最夯的大事。」

我坐在ＳＢＦ的對面，聽他談論有效利他主義時，不禁想到一件事：鼓吹大家在交易所押注，

＊譯註：420、4:20 或 4/20，英語讀作 four-twenty，是大麻文化中的俚語，意指呼大麻，尤其是在下午四點二十分左右呼麻的行為。這個數字也是指每年四月二十日各地舉辦的大麻主題慶祝活動。69 則是指一種性愛姿勢。

＊＊譯註：指反對任何新科技的人。

似乎與他想要對世界產生正面影響的承諾互相矛盾。SBF是精明老練的交易員，他向我承認，許多加密貨幣飆漲到不可能維持的高價，有些甚至是騙局，但他還是鼓勵一般人放下手上的事，去開一個FTX帳戶，然後開始點擊「買進」鈕。

「你這不是在推人跳火坑嗎？」我問道。

SBF試圖辯稱，那支廣告只是為了提高FTX的知名度，而不是為了鼓勵大家開戶交易，但他的辯解聽起來毫無說服力。他說，即使有些人真的因此到FTX開戶交易，他們也可以自己研究，挑選最好的加密貨幣。聽起來，像在推卸責任。

「一般人真的能做這種研究嗎？」我問道。

「那你覺得誰幫他們做研究？」他反問。

「我不知道。」我說。

「有人嗎？」他說。

「你說呢？」我說。

可不可以一邊搞詐騙，一邊當善人？不可以

還有一件事情與SBF的公眾形象不符，也就是「守法」這個微妙的問題。如果SBF留在柏

克萊，ＦＴＸ提供的許多交易可能不太合法，或甚至是完全非法的。它掛牌交易的加密貨幣幾乎都算是未註冊的證券發行，就像萬事達幣一樣。交易所本身，也不符合證管會的交易規則。

雖然ＦＴＸ也在美國開了一家交易所*，但只掛牌交易有限的加密貨幣。ＳＢＦ的目標是按造自己的需要，去塑造美國的監管制度。他告訴我，他希望美國採用的規定，能讓所有在ＦＴＸ上交易的加密貨幣都是合法的，同時要求加密貨幣公司揭露一些財務資訊，就像上市公司依循股市規定那樣。他說，允許創新，同時防堵惡劣的騙局，最符合加密貨幣產業與公眾的利益。

過去兩年，ＳＢＦ成為華府最大的政治捐助者之一。他在二〇二〇年的總統大選中，向支持拜登的委員會捐了五百萬美元[6]。二〇二二年的期中選舉**，ＦＴＸ與高階主管總共捐了至少九千萬美元，成為期中選舉的最大捐助者之一。其中大部分的捐款流向民主黨[7]，但也有至少兩千萬美元捐給共和黨。有三分之一的國會議員，收過他們的捐款[8]。

如果說ＳＢＦ試圖以金錢買通一個有利於他自己、並排擠競爭對手的新版美國監管制度，那麼他的做法似乎奏效了。在美國政壇，他被視為金融創新者，而不是加密海盜。我去拿騷訪問他的前一週，他在國會聽證會上作證，建議政府該如何監管加密產業。曾收過五千七百美元捐款的參議員

*譯註：這家交易所的名字是 FTX US。

**譯註：美國在總統任期過半時（也就是四年任期過兩年後），會舉行參議員和眾議員的選舉。

柯瑞・布克奉承他，甚至開玩笑說：「你的爆炸頭比我以前的髮型還狂，我輸了。」[9]

我問ＳＢＦ，他曾經投入哪些慈善事業，他說二〇二一年他捐了五千萬美元，其中有些錢捐給印度抗疫及反全球暖化計畫。我覺得，身為世界數一數二的富豪，這個數字似乎不能算多，但話說回來他大部分身家是與ＦＴＸ的估值綁在一起，不太容易變現。

這讓我想起兩個月前，他在一個 podcast 上說的話。ＳＢＦ批評很多有錢人捐錢的方式，說他們「做一些看起來似乎還不錯的事，但又有點像奇怪的個人品牌宣傳」[10]。我猜，他的捐款至少為他帶來價值五千萬美元的正面報導。

我對ＳＢＦ提出這點質疑時，他說只有時間能證明他的誠意。他說，未來幾年，他打算捐出至少幾億美元，最多可達十億美元，規模可媲美最大的基金會。

「我想，到時候大家就會知道，不會有人捐那麼多錢，就只是為了做公關。」他說。

就像其他一些有效利他主義者，ＳＢＦ也開始關注不一樣的事。他們原本關注的是像預防瘧疾這樣的組織。現在，他告訴我他最感興趣的，是對抗那些可能導致人類滅絕的威脅，比如恐怖分子設計的生化武器，或是失控的ＡＩ。聽起來像科幻小說情節，但在他看來，即使有那麼一點點機率可以拯救未來幾個世代數兆人類的生命，也可能比減輕當前的苦難更有價值。他的首要任務，是預防下一場大疫情。

「我們應該預先設想，隨著時間推移，大規模的疫情有可能變得更嚴重、更頻繁，因為實驗室病毒外洩的可能性增加了。」他說，「如果我們不做好準備，就有可能破壞世界的穩定。」

說得好像他真的是救世主，但他的說法讓人有一種感覺：為了賺錢，做任何事情都可以。我不禁納悶，他的底線在哪裡？為什麼不乾脆搞一場騙局，然後把賺來的錢分給流行病學家與AI安全性的研究人員呢？最大的ICO募集了四十億美元，那金額足以資助那些拯救數百萬人生命的工作了。從效益主義的角度來看，拯救這些生命所帶來的整體幸福感，顯然超過那些被騙錢者的痛苦。

「你已經打造了良好的聲譽，」我故意將他一軍，「何不搞個加密貨幣騙局，立刻就能賺進幾十億美元。按照你的邏輯，這樣也沒什麼不好啊？」

「慈善機構不想要那種錢。」他說，「你所做的每件事，聲譽都非常重要。當你評估詐騙的後果，就會發現非常嚴重。」

我覺得他的回答很有道理，要是他搞詐騙被抓，那將導致估值高達三百二十億美元的FTX一夕崩垮。老老實實做生意，還是比較好的選擇。不過，當時我的邏輯中有一個盲點，只是那時並沒有察覺：騙子根本不覺得自己會被抓到。

他的朋友告訴我，雖然事業有成，但SBF並不快樂。SBF曾為了有更多的時間工作，而與女友分手。我問SBF，他說是真的。

「我無法保證以多數人期待的方式去陪伴一個人。」他說，「總是會有一些事情需要我去處理和回應，也總是會有一些想法盤據在我的心頭。」

我問ＳＢＦ，有沒有考慮過以不同的方式生活。他雙手摀著臉，幾秒鐘後才回答。「這不是一個我會反覆評估的決定，因為我認為，不斷的重新評估任何事情，對我沒什麼好處。」他說。「對我來說，這已經不算是個決定了。」

你可以把我們想像成就像羅賓漢那樣

我想採訪一下ＳＢＦ的核心社交圈，以進一步了解他的可信度，但我沒看到程式設計師王紫霄在位子上，聽說他喜歡晚上來，通宵工作。艾莉森像往常一樣在香港，管理避險基金阿拉米達。

我唯一看到的是ＦＴＸ的工程部負責人尼夏．辛，他坐在ＳＢＦ右邊的桌子前，我把他拉到一邊訪問。他二十六歲，幾年前剛從加州大學柏克萊分校畢業，看起來比青少年時期的照片胖了不少。青少年時期，他曾是超級馬拉松的紀錄保持人[11]。我問他是否還在跑步，他拍了拍肚子，開玩笑說：「我看起來像有在跑步嗎？」說他現在除了工作，沒有時間做其他事。

我猜想他已經是身價好幾億的富豪了，但看起來很踏實謙遜。我請他說一個印象最深的加密貨幣新聞，他隨即拿出手機，大聲朗讀我寫的報導，這下我對他的印象又更好了。聊了一個小時，我決定老實告訴他，我認為投資者會在他們打造的加密賭場裡賠錢，不過我可以理解，ＦＴＸ慈善捐款（例如捐給反瘧疾的慈善機構）的貢獻，可能超過對投資者（他們可能是第一世界裡負擔得起虧損的賭徒）造成的傷害。

尼夏點頭。

「是的。」他說，「就像俠盜羅賓漢那樣。」[12]

但老實說我不確定SBF真會把他的錢捐出去。根據我的經驗，可疑的金融家不怎麼喜歡捐錢。我告訴尼夏，我因為工作而認識很多騙子，我建議過其中一些人把獲利捐給慈善機構可能會更快樂，但他們都沒有這麼做。

「那些卑鄙的騙子並不想捐錢做慈善。」我說，「他們只會拿錢去買房子或其他東西，然後啥也不做，最後得了憂鬱症。」

「對，我同意，」他說，「我的意思是，坦白說這也是我的擔憂。就像我，只知道我內在的世界，只知道我自己的腦子與心裡在想什麼。」

不過，尼夏說，他相信SBF是真的相信有效利他主義。他們兩人從第一份工作開始，就一直捐很多錢。而且他也認為，如果SBF不打算實現他的計畫，沒有理由大張旗鼓的宣揚。

「那是一種破壞個人聲譽的詭異方式。」他說。

經濟俱樂部（Economic Club）演講的那天，下午五點左右，SBF已經精神不濟，在電競椅上昏睡過去。後來，他又蜷縮在桌旁的藍色懶骨頭上，把爆炸頭枕在手肘上。辦公室很安靜，只有員工在Slack上聊天的鍵盤敲擊聲。在他身後，一個程式設計師正在檢查一些程式碼，他把腳擱在桌上，短褲上沾著午餐時的醬油漬。在ＳＢＦ小睡期間，各地的交易員在他的ＦＴＸ交易所交換了約五億美元的比特幣、狗狗幣、泰達幣和其他加密貨幣。ＦＴＸ從中收取了十萬美元的費用。約一個小時後，ＳＢＦ醒來，吃了一包Nutter Butters花生醬夾心餅乾，然後又閉上了眼睛。

我自己走出了辦公室。

ＳＢＦ掛保證，但投資者憑什麼放心？

我有一次和ＳＢＦ交談時，問了一些有關泰達幣的問題。有人推測，泰達幣的準備金中，可能有部分只是跟ＦＴＸ或阿拉米達要來的借據，但他再次向我保證並非如此。他說，阿拉米達已經匯了數十億美元給泰達公司，所以他知道至少有一些準備金是真的。

「那些說泰達幣的背後沒有支撐，或泰達幣是詐騙或龐氏騙局的人，我認為他們基本上是錯的。」他說，「泰達幣的背後有支撐，幾乎可以肯定有。」

他告訴我，泰達公司只是不擅長公關，但它背後的人完全值得信賴。我很懷疑他是否知道泰達公司那些人的背景，有沒有讀過紐約州檢察長的訴訟，有沒有看到德瓦西尼和加密資本公司的以色列籍洗錢者之間的通訊？我問他，他們以前撒過謊，為什麼我們要相信他們？

「你的擔憂很合理。」他說，「缺乏透明度、外部監督及成熟的系統，甚至沒有足夠的長期紀錄可以保證它將來不會演變成一個大問題。」

ＳＢＦ試圖向我保證，泰達公司的資產組合沒問題。他說，即使在最壞的情況下，泰達的資產可能仍保有面值九成的價值。事實上，這說法反而啟人疑竇——如果一枚泰達幣的價值低於一美元，誰願意花一美元的價格購買？但ＳＢＦ似乎覺得理所當然。

「裡面是有很多奇怪的東西。」他說，「如果他們明天必須把所有資產變現，市場未必願意全部買單就是了。」

我覺得這一趟一無所獲。我早就知道泰達公司的資產組合中有很多奇怪的東西，幣圈的人也知道。就算看起來風險很高，仍沒有引發擠兌。事實上，當時泰達幣的發行量已成長至七百九十億枚，而且顯然ＳＢＦ是泰達幣大戶，即使會有更糟的事情發生，他也不太可能告訴我。賣空者與陰謀論者一直說要揭露一些大祕密，卻始終毫無動靜。據我所知，政府的調查也沒有進展。雖然我一直從那份檔案中研究泰達公司的資產，但始終找不到更好的線索。

不過我在巴哈馬採訪ＳＢＦ時，有一個奇怪的事件正在美國上演。美國檢察官表示，他們已經追查到二〇一六年從德瓦西尼的比特幣交易所 Bitfinex 竊取比特幣的人。從那次駭客攻擊以來，比特幣的價格已大幅攀升，所以被偷走的比特幣價值如今已高達四十五億美元，也讓該案成為史上規模最大的竊案。

結果，原來遭竊的數十億美元並不在什麼神祕北韓人或網路恐怖集團手中，而是流向一對三十歲出頭的夫婦，他們住在曼哈頓市中心，離我在布魯克林的住處不遠。他們的名字是伊利亞・利希滕斯坦（Ilya Lichtenstein）與海瑟・摩根（Heather Morga）。從他們的社群媒體觀察，這兩個人不像是什麼犯罪天才。

人稱「荷佬」（Dutch）的利希滕斯坦有一頭捲髮，臉上掛著頑皮的笑容，長得像娃娃臉的演員伊利亞・伍德（Elijah Wood），很愛他們家養的孟加拉貓克拉麗莎（Clarissa）。摩根的興趣是音樂，她在YouTube與TikTok上創作、表演，發布一些品質很差的音樂影片。在一支影片中，她一邊跳舞，一邊假裝一隻爬行類玩具是她的陰莖。在另一支影片中，她穿著金色的運動夾克，繫著腰包，戴著鴨舌帽（帽子上寫著0FCKS*），在金融區的街道上旋轉著，自稱是「他媽的華爾街大鱷」。在一首歌中，她吹噓自己的駭客技能——「釣魚攻擊**你的密碼，轉走你所有的資金。」她還給自己取了藝名，叫「狂歡可汗」（Razzlekhan）。

如果連這樣的人都有辦法竊取德瓦西尼的錢，為什麼泰達幣的客戶會放心把七百九十億美元託付給他？我決定深入調查。

---

*譯註：0FCKS是zero fucks的變形，意思是對周遭的意見或狀況毫不在乎或漠不關心。

**譯註：「網路釣魚攻擊」是指駭客試圖利用連網裝置來詐騙的一種攻擊手法，騙取敏感資訊或是讓電腦感染惡意程式。

第11章

抓到了，也賺到了！

盜取比特幣之前，駭客已經在 Bitfinex 的伺服器裡潛伏數週了[1]。整個二〇一六年的夏天，他們都在觀察該交易所的用戶買賣比特幣，也研究了控制安全系統的指令，彷彿他們就躲在銀行金庫上方的通風管，觀察著行員如何謹慎的搬進搬出現金並尋找漏洞一樣。

確切的說，他們想竊取的不是比特幣，因為你無法真的從試算表中竊取某一行數字。他們需要的是私鑰，也就是讓他們解鎖加密貨幣的密碼。有了私鑰，他們就可以在龐大的比特幣試算表中，把 Bitfinex 那一行數字降為零，並在自己那行寫上一個非常龐大的數字。

一找到私鑰，他們就動手了。二〇一六年八月二日上午十點二十六分，駭客把交易所的每日提款限額，從兩千五百枚比特幣提高到一百萬枚，足以掏空整個金庫。接著，他們使用私鑰，開始廣播指令，把 Bitfinex 的比特幣轉移到他們在區塊鏈上控制的地址。在接下來的三小時五十一分鐘裡，總共竊取了十一萬九千七百五十四枚比特幣，超過交易所持有的半數比特幣。

當 Bitfinex 的高層主管意識到大事不妙，雇用了一個資安小組負責調查。駭客攻擊野心勃勃，手段精密複雜，以至於有人懷疑是內賊所為，還有人認為是北韓駭客幹的，因為北韓駭客六個月前才從孟加拉央行竊取了八千一百萬美元。但資安小組找不到任何線索，駭客在登出系統以前，已經徹底抹除了他們的數位指紋。

Bitfinex 唯一掌握的，是駭客把錢發送到區塊鏈上的地址（由三十四個字符組成）。為了尋求大眾的協助，Bitfinex 在網路上公開地址，讓所有人都能看到。但多年下來，大部分資金一直留在那些數位錢包裡，幾乎沒有動過。即使這段期間比特幣狂飆，那些錢一直留在原地，沒有明確的方法可查出到底是誰轉走了這些比特幣。沒有駭客的私鑰，警方也無法把錢追討回來。

忠實且不可磨滅地記錄了所有齷齪交易的證據

大約在二〇二〇年，一名在密歇根州大急流城（Grand Rapids）地下室工作的美國國稅局探員，發現了一條線索。

在這之前，大家一直以為加密貨幣是無法追蹤的，因為區塊鏈不會記錄用戶的名字。但區塊鏈數據庫的運作方式，使交易紀錄永遠不會刪除。雖然它不會記錄名字，但會為每個錢包分配一個唯一的地址，因此，如果知道某一個錢包與某一個人連結，調查人員就可以看到這個人曾做過的每一筆交易。

調查人員可以藉由向某個人買東西，把這個人與某個地址連結起來，就像他們可以先向毒販買毒品，再逮捕毒販那樣。或者，他們可以追蹤與交易所之間的轉帳往來（比如轉帳到FTX），然後向交易所發出傳票，索取用戶紀錄。一旦FBI破解了暗網毒品市場「絲綢之路」後，就可以追蹤到該網站上的許多毒販。誠如作家安迪・格林伯格（Andy Greenberg）所解釋的：「比特幣號稱不可追蹤，事實證明**恰恰相反**：它成了引誘加密貨幣犯罪分子的蜜罐*，多年來忠實且不可磨滅地記錄了他們所有齷齪交易的證據。」[2]

不過，要把某個人與某個地址連結起來並不容易，國稅局的探員透過一條錯綜複雜的地址與交易所的路徑，追蹤了Bitfinex的部分資金流向。這條路徑引導他一路追查到紐約市的這對夫婦：利希滕斯坦與摩根。

摩根當時三十一歲，是一家小型文案公司SalesFolk的創辦人。她與利希滕斯坦住在紐約金融區華爾街七十五號的一間高層公寓裡，月租六千五百美元。從她的TikTok可以看出，公寓裡堆滿了

*譯註：蜜罐（honeypot）是一種電腦安全機制，用於檢測未經授權使用的駭客攻擊，因原理類似誘捕昆蟲的蜜罐而得名。

小飾品，包括一個鱷魚頭骨、一個駱駝小雕像，還有一件她描述為「烏克蘭排水石」的東西。牆上掛著一張斑馬皮，旁邊是一台健身用的斑馬紋橢圓機。牆上也掛了兩個長角羚羊的頭骨，還有一張裱框的肺部X光片，是摩根在埃及感染中東呼吸症候群（MERS）時拍的。

摩根把自己描繪成一個永遠在奮鬥、打破常規的科技顛覆者。她定期為《富比士》撰寫專欄，網站上的作者簡介如下：「平常對黑市做逆向工程，以思考打擊詐騙與網路犯罪的更好方法。不做逆向工程時，喜歡唱饒舌歌及設計街頭時尚。」她在自己創作的歌曲〈Versace Bedouin〉中寫道：「我身分多元，是饒舌歌手、經濟學家、記者，也是作家、執行長，還是個髒、髒、髒、髒婊子。」

摩根以「狂歡可汗」這個藝名出現時，強調性愛主題，也刻意凸顯出令人不快的元素。她時而開一些拉肚子或性愛的玩笑，時而吹噓自己前衛的事業。她的招牌動作是（如果那叫招牌動作的話），把手舉起來，手指比出V字，伸出舌頭，說：「狂歡炫惑！」（Razzle Dazzle!），接著發出誇張的帶痰咳嗽聲。

她的歌曲，從〈Pho King Badd Bhech〉到〈Gilfalicious〉，充滿了尷尬的押韻，而且唱功極差。相較之下，查特．漢克（Chet Hanks）*簡直聽起來像饒舌天王。她的歌詞毫無意義可言，在〈High in the Cemetery〉中，她描述自己在幻覺中得到一盞神燈，遇到一個精靈。精靈說只要幫他「打手槍」，就可以讓她實現願望。後來她才發現精靈的真實身分：「他不是一般的變態佬，他是馬克．祖克伯。」

在她的《富比士》專欄及YouTube影片中，摩根解釋，她創造出饒舌歌手的身分，是為了積極接納曾讓自己淪為笑柄的那些怪異行為。她在加州奇科市（Chico）郊區一個約四百人的小鎮長大，曾因口齒不清及戴牙套而「遭到無情的霸凌」。在加州大學戴維斯分校就讀時，她去南韓與土耳其當交換學生。畢業後，她在背包客的群體中找到了歸屬感，先是在香港，後來在開羅。朋友們記得她是諷刺型饒舌歌手利爾・迪基（Lil Dicky）和寂寞孤島樂團（The Lonely Island）的歌迷[3]，她常一時興起就表演自成一格的饒舌歌曲。

阿米娜・阿莫尼亞克（Amina Amoniak）說：「她只要認識一個人，就好像對方永遠是她的朋友一樣。」[4]阿米娜是透過沙發客網站Couchsurfing.com認識摩根的，兩人一直保持聯繫。

充斥著卑鄙流氓的產業裡，一起惹麻煩

摩根是二〇一三年左右在舊金山認識利希滕斯坦的。當時摩根搬到那裡，為一家正在接受新創育成中心輔導的新創公司工作，而利希滕斯坦在育成中心擔任輔導師[5]。我在LinkedIn上發現了他

＊譯註：演員湯姆・漢克斯和麗塔・威爾森的兒子。

們早期搞曖昧時所留下的紀錄。利希滕斯坦在 LinkedIn 上為摩根寫了一則推薦文：「摩根巧妙地設計精準的訊息，像磨利的肉鉤那樣，牢牢鉤住顧客的大腦。」一位朋友告訴記者，他記得利希滕斯坦當時試圖把喝醉的摩根從酒吧引誘出來[6]。另一位朋友回憶道，摩根向她介紹利希滕斯坦時，說了句不太尋常的話。

「這是利希滕斯坦，」那位朋友記得摩根這樣說，「他是黑帽駭客*。」[7]

利希滕斯坦出生於俄羅斯，在芝加哥長大，他的父母為了躲避宗教迫害而從俄羅斯搬到芝加哥。他身高約一百七十三公分，有一頭濃密的黑色捲髮。朋友形容他古怪、宅里宅氣。他的高中同學告訴記者：「他人不錯，很聰明，就好像《男孩我最壞》（*Superbad*）裡的麥拉文（McLovin）最終搶劫成功一樣。」[8]

在威斯康辛大學麥迪遜分校就讀時，利希滕斯坦發現了一種名為「聯盟行銷」（affiliate marketing）的可疑獲利方式。聯盟行銷是指在臉書或 Google 上大量購買廣告空間，然後為減肥藥、健腦劑、離岸賭博網站製作廣告。利希滕斯坦曾在網路論壇中發文宣稱，他求學期間，每年靠聯盟行銷賺十萬美元以上。

幾年前，我寫了一篇揭露聯盟行銷的報導[9]，後來發現，當時我接觸的一位消息人士曾與利希滕斯坦做過生意。這位消息人士是萊恩·伊格爾（Ryan Eagle），當時他還是個十幾歲的青少年。他也來自芝加哥郊區，靠著像利希滕斯坦製作的那種線上廣告發了大財，買了一輛鍍鉻的賓利

（Bentley）、好幾隻鑽表、一個鑲滿鑽石的鎖子甲面具，也染上了嚴重的毒癮。他告訴我，即使在那樣一個充斥著卑鄙流氓的產業裡，利希滕斯坦的智慧與傲慢也很突出。

如今已經戒毒的伊格爾說：「他是那種煩人的怪咖，老是想著激怒你。」

畢業後，利希滕斯坦與人合開了一家廣告技術公司，後來在二〇一六年駭客攻擊發生前後，離開了那家公司。他從來沒有解釋離開的原因。在社群媒體上，他和摩根發布了他們搭乘商務艙飛往香港與墨西哥的照片。在摩根的 TikTok 影片中，他經常看起來像一個不情願的入鏡者。在一段影片中，摩根問到他試吃貓糧的習慣時，他說：「你一直拍我，期待會發生什麼，你想要我做什麼嘛！你希望我把東西塞進屁眼，然後跳個舞嗎？」（後來他說：「這款貓糧需要加點鹽巴和胡椒，除此之外，還滿好吃的。」）

在他們執行駭客攻擊的前一天，不知道是不幸的巧合，還是驚人的狂妄之舉，摩根在 Instagram 上發布了一張她與利希滕斯坦坐在藍色毛絨沙發上的合照，圖片說明寫著：「我永遠喜歡和這個瘋狂的傢伙一起惹麻煩。」

＊譯註：未經允許下，擅自侵入他人的系統，以獲取利益或搞破壞的駭客。

搶銀行落伍了，看北韓駭客示範搶 crypto 交易所

一個硬要把「Razzle-khan’s the name」（名叫狂歡可汗）和「that hot grandma you really wanna bang」（那個你真的想上的性感辣嬷）兩句歌詞押韻的人，看起來不太像網路大盜。但是話又說回來，這是加密世界。在這個世界裡，缺乏經驗或能力不足從來不會阻礙一個人成名或發財；大規模的駭客攻擊更是幣圈的家常便飯。

有人問著名的銀行搶犯威利．薩頓（Willie Sutton）為什麼要搶銀行，據說他回答：「因為錢在那裡。」[10]但如今，隨著電子支付的興起，一般銀行內可能只有五萬美元的現金。而且，防彈屏障、染料包（dye packs）＊、定時鎖及高解析的安全攝影機，大致上已經使「搶銀行」成了過去的遺跡。

與此同時，加密貨幣創造了全新的犯罪類別。以勒索軟體為例，駭客侵入並鎖住企業或政府的電腦系統，要求支付贖金的犯罪手法，至少在一九九〇年代就出現了。但過去用電匯或信用卡支付贖金，罪犯比較容易落網。加密貨幣幫駭客解決了這個問題，二〇二〇年，駭客每年以加密貨幣形式所收取的贖金，已逾六億美元[11]。

另一個例子是駭客攻擊交易所。Bitfinex 或ＦＴＸ等交易所就像是加密貨幣的銀行，每個交易所都持有大量的加密貨幣。駭客偷竊加密貨幣時，不需要冒險面對隨時可能開槍的保全，也不需要

在攝影機前隱藏自己的臉，只需要駭入電腦系統就行了，而且許多電腦系統顯然都沒有很好的防護措施。

第一家大型加密貨幣交易所 Mt. Gox，就曾遭到駭客攻擊。Bitfinex 遭竊後，駭客攻擊並未停止，後來發生的幾件最大的竊案包括：二〇一八年 Coincheck 被盜約五．三億美元；二〇二〇年 KuCoin 被盜約二．五億美元。二〇二一年，交易所與 DeFi 應用程式（去中心化金融，加密貨幣交易者可直接相互交易）總共被盜走了三十二億美元[12]，這個金額是美國每年所有銀行搶案平均被盜金額的一百倍[13]，其中大都是被北韓駭客組織拉撒路（Lazarus）盜走。

早在二〇一五年，Bitfinex 在一次駭客攻擊中損失約四十萬美元的加密貨幣後，設置了一個新的安全系統。一般交易所通常是把用戶的加密貨幣混在一起，並把私鑰存在未連網的電腦上，這種做法稱為「冷儲存」（cold storage）。Bitfinex 的新系統把每個用戶的餘額保存在區塊鏈的個別地址中，讓客戶自己查看他們的錢在哪裡，使用的是加密安全公司 BitGo 的軟體。

「這種新的透明度與安全性，使 Mt. Gox 那種漏洞不可能發生。」BitGo 的執行長邁克．貝爾希（Mike Belshe）在宣布這項交易的新聞稿中這麼說。

＊譯註：染料包是銀行使用的一種無線電控制的燃燒裝置，如果遇到搶案，定時器可以讓染料包爆炸，染料會永久標記在被搶的鈔票及搶匪身上。

BitGo的軟體被設計成自動批准小於某個限額的轉帳，因此小額提款不會被耽擱，但大額提款需要Bitfinex的高層主管手動簽核。這原本意味著，萬一Bitfinex遭到駭客攻擊，頂多只有少量的比特幣被竊，不過該系統的設計有缺陷，擁有Bitfinex高層電子憑證的某個人，只要發送一個電腦指令，就可以更改那個免簽核的轉帳限額。

駭客使用「遠端存取木馬」滲透交易所後，就是這樣做。這種惡意軟體讓攻擊者可以完全控制他鎖定的電腦，彷彿他就坐在鍵盤前一樣。只有在Bitfinex剛好有人檢查帳戶餘額並注意到異常狀況時，才有可能阻止駭客掌控電腦。

Bitfinex向有關當局通報了這次駭客攻擊，但沒有找到任何線索。駭客離開時，清除了伺服器的記憶體，抹去了指向其位置的任何指標。代表Bitfinex調查這次駭客攻擊的知名金融服務商「帳本實驗室」（Ledger Labs），也無法確定駭客究竟是如何進入交易所伺服器的。BitGo雖然對外堅稱軟體運作正常，但其實改變了規定，客戶只有在與BitGo的員工做視訊通話後，才能提高提款限額。

曾在以色列情報部門擔任程式設計師的邁克．紹洛夫（Michael Shaulov）是加密安全公司Fireblocks的共同創辦人，他告訴我這種駭客攻擊通常不需要很高竿的技術，最難的環節通常在於，捏造一封電子郵件，誘騙內部人員打開惡意附件，「社交工程（social-engineering）手法才是關鍵。」*他說。

合法嗎？當然不合法！

這似乎是個線索。二〇一九年，摩根在一場名為紐約沙龍（NYC Salon）的活動上演講，講題是「如何運用社交工程做任何事情」（How to Social Engineer Your Way Into Anything）。在那場演講的宣傳單上，她穿著一件金屬質感的緊身蛇紋洋裝，手裡拿著一把大型的管鉗扳手。演講一開始，她先唱了幾句〈Versace Bedouin〉來逗弄觀眾，炒熱氣氛。接著她說道：「我討厭『操縱』這個說法。」她說，社交工程是「讓人們分享他們原本不會分享的資訊，或採取他們原本不會做的行動」。

駭客攻擊當天，Bitfinex 的一名員工登入了 Reddit 的主要比特幣論壇，發布了駭客發送被竊比特幣的所有地址。那份清單看起來很正常，就只是一串由數千條三十四個字符所組成的程式碼清單，但那作用就像在銀行搶犯的贓物袋中放了一個染料包，標記失竊的贓款一樣。

比特幣區塊鏈上的所有交易都是公開的，所以任何人都可以查找某個地址，並看到那個地址發送硬幣或接收硬幣到哪些地址。很少有人會接受來自 Bitfinex 在 Reddit 上披露的那些地址所發送的比特幣。就算他們對盜來的比特幣沒有顧慮，也會擔心日後能否花掉那些錢，或他們會不會變成嫌犯。

＊譯註：也就是說，操縱人類行為才是關鍵，而不是光靠技術。

有整整五個月，被盜的比特幣都毫無動靜。駭客似乎忘了計謀中的一個關鍵：若要真正使用竊取的比特幣，他們必須找到一種方法來抹除他們與駭客之間的關聯。有一個地方，非常歡迎比特幣贓款：AlphaBay。那是一個暗網市場，是承接絲綢之路的眾多網站之一。用戶在那裡張貼分類廣告，販售毒品、槍枝及偷來的信用卡，以換取加密貨幣。AlphaBay 在其網站上說，它希望成為「最大的 eBay 型地下市場」。為了避免有人誤解，該網站的常見問題中還列了一題：「AlphaBay Market 合法嗎？」答案是：「當然不合法。」

二〇一七年一月，價值約兩萬兩千美元的比特幣贓款，透過一連串的小額交易，轉移到 AlphaBay[14]。所有發送到 AlphaBay 的比特幣都會混在一起，使它們更難被追溯到區塊鏈的來源。一旦用戶把資金提取到一個新地址，那些比特幣只能追溯到 AlphaBay。雖然所有的主要交易所都不願接受從駭客攻擊相關的地址所傳來的比特幣，但還是有一些小型交易所，願意接受來自暗網毒品市場的比特幣。

這批比特幣贓款先從 AlphaBay，被發送到一個加密貨幣交易所，然後又發送到另一個交易所。而第二個交易所的帳戶，就是由利希滕斯坦用本名開設的，他甚至發了一張自拍照去驗證自己的身分。唯一知道利希滕斯坦與贓款之間有關聯的人，是 AlphaBay 的經營者，其他人只知道他的代號是 Alpha02。

對竊賊來說很不幸的是，AlphaBay 已經是被鎖定調查的目標。幾個國家的警方已經確定，Alpha02 是一位二十五歲的加拿大人，名叫亞歷山大・卡茲（Alexandre Cazes）。他搬到泰國，用經營 AlphaBay 的獲利在當地買了三處房產、一輛藍寶堅尼超跑、一輛保時捷。他犯的幾個錯誤之一是：在一些早期的通訊中，使用的一個電子郵件位址與他的真實姓名有關：pimp_alex_91@hotmail.com。

二〇一七年七月五日，調查人員啟動了所謂的「刺刀行動」（Operation Bayonet）。泰國皇家警察開車撞向曼谷一間豪宅大門，因為他們和美國當局認為卡茲就住在裡面。撞擊引發的騷動把他引出來，探員衝進屋內，卡茲就此落網，一週後死於監獄[15]，顯然是自殺。

不過他留下了很多證據。在他的住處，警方發現他的筆電，打開並登入 AlphaBay。

前往曼谷參與 AlphaBay 突襲行動的美國聯邦探員中，有一位名叫克里斯・揚切夫斯基（Chris Janczewski）。當時他二十三歲，是國稅局的特別探員。他加入國稅局的原因聽起來很奇怪：他就讀中密西根大學時加入會計兄弟會，有位國稅局的特別探員去該兄弟會演講，他聽了演講後，就一直想為美國國稅局工作。那位演講者用高速追逐與踢門追緝罪犯的故事，吸引了揚切夫斯基與其他充滿抱負的會計系學生。不過，他的第一份工作既沒有追逐、也不需要踢門，只需要對北卡羅來納州夏洛特市及周邊地區的一群水電工與汽車經銷商查帳。揚切夫斯基告訴我：「你可以想見，大家都不想看到你出現。」

二〇一五年，他被招募到聯邦政府一個新的網路犯罪部門。這個由十幾名探員組成的團隊，最初關注的是那些用於逃稅的被駭資料，後來他們轉向加密貨幣案件。探員們意識到，雖然區塊鏈是匿名的，而且犯罪分子常把他們的比特幣從一個錢包轉移到另一個錢包，但交易的軌跡幾乎總是通往交易所。交易所讓人們把比特幣兌換成現金之前，會要求用戶提供身分證明。就算騙子使用中介或假身分證，也會留下線索。美國國稅局網路犯罪部門的另一位前探員泰格蘭・甘巴洋（Tigran Gambaryan）告訴我，只要追蹤交易的時間夠久，「每個人都會露餡。」

追蹤加密貨幣讓揚切夫斯基與同事找到了毒販、洗錢服務，甚至破獲一個販賣虐童影片的網站。每次破案，他們都會收集到更多的資料，可以把更多的犯罪與更多的比特幣地址連結起來，也把更多的比特幣地址與更多的人連結起來。

揚切夫斯基不願告訴我，他和同事是何時發現那些被竊的比特幣與利希滕斯坦、摩根之間的關聯，也不願討論調查駭客攻擊事件的其他細節。不過，到了二〇二〇年，法律文件顯示，他們已經開始把線索轉為可在法庭上使用的證據。他們向接觸過贓款的交易所，以及這對夫婦使用的網路服務供應商（ISP）發送了法律要求。花了一年多的時間，才收集到足夠的證據來申請搜查令。

喜歡冒險以感受生命……別忘了規畫退路

根據《浮華世界》（*Vanity Fair*）的報導，二〇二一年的某日清晨三點，聯邦探員首次抵達華爾街七十五號。一名探員對錯愕的警衛說：「我們接到訊息顯示，這棟樓裡有人在交易兒童色情製品。我們需要上這棟樓的屋頂，看能不能追蹤到訊息的來源。」[16]

幾週後，探員再來。過幾週，他們又來第三次。警衛問道：「你們確定沒走錯樓嗎？」（當時警方正在調查對面大樓裡一位妓女的死亡事件[17]，監控錄影顯示，有人把屍體藏在五十五加侖的大桶內滾出大樓。）探員向他保證，他們沒有弄錯。

二〇二二年一月五日早上，天氣濕冷，揚切夫斯基和其他的聯邦探員再次來到這棟大樓。這次，他們搭乘貨梯到二十三樓，敲了摩根的家門。她的父母正好來看她，帶來一批祖母烘焙的柿子餅乾，那是她最愛的點心。探員們開始尋找手機與電腦時，她與利希滕斯坦表示想離開公寓，並帶著愛貓克拉麗莎一起走。接著，摩根試圖轉移大家的注意力，但手法拙劣[18]。

她說貓躲在他們的床底下，於是她蹲到床頭櫃旁，一邊呼喚貓，一邊從床頭櫃上抓起一支手機，開始瘋狂的按鎖定鈕。揚切夫斯基從她的手中奪過手機。

探員在床底下，發現一個裝滿電子裝置的箱子，裡面有一個標示著「拋棄式手機」的夾鏈袋，還有一個紅白條紋的盥洗包，裡頭裝著九支手機。探員至少查封了四個硬體錢包（儲存比特幣加密密碼的隨身碟），以及一個塞滿四萬美元現金的錢包。在利希滕斯坦的辦公室裡，他們發現了兩本被挖空以創造隱藏空間的書。這對夫婦用俄語簡短的交談（摩根一直在學俄語），現場的探員都聽不懂。

初步搜查他們的電子裝置後，探員並沒有找到那些比特幣贓款的私鑰，也沒有足夠的證據可以逮捕他們兩人。

五天後，摩根發布了一首新歌〈Moon n Stars〉。那首歌裡，在詭異的鼓聲與風琴伴奏下，狂歡可汗用五分半鐘的饒舌歌方式，敘述她與利希滕斯坦的關係——他們共同的古怪特質、他的碧綠雙眼與「翹臀」，以及只有他們兩人聽得懂的笑話（例如，他總是把零食放口袋裡，或他們兩人都不會開車）。她說，她不想要一份普通的工作，喜歡冒險以感受生命，甚至一度還唱道：「別忘了規畫退路。」幾個月前，她和利希滕斯坦結婚了。在這首歌中，她說她想和他長相廝守，「直到該死的最後一刻。」

她的表演一如既往的尷尬，但她發布這首歌時，正面臨牢獄之災，歌詞顯然透露出一股辛酸。狂歡可汗在最後一節唱道：「對常人來說我們太怪異／人人皆知你我最麻吉／這是我倆的故事傳奇／狂歡可汗與荷佬的演繹／準備好狂歡，一起搞怪去！」歌曲結束時，狂歡可汗以帶有濃濃美國腔的俄語說：「我愛你。」

探員也取得搜查令，搜查了利希滕斯坦的雲端儲存帳號。在其中一個帳號中，他們發現了一份偽造的身分證清單，裡面有男有女，還有一些筆記。筆記顯示，二〇一九年他們去了基輔，以假名買了扣帳卡。在探員看來，他們似乎一直在準備逃離美國。一月三十一日，他們破解了利希滕斯坦的加密檔案，發現了更勁爆的東西：與 Bitfinex 駭客攻擊有關的近兩千個比特幣地址的私鑰。現在，美國政府掌控了價值三十六億美元的加密貨幣贓款。

一週後，探員回到這對夫婦的公寓並逮捕了他們。利希滕斯坦與摩根並沒有被指控涉嫌駭客攻擊，而是被指控試圖隱瞞遭竊資金的處置。

明明是罪犯，一堆人搶著要拍片

這次逮捕行動登上全國新聞，破獲的竊盜金額是有史以來規模最大的。司法部副部長莉薩・莫納科（Lisa Monaco）在記者會上表示：「今天，司法部對試圖利用加密貨幣的網路犯罪分子，做了重大的打擊。」TikTok 上的評論人士開始剖析摩根的音樂影片。幾小時內，狂歡可汗就成了社群媒體的傳奇，她戴著腰包扭腰擺臀的藝人身分就此躋身知名騙子的行列。崔佛・諾亞（Trevor Noah）在《每日秀》（*The Daily Show*）上說：「相較於比特幣犯罪，把這種鬼扯淡稱為饒舌歌更令人髮指。」

犯罪紀實影片的製片人發現，摩根與假名媛安娜・狄維（Anna Delvey）或療診（Theranos）公司的創辦人伊莉莎白・荷姆斯（Elizabeth Holmes）很像*。Netflix 在摩根被捕三天後，就委託《虎王》（*Tiger King*）這部煽情私人動物園紀錄片的製作人，拍攝一部有關狂歡可汗的紀錄片。其他因這個竊案而宣布製作的節目，還包括一個 podcast、一個由搶劫驚悚片《極盜戰》（*Den of Thieves*）製片人所推出的虛構系列，以及一部由《富比士》（摩根的專欄出版商）製作的紀錄片。

摩根與利希滕斯坦都不認罪。利希滕斯坦被關押在維吉尼亞州的聯邦監獄，摩根在交了三百萬美元的保釋金後獲釋，回到華爾街七十五號的住所。她辯稱，她沒有棄保潛逃風險，因為她在紐約州凍卵，打算以體外受精的方式，與利希滕斯坦生一個孩子。

離摩根的公寓不遠處，在曼哈頓聯邦法院入口對面的一根交通號誌桿上，我看到一張漫畫貼紙，上面畫著赤裸上身的狂歡可汗騎著一隻鱷魚，伸出舌頭，手指比出招牌動作V字。貼紙看起來很新，我猜想搞不好是她去法院途中故意貼上的。

二〇二二年五月，我發現摩根在華爾街七十五號的公告欄上，貼出她要出售的許多物品，包括三個電子門閂和一幅街頭塗鴉藝術家班克西（Banksy）的版畫贗品。根據一個鄰居傳給我的公告副本，她正要搬家，需要換小一點的房子。

我本來想採訪摩根，聽聽她的說法。假裝去買她的二手貨，似乎不太恰當。我想過直接打電話給她，但是在〈Versace Bedouin〉那首歌中，她建議不要這樣做：「給我發電郵，去你媽的語音留言嗶嗶嗶。」後來我想到，她曾在演講中教大家怎麼寫出讓人回信的電郵。她提出的第一招是「先在網路上追蹤」對方、了解對方。聽了她的歌、看了她的影片好幾個小時後，我覺得我已經做到這點了。她提出的第二招，是想想對方在做什麼。所以我寫道：「摩根，紀錄片的製作人想把你塑造成下一個虎王，你的意見可能有助於重塑整個故事。」但她沒有回信。

在Bitfinex劫案發生多年後，仍有五分之一的失蹤比特幣下落不明。價值約七千萬美元的比特幣被發送到俄羅斯的暗網「九頭蛇市場」（Hydra Market）[19]，沒有人知道這筆錢後來又轉去哪裡了。不過，眾所皆知，在九頭蛇市場上，被稱為「寶藏人」（treasure men）的賣家常把加密貨幣兌換成以熱縮膜包起來的盧布，然後把整包盧布埋在祕密地點。所以，俄羅斯的某個地方可能埋了大量的地下寶藏，等著摩根與利希滕斯坦去挖掘。

保證年利率十八趴，你說是不是騙局

對 Bitfinex 與泰達公司的老闆來說，這個竊案出現了一個戲劇性的轉折。即使失蹤的部分永遠無法追討回來，這次駭客攻擊最終反而可能為他們帶來了獲利。

關於美國從摩根與利希滕斯坦那裡查獲的比特幣將歸誰所有，我無法得到明確的答案，但看起來很可能是歸德瓦西尼與交易所的其他股東所有。Bitfinex 表示，它已經或多或少償還了在駭客攻擊中損失金錢的所有用戶。那些比特幣遭竊時的價值約為七千萬美元，但現在德瓦西尼與其夥伴可望

＊譯註：安娜．狄維，本名安娜．索羅金（Anna Sorokin），冒充財產繼承人，在美國詐騙銀行、飯店與身邊友人，是 Netflix 影集《創造安娜》（*Inventing Anna*）角色原型。
療診是矽谷新創公司，曾在二十一世紀初以「高科技血液檢驗技術」轟動全球，後被踢爆技術造假詐取資金。

收回數十億美元。他們的比特幣竟會落入一對白痴夫妻手中，這讓我對於他們保護資金的能力沒什麼信心。不過，那些比特幣一直鎖在這對夫妻的錢包裡，對德瓦西尼等人來說可能是個幸運的轉機。

我心算了一下，估計這位前整形外科醫生可能坐擁一筆相當可觀的祕密資金。他可以從Bitfinex的駭客事件中回收一大筆錢，也可以從交易所賺取可觀的獲利。而且，如果他真的像他的同事告訴我的那樣，早期買了大量的比特幣，他還額外賺到數十億美元。

對於德瓦西尼可能擁有的比特幣財富，我的估計值越來越高，但他亟欲把泰達公司的存款投資於可能有風險的領域，這讓我越想越奇怪。難道他像狂歡可汗一樣，是為了感覺活著而冒險嗎？看過他評論馬多夫的文章後，我覺得那也不無可能。但是，萬一泰達公司的投資失利，還是可能引發擠兌。

目前為止，我聽到最冒險的舉動，是泰達公司出借價值十億美元的泰達幣給攝氏網。這是攝氏網創辦人馬辛斯基在邁阿密的二〇二二比特幣大會上親口告訴我的。對我來說，馬辛斯基的公司（承諾每年提供高達一八%的利息）聽起來就像龐氏騙局，而且除了貸款給攝氏網，泰達公司還投資攝氏網。

我很快就發現，馬辛斯基有一段有趣的經歷。在一份已停刊的科技期刊上，我找到了一篇一九九九年的文章，文中他列舉了搬到美國後嘗試過的幾種截然不同的生意：「從俄羅斯進口尿素[20]；把印尼黃金賣到瑞士；代理從中國開採的有毒氰化鈉，賣給美國的金礦工人使用。」文中他還提到，想跨足全身移植的事業：「給老人一個新的身體——保留頭部和脊椎，重建其餘的部分。」

如今他宣傳的新事業只比以前稍微合理一些。馬辛斯基告訴攝氏網的用戶（他稱他們為「攝氏人」），攝氏網將讓他們對抗貪婪的銀行，並幫助比較弱勢的人。攝氏網的用戶讚揚他幫他們賺到足夠的錢來償還債務，或甚至辭掉工作。一位用戶在推特上發文推薦攝氏網，說他抵押了房產並提領了退休養老金，就為了把錢投入攝氏網。

「攝氏網的美妙之處在於，我們提供收益，為那些無法自己賺到錢的人提供收益。我們劫富濟貧，我們打敗了指數。」馬辛斯基在一次直播中表示。「這就像參加奧運會，在十五個不同的項目中獲得十五枚獎牌一樣。」

攝氏網其實是一家加密貨幣銀行。用戶存入比特幣、以太幣或泰達幣，然後每週獲得利息。但攝氏網支付的利息，比傳統銀行付給儲蓄帳戶的利息高出數十倍或數百倍。馬辛斯基從未好好的解釋，攝氏網是如何賺錢來支付這些利息的。

不過，儘管他有可疑的背景、誇張的推銷話術，以及荒謬的商業計畫，攝氏網仍從創投業者募集到數億美元的資金。該公司表示，其資產在二〇二一年成長了四倍多，達到兩百五十億美元。馬辛斯基持有的股份讓他成為億萬富豪，至少帳面上是如此。

我打電話詢問了一些與攝氏網有關的人，希望能更了解其營運方式，他們常提到一個名字：該公司的前交易員傑森・史東（Jason Stone）。有人建議我去找他，他們告訴我，馬辛斯基把巨額的資金託付給史東後，他就搬到了波多黎各，展開連串冒險的投資與狂歡作樂。後來兩人大吵一架，史東憤而離職。一位消息人士語帶讚嘆地說：「他是個十足的瘋子。」

他們說，史東在推特的化名是0xb1，帳號上的頭像是一隻惡魔般的變種猿猴。這張猿猴圖是一個NFT（Non-Fungible Token，非同質化代幣），要價高達驚人的一百一十萬美元（稍後會詳細介紹）。在推特上，史東寫了他正在投資的各種瘋狂的加密貨幣，從SushiSwap到FODL Finance，再到OHM（一種「去中心化、抗審查的準備貨幣」，收益率高達七千%）。史東把自己所做的事稱為「流動性挖礦」（yield farming），難道攝氏網就是把從泰達公司借來的錢拿來做這件事嗎？

我打電話給史東時，他很樂意和我談。他說，他在二〇二一年離開攝氏網，因為他發現公司有一些可疑的交易。他告訴我，如果我知道攝氏網真正管理資金的方式，一定會很震驚。

「我是被引誘進去的。」他說，「我們讓它變得那麼龐大，那是我們的錯。」

我們約好了見面。

第12章

滑鼠點點點，錢就來來來

史東在他位於紐約金融區的公寓門口應門時，身穿黑色的愛馬仕T恤、緊身的黑色慢跑褲，以及灰色的 All-birds 運動鞋。這位三十四歲的加密貨幣交易員有一頭捲髮，留著幾天沒刮的鬍渣，看起來像剛從宿醉中醒來的演員喬納．希爾（Jonah Hill）。

咖啡桌上堆著待洗的衣物，電視機下方的架子上擺著《星際大戰》賞金獵人波巴．費特（Boba Fett）的頭盔。旁邊桌上有張拍立得照片，照片中有個戴面具的女子用鏈子拉著史東的脖子。一個小書架上放著四盒「粉紅密使」情趣用品盒，裡面裝著皮革束縛帶及打屁股的小拍板。

「這些不只是為了我要上的女人準備的。」史東說，「也是為那些想帶玩具去參加性愛派對的朋友準備的。」

賺賺賺，賺人錢！

史東目前正與攝氏網纏訟中。我們交談時，他正與三個人互傳簡訊，為一場法院聽審做準備。他太興奮而不想打字輸入時，就直接發語音訊息。訪談到一半，他請我喝了一杯摻有迷幻蘑菇的巧克力。他剛收到公司電郵檔案的副本，正在查看他與攝氏網創辦人馬辛斯基之間的郵件往來。

「我的天啊，老兄，」他對著電話裡的律師大喊，發出尖銳的笑聲。「這對我們太有利了，簡直瘋狂！這些郵件，真是他媽的太好笑了！」

史東一邊查看電郵，我一邊問他與馬辛斯基的關係。二〇一八年，史東三十歲，馬辛斯基投資史東的加密貨幣新創公司 Battlestar，兩人因此結識。史東在紐約上西區的一棟氣派的合作公寓長大，在菁英私校費爾德斯頓（Fieldston）求學，週末去豪華公寓或朋友位於漢普頓的別墅參加家庭聚會。母親在花旗集團上班，祖父是雷曼兄弟（Lehman Brothers）的高階管理者。青少年時期，史東在祖父的鼓勵下開始玩股票，他的投資標的之一是蘋果，那筆交易最終幫他帶來六位數以上的獲利。

以太坊（促成ＩＣＯ熱潮的區塊鏈）的出現，讓他開始對加密貨幣產生興趣。二〇一六年左右，他用筆記型電腦挖了一些以太幣，但因為很難把以太幣兌換成現金而放棄。後來他與朋友打牌時，朋友告訴他以太幣已經漲了十倍，他懊悔不已。史東把資金從股票中撤出，全押在以太幣上，最終創立了 Battlestar 公司。這家公司宣稱它透過所謂的「機構級質押即服務」（Institutional grade Staking-as-a-Service），幫投資者從持有的加密貨幣中獲得報酬（至於「機構級質押即服務」究竟是什麼東西，就別問了吧）。

利用加密貨幣來增加收入的概念很新，所以 Battlestar 公司一開始並沒有大發利市。但大約在二〇二〇年的夏天，史東注意到加密貨幣市場出現一個新領域，名為 DeFi（去中心化金融）。大家藉由投資新貨幣，使用流動性挖礦，獲得高得離譜的利率。幾乎沒有人了解它是怎麼運作的，這不是 Battlestar 專注的領域。不過，馬辛斯基向他詢問這個東西時，史東已經玩了幾週，也算是半個專家了。

當時，攝氏網吸收的存款已逾十億美元，並付給那些存入泰達幣與其他穩定幣的用戶高達一二%的利息。這表示馬辛斯基需要找到投資這十億美元的方法，至少要賺到同樣多的收益，DeFi 似乎是一種可行的方式。馬辛斯基認為史東就是他需要的 DeFi 專家，所以聘請史東把攝氏網的部分資金投資到這個新的加密貨幣市場。

向我解釋流動性挖礦時，史東磨碎一些大麻，捲了一枝像麥克筆一樣粗的大麻菸，並拿起我的筆來填塞，接著開始吞雲吐霧。

他在攝氏網做的第一筆 DeFi 投資，是一家叫 C.R.E.A.M. Finance 的借貸平台——這個名稱是引用美國嘻哈樂團武當幫（Wu-Tang Clan）一九九三年的經典歌曲〈Cash Rules Everything Around Me〉（意指現金為王）。據 C.R.E.A.M. Finance 的創辦人（一個前台灣男團成員*）說，它是「建立在智慧合約上、開放及普惠的金融系統」[1]。

但那時ＩＣＯ熱潮已過，再也無法像以前那樣，有人宣布要發行牙幣（Dentacoin，一種牙醫專用的加密貨幣），就能募到數百萬美元（這在二〇一七年確實發生過）。DeFi 不一樣，它是建立在「智慧合約」上。智慧合約基本上是在區塊鏈上運行的簡單程式。回想一下，比特幣區塊鏈是一個雙欄的試算表，而萬事達幣、以太幣等則是允許添加新欄位以代表新幣。現在想像一下，試算表又加入函數功能，這種智慧合約不僅允許用戶在自己那一行添加比特幣、並從別人那一行減去比特幣，也允許他們以幣換幣，或放款給另一個用戶。

DeFi 利用這些智慧合約來創建像ＦＴＸ那種去中心化、匿名版的交易所。這是一種真正強大的創新。但不意外的，幣圈人士很快就把 DeFi 變成一系列快速致富的方案，就像他們以前利用ＩＣＯ發財那樣。

每一個新的 DeFi 程式，都有一種新幣。在 CREAM 中，任何交易或借貸的人都會得到 CREAM 幣作為獎勵。這些 CREAM 幣可以存入 CREAM 以賺取更多的幣，就像饒舌歌手方法人（Method Man）在一段宣傳 CREAM 的歌中所唱的：「提供加密貨幣，獲得 CREAM，或借入加密貨幣，獲得更多 CREAM！」[2]（方法人從未證實或否認那段饒舌歌中的聲音是否真的出自他。）

CREAM 幣其實沒什麼價值，但只要有更多的人想要參與其中，它的價格就會持續上漲。史東說，在最初的三天裡，他每小時能賺到價值十五萬美元的 CREAM 幣。

「只要滑鼠點點點，錢就來來來。」史東說，「而且我他媽的還沒開始做研究呢！」

「賺賺賺，賺大錢！」他大喊，彷彿在介紹一支饒舌歌似的。

我們談話時，他在我面前回顧了他以前的舊郵件，偶然發現一封二〇二〇年秋天的電郵。信中，馬辛斯基說他不相信 DeFi，儘管當時他要求史東把更多的客戶資金投入其中。

「DeFi 可能一月就不存在了，」馬辛斯基寫道，「我們希望的是，每個 DeFi 參與者都來攝氏網開戶。這樣一來，當龐氏騙局被拆穿時，他們的加密貨幣都存在攝氏網。」

這種投資策略或許不怎麼聰明，但卻奏效了。十月，史東的投資獲利已達四百萬美元。到了年底，攝氏網每週都會把數千萬美元交給他去投資。

這些錢都是攝氏網的，公司還沒有付給史東薪資。但根據他與馬辛斯基的協議，史東可以從他用 DeFi 為公司賺取的獲利中分到二〇％。他估計自己至少可以拿到幾百萬美元。為了避稅，他決定搬到波多黎各。

到處貼滿了看起來像通緝令的傳單

二〇一二年，波多黎各為了吸引美國的有錢人，推出非常優渥的稅賦優惠。只要搬到島上，就

＊譯註：麻吉大哥黃立成。

不用繳美國聯邦所得稅，不用繳資本利得稅，只需繳四％的波多黎各所得稅。

過了五年，有些幣圈人士透過ＩＣＯ致富之後，認為歸化為波多黎各人是個好主意。泰達公司的共同創辦人皮爾斯，是最早去波多黎各的人之一[3]。他在聖胡安老城區（Old San Juan）買了一棟九房的豪宅，就在總督官邸的旁邊，並把那棟豪宅變成比特幣聖地與派對場所。他也號召其他的追隨者搬到島上，有數十人響應。他們說他們正在建立一個社群，名為波托邦（*Puertopia*），後更名為Sol或加密波多（Puerto Crypto）。

二〇一八年，皮爾斯告訴一位記者：「我們來這裡，是為了運用我們的技能——我們的超級能力——並想辦法幫助波多黎各、地球與人民。」[4]

皮爾斯喜歡在聖胡安的街上行走，用藍牙喇叭播放查理．卓別林（Charlie Chaplin）在《大獨裁者》（*The Great Dictator*）中的演講[5]。他會做一些類似宗教的儀式，例如為水晶開光、親吻老人的腳，或對著一棵老樹祈禱[6]。對他的多數追隨者來說，避稅才是主要誘因。泰達公司的第一任執行長科林斯就是響應皮爾斯號召的人之一。

「我不想繳稅。」[7]科林斯曾在泳池邊的酒吧對一位來訪的記者說，「這是人類有史以來第一次，除了國王、政府或神以外，任何人都能創造自己的貨幣。」

一些當地人很討厭這些新來的有錢鄰居，聖胡安到處貼滿了看起來像通緝令的傳單，在皮爾斯的頭像下方，他們譴責他是**帝國主義者**。「我們的殖民者就是長這個樣子。」[8]他們說。抗議者一度還聚集在聖胡安老城區，抗議稅賦優惠，並以噴漆塗鴉寫道：「皮爾斯是殖民者，美國佬滾回去！」[9]

二〇二〇年十二月左右，史東來到這裡，搬進一位幣圈朋友的家中。馬辛斯基很高興史東搬到波多黎各，因為攝氏網在紐約沒有營運執照。那時，史東已經為攝氏網賺了很多錢，他認為搬到波多黎各可以為自己省下數千萬美元的個人所得稅。他帶了兩隻狗來（一隻㹴犬與一隻鬥牛犬），會帶著牠們去海灘慢跑。

史東在島上第一次嘗試K他命（他說那是幣圈最愛的毒品）。下午他會一邊呼麻，一邊想出投資點子。他說：「我覺得這對我的工作有幫助。」

我不出門，我怕北韓人來幹掉我

他描述的波多黎各生活，聽起來像加密版的《華爾街之狼》（*The Wolf of Wall Street*），有著「跳舞、派對、毒品、海灘」。史東在餐桌上擺了兩個大螢幕。他始終盯著螢幕，很少抬起頭來環顧四周，即使房子的主人週週在家裡辦派對。賓客在房間裡跳舞時，他自顧自的盯著螢幕，吸食K他命。其他的幣圈交易者也會帶自己的筆電過來，有些人比較喜歡服用阿德拉（Adderall）或古柯鹼。一位當時經常與他往來的朋友告訴我，史東喜歡說他是DeFi中的大咖，經常高談闊論駭客技術或他賺了多少錢。那個朋友說：「他打字很大聲，好像很想讓人知道似的。」

馬辛斯基告訴史東，盡量投資，越多越好。在高利息的誘惑下，大量資金湧入攝氏網，多到史東不知道該如何處理。二〇二一年一月七日，馬辛斯基發了一封電郵給史東和一些攝氏網的高層主管，告訴他們光是那天攝氏網就收到四千六百萬美元的存款。「如果我們有機會投資所有的資金，我們需要在各方面都加快行動。」馬辛斯基寫道，「追求最大化！你需要以更快的速度做更大的交易。」沒過多久，史東管理的資金就超過了十億美元。

因為是加密貨幣，那些錢都存在史東的筆電裡，就好像史東把成千上萬捆美元堆放在朋友家的餐桌上一樣。雖然那個帳戶有密碼保護，但史東開始出現被害妄想症，擔心帳戶遭竊，所以每次睡不到幾小時就醒來。他常熬夜交易到凌晨三點，然後去睡一下，早上六七點又開始交易。

他說：「我幾乎不出門，我怕北韓人來這裡拿槍抵著我的頭。」我笑了，他說：「這可不是開玩笑的。」

史東告訴我，DeFi 的另一個大玩家是ＳＢＦ。他從觀察ＳＢＦ的加密錢包地址，可以看出他的避險基金阿拉米達正在對 SushiSwap 之類的加密貨幣做流動性挖礦。史東估計，阿拉米達以這種方式賺了數十億美元。而史東自己也變成一個有影響力的交易者，其他投資者開始關注他的加密錢包，在他買進時跟著買，在他賣出時跟著賣，這又幫他推升了報酬。

本質上，攝氏網從投資者那裡收集存款，並承諾付給他們很高的利息，接著把那些資金轉到史東的電腦上，讓他去投資那些未經測試的 DeFi 案子和龐氏騙局，然後期待獲得最好的結果。攝氏網投資的部分資金，也是從泰達公司借來的。馬辛斯基口頭上宣稱攝氏網比一般銀行更安全，但該公司甚至沒有一個系統可以追蹤史東和其他交易員拿那些錢去做什麼。二〇二〇年十二月，攝氏網的一名高層主管在內部的電郵中寫道：「目前攝氏網對於現有的資產與負債，缺乏清晰、即時及可操作的了解。」

二〇二一年三月，史東決定離開攝氏網，創辦自己的資金管理公司。馬辛斯基對此很不滿，他們也發現，攝氏網的加密貨幣會計非常混亂，他們連史東是否賺了錢都沒有共識。史東說，以美元計算，他賺了數億美元。但以太幣的價格飆升，馬辛斯基說，攝氏網只要持有以太幣就能賺更多錢。言下之意是，瘋狂的交易只是在浪費時間，這是導致他們後來鬧上法庭的爭議之一。

但史東告訴我，他想辭職是因為他發現馬辛斯基的可疑交易，但他辭職時並未透露這件事。

後來，馬辛斯基在公開場合堅稱：「我們可能是全球監管機構見過風險最低的事業之一。」[10] 不必史東告訴我，我也知道這說法不是真的。不過史東說，攝氏網之所以能夠持續營運，靠的是馬辛斯基自己創造的「攝氏幣」（CEL）。史東認為，攝氏幣的價值完全是馬辛斯基的交易撐起來的。

「我認為他說服自己相信，他不是在搞龐氏騙局。」史東說。「他是真正的反社會者，還是最危險的那種人。」

我不是銀行，我就像個來借糖的鄰居

我剛開始研究攝氏網時，曾約馬辛斯基在曼哈頓的一家冰沙飲品店見面，詢問他公司的投資活動。那時我還沒有從史東那裡聽到全部的情況，也不知道他們之間的法律糾紛，但我知道攝氏網投資了 DeFi。馬辛斯基堅稱那是安全的。他說，攝氏網利用高利率仍持續吸引資金的時候，去做其他類型的投資。

「DeFi 是五隻腳中的一腳。」他指著自己的座位說，「就像這個凳子有三隻腳，再加兩隻，就是攝氏網的模式。攝氏網是一個有五隻腳的凳子。」

馬辛斯基開始向我解釋其他的「腳」，但還沒說到第三隻腳，他那根快解體的紙吸管就分散了他的注意力，並要求他的公關人員去拿一根新的吸管來。如果攝氏網是一家傳統的金融公司，它必須向監管機構與客戶披露其交易的細節，但據我所知，沒有人在監管攝氏網。我問馬辛斯基，攝氏網是不是應該像銀行那樣受到監管，因為它吸收存款。

「我們不是銀行，」他說，「我們從你這裡借錢，承諾還款，然後把那些錢拿去借給機構，向他們收取利息，再把大部分的利息交給你。」

「這聽起來很像銀行。」我說。

馬辛斯基試圖用一個比喻來解釋。「假設我們是鄰居，我來找你借糖，因為我沒糖了。」他說。「後來我又來了，把糖還給你。我說：『你人真好，願意借糖給我。這是你原來的糖，另外我送你一小桶糖作為謝禮。』糖是一種商品，我不需要監管機構。」

我問他，他借泰達幣去做什麼。他繼續闡述借糖的比喻。有時，客戶存入的都是比特幣，但如果他有穩定幣，可以賺更多利息。他說，這種情況發生時，他會打電話給泰達公司的德瓦西尼。

「當我沒有足夠的糖時，會去找德瓦西尼，對他說：『嘿，我需要更多的糖，我可以給你巧克力。』」馬辛斯基對我說。

這個說法很令人不解。沿用這個比喻的話，我不懂德瓦西尼要如何把巧克力變成糖。即使他確實有萬無一失的方法，但現在攝氏網變得那麼大，似乎可能隱藏著無數的風險。攝氏網現在處理的資金高達數十億美元，但馬辛斯基談論它的方式，就像他在烤蛋糕一樣。

「但是，你就只是坐在一座糖山上。」我說，「你甚至可以想像，建設署的人不得不介入，因為你的糖太多了，已經滿到街上去了。」

我們話沒講完，馬辛斯基說他覺得冰沙店的攪拌機聲音太干擾了。

「我們可以離開這裡嗎？那聲音快把我搞瘋了！」他喊道。

他帶著我和他的公關助理到他位於附近的公寓，是他和妻子在二〇一八年以八百七十萬美元買下來的。在俯瞰氣派客廳的夾層上，馬辛斯基從另　位助理端來的水果盤中挑著水果吃。

馬辛斯基認為，加密貨幣比美元好，因為通貨膨脹一定會侵蝕所有法幣的價值。但我告訴馬辛斯基，我沒有任何現金儲蓄，所以我不是坐在一堆越來越不值錢的現金上，可是我也不會擔心我銀行帳戶的安全。

「我的意思是，如果我給美國銀行一堆糖，我可以非常確定，我一定可以拿回那些糖。」我告訴他。

「只要音樂還在播放，你就可以。」他說，「一旦音樂停了，每個人都會賠錢。」

新的就業形式？解決全球貧窮的潛在萬靈丹？

馬辛斯基說他必須去開另一個會，我們的辯論只好結束。我走出他家時，感到一陣失落，因為我講不贏他。在我看來，美元顯然比加密貨幣安全，整個加密產業似乎是一群可疑計畫的總和，但加密貨幣的價格依然堅挺。當數字不斷上升，你如何反駁「幣漲無疑」的邏輯？

不過，約莫在狂歡可汗被捕的時候，我讀到一篇報導指出，有一個加密貨幣的數字已經停止上漲了。應該說，它以誇張的方式崩垮了。這個加密貨幣就是「平滑愛情魔藥幣」（Smooth Love Potion，以下簡稱SLP幣），它的價值在二〇二一年攀上三十六美分的顛峰，但後來跌破了一美分。那是我開始調查加密產業以來，最常聽到的加密貨幣之一。

SLP幣是電玩遊戲 Axie Infinity 的官方加密貨幣。在這款遊戲中，玩家可以用真錢購買可愛的團狀生物團隊，派牠們去戰鬥來獲得代幣。這款遊戲在東南亞非常熱門，尤其是菲律賓。透過口耳相傳、社群媒體、爆紅影片及全國新聞報導，熱潮席捲菲律賓全國，吸引了上百萬名玩家。很多家庭是全家大小整天都在玩，連工作都不做。

二〇二一年，我問幣圈的推廣者，現實世界中有哪些使用加密貨幣的實例，許多人都說是菲律賓。他們說 Axie Infinity 是一種新的就業形式，是解決全球貧窮問題的潛在萬靈丹。它充分示範了有些人所謂的 Web3：用戶擁有自己的資料並在區塊鏈上追蹤資料，而不是由臉書之類的大型科技公司掌控資料。有些人甚至告訴我，有朝一日，我們可能都在區塊鏈上擁有自己的社群媒體檔案並從中賺錢，就像菲律賓人使用遊戲中的那些團狀生物一樣。

不過，在SLP幣的價格崩盤後，我就再也沒有聽到 Axie Infinity 的消息了。我開始納悶，菲律賓發生了什麼事？我覺得，無論發生了什麼，都是在預示著加密貨幣的未來。看來，是時候去找出 Axie Infinity 背後的真相了。

第13章

菲律賓，一場夢幻泡影

區塊鏈遊戲 Axie Infinity 的熱潮，始於一則臉書廣告。

在馬尼拉以北約一百一十三公里的一個炎熱、塵土飛揚的城市裡，一個二十八歲的年輕人看到那則廣告。他名叫阿瑟．拉皮納（Arthur Lapina），朋友都叫他阿阿（Art Art），他身材圓圓胖胖的，留著平頭，戴著眼鏡。

二〇二〇年三月，甲萬那端市（Cabanatuan City）就像世界上的多數地方一樣，在全球爆發新冠疫情後進入封城狀態。封城意味著拉皮納失業了，他原本在酒吧擔任助理廚師，負責切豬耳朵與豬頰肉以製作鐵板豬肉料理（sisig）等其他酒吧小吃。

臉書廣告中的彩色生物 Axie，引起了拉皮納的注意，Axie 是以墨西哥城特有的一種奇怪蠑螈為設計原型，一位作家貼切地把 Axie 描述為「歡樂的筒襪」[1]。拉皮納本來就很愛玩手機遊戲，他正在尋找新的消遣。他單身，封城導致他大部分時間都困在他與全家人一起生活的木屋裡。屋子不但會漏水，還搖搖晃晃。百般無聊的他，點擊了那則廣告。

雜貨店與加油站，開始接受「平滑愛情魔藥幣」

玩過《寶可夢》（*Pokemon*）或《魔法風雲會》的人，應該都很熟悉拉皮納下載的那款遊戲機制。以三個 Axie 組成一個團隊（那些 Axie 都有可互換的身體部位），然後與其他生物戰鬥。拉皮納曾涉足加密貨幣領域，所以這個遊戲需要先支付代幣以購買團隊的規定並未嚇跑他。他付了約一百五十菲律賓披索（約二．五美元）後，就開始戰鬥了。

相較於拉皮納以前玩過的免費手機遊戲，這款遊戲並沒有比較好玩，但可以打發時間，打贏時還可以賺到少量的遊戲加密貨幣。這種貨幣有個奇怪的名字：平滑愛情魔藥幣（SLP幣），可用來繁殖更多的 Axie，而且可以拿到一些加密貨幣交易所交易。當時每個SLP幣（它的圖示是一個圓底燒瓶，裡面裝著粉紅色的液體）只值約一美分，拉皮納並不在意，他喜歡絞盡腦汁制定戰略來打敗對手，看著自己的名字在遊戲榜上節節攀升。

那年夏天，SLP幣的價格開始攀升，拉皮納的收益也隨之增加。他開始告訴朋友，他找到一種賺錢的方法，只要玩手機遊戲，就能每天賺幾美元。朋友聽了以後都躍躍欲試。當時城市裡的商店全面歇業，成千上萬台三輪車積滿了灰塵，多數人失業中，家家戶戶都缺錢，市府不得不發放糧食補給：米、沙丁魚罐頭、牛肉罐頭。

拉皮納的新發現很快就傳開了，有些市民開始請他幫忙購買Axie。一位三輪車夫告訴我，她先向高利貸借錢，再去請教拉皮納該買什麼Axie。另一位三輪車夫說，他典當了他的三輪車。他說：「我的朋友告訴我，這是不錯的機會。」

於是，錢開始湧入，彷彿拉皮納施展了神奇的魔法，實現了所有市民的願望。甲萬那端市周遭的房子開始加蓋二樓，當地的經銷商賣光了高檔的山葉NMAX摩托車，雜貨店與加油站開始接受客人以SLP幣付款。

大家都很感激拉皮納，他們送速食到他家門口，例如披薩、漢堡，或當地速食連鎖店Jollibee的炸雞。有些人甚至尊稱他為「大師」。

拉皮納開始用賺來的錢購買更多的Axie團隊，還雇用其他市民用他們的手機來玩遊戲，並讓那些人保留遊戲中贏得的六〇%收益。沒多久，就有上百個人為拉皮納玩遊戲，裡面包括教師、他的祖母，甚至還有一名警察，但拉皮納不得不勸那位警察退出遊戲。

與全球經濟互動，真正脫離他們出生的牢籠

其他Axie團隊的主人，也開始雇人幫忙玩遊戲，並在菲律賓的其他城市建立自己的小封地。這

種模式很快就出現在越南、委內瑞拉，以及其他時薪很低的國家。這讓人想起一年前泰達公司的共同創辦人皮爾斯靠《魔獸世界》的中國金農來獲利的模式，只不過這次規模更大。Axie的主人為那些幫他們打工的金農，發明了一種委婉的稱呼：「學徒」（scholar）。到了二〇二一年夏天，Axie學徒已遍布菲律賓各地。

那年八月，菲律賓熱門電視新聞節目主持人潔西卡・蘇和（Jessica Soho）在節目上談Axie時，以菲律賓的他加祿語（Tagalog）問道：「一間房子、一塊地，還有一百萬披索──你玩現在最流行的線上遊戲Axie，就能獲得這一切。但問題是，你確定嗎？」

對於這款遊戲的驚人成長，Axie Infinity的開發商Sky Mavis公司感到意外。這家公司是二〇一八年在胡志明市創立，創辦人包括一位二十五歲的越南程式設計師、一位挪威的電競玩家，以及一位二十七歲的耶魯大學前兄弟會的會長，他畢業後一直在避險基金擔任招募人員[2]。二〇一九年年底，該公司開始用SLP幣支付玩家之前，很少有人下載Axie Infinity這款遊戲。即便後來開始支付SLP幣了，在菲律賓人發現這款遊戲之前，遊戲的成長也很緩慢[3]。

當Axie Infinity在菲律賓流行起來，各群開始呈指數級──創投業者夢寐以求的那種──成長。該遊戲在二〇二一年五月新增六萬一千名玩家，六月增至十三萬九千名，七月四十七萬五千名[4]，到了十月，每天約有兩百萬人玩這款遊戲，他們大都在菲律賓[5]。Sky Mavis公司利用這點，從多家創投業者募集到一・五二億美元，其中包括知名的創投公司安德里森・霍羅維茲（Andreessen

Horowitz），公司的估值達到約三十億美元[6]。

Sky Mavis 的挪威籍共同創辦人亞歷山大・拉森（Aleksander Larsen）在 podcast 上說：「我們認為，這是元宇宙的開端，只是隱藏在一個非常可愛的小遊戲中。我相信 Axie 有潛力深深影響全球，讓人與全球經濟互動，真正脫離他們出生的牢籠。」[7]

幣圈的其他人也注意到 Axie 熱潮，他們都沒有質疑這股熱潮能否持續下去，也不關心錢是從哪裡來的，在他們眼中，這就是加密貨幣未來趨勢的證據。他們想像出一個世界，在那個世界裡，社群媒體的身分檔案可以作為加密資產，每個人都能像菲律賓的 Axie 玩家那樣在網路上賺錢。

「目前為止，大家對加密貨幣的主要批評之一，是它在現實世界中沒有價值、無法應用，但 Axie 讓你重新思考什麼是現實世界的價值。」投資者帕基・麥克米克（Packy McCormick）在他的電子報中寫道。「菲律賓、越南、巴西等地的孩子努力靠 Axie 賺錢，就像申請大學或求職那樣投入，希望能藉此改變人生軌跡。」[8]

SBF的交易所FTX付錢給一群 Axie 學徒，以取得遊戲中的冠名權[9]。該遊戲的其他贊助商包括電視競賽節目《創智贏家》（*Shark Tank*）的評審兼NBA達拉斯獨行俠隊（Dallas Mavericks）的老闆馬克・庫班（Mark Cuban）。YouTube 上有一部談 Axie 的類紀錄片，庫班在片中表示：「世界上任何人都可以玩遊戲，邊玩邊賺。而且當你深入研究那些數字後，會發現它非常合理。」[10]

天天賺八%，人人都是大富翁，直到……

事實上，這些數字毫無道理。

拉皮納告訴我，遊戲熱潮剛出現時，玩家可花約五千披索買一套Axie，每天賺的ＳＬＰ幣約值四百披索。換算成美元的話，相當於投資九十一美元，每天可獲得約七．二五美元的報酬。大多數的玩家會把ＳＬＰ幣轉給比較精明的中介（例如拉皮納），中介把那些貨幣換成泰達幣，然後再拿去加密貨幣交易所換成現金。但即使中介從中抽取一小部分，玩家只要玩幾週遊戲就能回本，然後繼續盈利。

我訪談過的菲律賓人並不覺得這種報酬不合理，但比較精明的投資者會想到，這種投資的每日報酬率是八%——好到令人難以置信。按照這個獲利速度，只要把收益持續再投資十個月，拉皮納和其他購買一套Axie的人，都將成為資產上兆的富豪。

由於全球貨幣供應有限，這表示早在拉皮納和那些玩家晉升為史上最富有的人之前，這款遊戲的經濟注定會崩解。遊戲任務與ＳＬＰ幣的具體機制，基本上一點也不重要。ＳＬＰ幣除了在遊戲中可拿來繁殖更多的生物以外，沒有其他的用途。唯一能讓Axie經濟持續運轉的方法是，吸引新玩家投入。

二〇二一年夏天，ＳＬＰ幣的價格開始暴跌。該遊戲允許無限量供應ＳＬＰ幣，而Sky Mavis

公司可以毫無成本的隨意發行新幣。到了二〇二一年底，已有三十億枚以上的SLP幣流通在外。如果這些燒瓶狀的代幣是真實世界的實驗室燒瓶，那麼這些燒瓶的強化玻璃足以覆蓋馬尼拉大都會區的每一寸土地。

但Axie Infinity發行的SLP幣越多，玩家在公開市場上賣出的SLP幣越多，價格就跌越兇。二〇二二年二月，SLP幣的價格跌破一美分，拉皮納不得不解雇那些學徒。

拉皮納說，二〇二一年夏天業績最好的那週，他賺了約一萬美元——比菲律賓的平均年薪還高。他一直提醒旗下的玩家，SLP幣帶來的財富有可能無法永遠持續下去，但他也沒有聽從自己的意見。他買特製的動漫主題手表給自己與朋友，借錢給任何需要的人，還捐了價值數千美元的食物與盥洗用品給當地一所監獄的囚犯。SLP幣暴跌後，他一無所有。

後來我去他位於甲萬那端市外幾英里處的住家造訪，那是他用遊戲收益蓋的房子。以美國的標準來看，那房子很普通（一般的平房，光禿禿的牆壁，地板鋪著仿大理石的瓷磚），但是對當地人來說，它有如宮殿。我看得出來，那房子在完工前，拉皮納就沒錢了，因為天花板上有幾個大洞。他為祖父母建造的防漏水泥屋也沒有完工，屋頂上有外露的鋼筋，那是原本要用來建造二樓的。

拉皮納原本不想見我，因為前一晚他喝了太多琴酒，不小心臉朝下摔倒，下巴與臉頰上仍有大片擦傷，但他的姑姑說服他，讓他跟我提一下當年勇。我們一起坐在一張黑白條紋的皮沙發上，那是客廳唯一的家具。

「那時我能做的那些事，比如蓋這間房子，就像是一場夢。」他用加祿語告訴我。「我真的不敢相信。」

他告訴我，他曾幫過的人現在都躲著他。他需要籌錢來支付父親的醫療費，但有些人不願借錢給他，因為他們認為他其實很有錢。另一些人不願借他，是怕他沒能力還。我聽到另一個房間傳來另一款「邊玩邊賺」遊戲的主題音樂，但模仿Axie的其他遊戲都無法為他帶來獲利。他說，他仍留著一些SLP幣。

「就當紀念品，讓我永遠記得這件事。」他說。

公司說，等待奇蹟，我們將震撼世界

對Axie Infinity所造成的影響，Sky Mavis公司不認為自己有任何責任。該公司的律師告訴我：「這些區塊鏈資產的交易模式，衍生出Sky Mavis公司無意間促成的投機泡沫，」該公司「從未向Axie Infinity的玩家承諾任何報酬」。對一些遊戲的金農來說，這款遊戲的崩解只意味著一份工作的結束，但許多菲律賓人告訴我，他們把玩遊戲賺來的錢拿去買自己的Axie，甚至借錢來投入遊戲。我在菲律賓的司機派翠克．阿爾坎塔拉（Patrick Alcantara）告訴我，他向小姨子借了約兩千一百美元，結果全賠光了。那是他做過的最大投資，他曾想過要自殺。他說：「我當時好像上癮了。」

在馬尼拉，我拜訪了另一位賠錢的遊戲玩家希拉．奎岡（Shiela Quigan）。她的房子在一條窄巷裡，巷子旁是一條漂浮著垃圾的臭水溝。巷子外，幾個幼兒繞著停駐的三輪車相互追逐，一堆籠子裡養著鬥雞用的公雞，褪色的藍色防水布搭成的帳篷裡，有人正在唱卡拉ＯＫ，我聽到一個女人正在唱一首美國鄉村歌曲：「沒有你，我怎麼活——哦——哦？」

三十八歲的希拉在一家婦女健康機構擔任社區組織者，月薪僅五百美元，少得可憐。為了節省交通費，她平日都睡在辦公室裡。丈夫萊恩是貨車司機，兩人育有一個十一歲的兒子和一個五歲的女兒，一家四口全擠在一個房間裡。這是一個很不安全的生活空間，一九九七、二〇〇八、二〇一七年這種違建都曾因快速蔓延的大火而燒毀。希拉告訴我，她希望在下次火災發生、或被地主以開發為由趕走之前，可以搬到更好的社區。

「地主遲早會把我們趕走。」她說。在屋裡，我可以聽到社區的自助烘衣機發出轟隆聲。

希拉是在Axie熱潮的顛峰期聽到這款遊戲，剛開始她不相信，於是向五個人求證是否真的從遊戲中賺到了錢，也看到他們連續幾個月都有穩定的收益。她估算，只要投資幾個月，她就能賺到足以翻修房子的獲利。於是，她向母親借了約一千五百美元買了一支Axie團隊。這個團隊是由一個毛茸茸的團狀生物、一株植物，以及一個尾巴畸形的海洋生物組成的。

萊恩每天下班回家，就坐在沙發的一端玩上幾個小時的遊戲，希拉則是睡在沙發的另一端。萊恩不讓兒子碰那些生物，說他可能犯錯而影響收益。隨著ＳＬＰ幣的價格下跌，這對夫妻開始爭論要不要停損，賣掉他賺到的三萬枚ＳＬＰ幣。他們始終沒有賣出。希拉說，Sky Mavis 公司發出的樂觀聲明讓她捨不得賣。

「公司說，等待奇蹟，我們將震撼世界。」她說。

希拉告訴我，她和萊恩正考慮去杜拜尋找薪水較高的工作，但她仍然會每天查看ＳＬＰ幣的價格。

「我沒有生氣。」她說，「我依然樂觀的認為，有朝一日它會上漲。」

你不氣，我氣！

希拉也許沒生氣，但我很氣。幣圈人士與矽谷的創投業者把一款模仿《寶可夢》的遊戲吹捧成未來的工作，給菲律賓人帶來虛幻的希望。更糟的是，二〇二二年三月，北韓駭客闖入一家與該遊戲有關的加密貨幣交易所，偷走了價值六億美元的穩定幣與以太幣[11]。美國官員指出，那些竊案幫金正恩支付了彈道飛彈的試射費用[12]。Axie Infinity 沒有為窮人提供賺取現金的新途徑，反而把窮人的積蓄送給了獨裁者去執行武器計畫。

二〇二二年四月，在我造訪ＦＴＸ的巴哈馬總部及狂歡可汗被捕兩個月後，ＳＢＦ在拿騷舉辦了一場加密大會「加密巴哈馬」（Crypto Bahamas），並把它宣傳為「區塊鏈、數位資產及 Web3 領域的頂尖投資者與開發者的獨家聚會」。

正是這些人，把 Axie Infinity 吹捧成未來的願景。我決定去看看，Axie Infinity 的失敗是否讓他們記取了教訓而有所收斂。也許在那場大會上，快速致富的點子會減少，我可以看到更多加密貨幣的實際用途，例如允許全天候交易、加速銀行轉帳，或讓移工以更便宜的方式匯款回家鄉之類的。

或許，我有機會見到泰達公司那個神祕的老闆德瓦西尼，因為他在巴哈馬也有房產。

第14章

龐氏騙局經濟學

我在拿騷的第一個早晨，一輛接駁車停在飯店外，等著載我去巴哈瑪（Baha Mar）。

那是一個有兩千三百間客房的度假村與賭場，SBF正在那裡舉辦「加密巴哈馬」大會。巴哈瑪的房間已經客滿，據傳流行天后凱蒂·佩芮與夫婿奧蘭多·布魯（Orlando Bloom）、四分衛球星湯姆·布雷迪、退役的棒球巨星德瑞克·基特（Derek Jeter）、前總統比爾·柯林頓、前英國首相東尼·布萊爾（Tony Blair）也會搭機前來。我是住在島的另一邊。

我搭車離開飯店時，驚訝地發現竟然還有警察護送。警察騎著摩托車，開著警笛，直接騎過紅燈，比出手勢為我的車子開道。原本堵得水泄不通的車流，像拉鍊般向兩邊分開，駕駛們紛紛把車子開到人行道上讓路給我們。我轉身看是不是柯林頓也在車上，但看到的其他三人，沒有人是前總統。我心想，如果巴哈馬是這樣禮遇我，那麼想一想，他們會怎麼禮遇SBF？

來這裡發光發熱，巴哈馬就是你的歸宿

大會主持人之一安東尼．史卡拉穆奇（Anthony Scaramucci），是個口無遮攔的避險基金經理人，曾短暫擔任川普的白宮通訊聯絡主任，但只做了十一天就被解除職務。他向來不會錯過召開記者會的機會，所以在大會開始前，他就先召集了各媒體的記者。

五十八歲的史卡拉穆奇秀出曬成古銅色的皮膚，臉上光滑得像打了肉毒桿菌一樣。他穿著合身的西裝，梳著西裝頭，頭髮染得烏黑發亮。他告訴我們，FTX有朝一日可能會把所有的股票都變成加密貨幣。他說，這樣一來，星巴克賣拿鐵時，可以順便賣公司股票。

不過，他似乎對幣圈人士的穿著很在意。「這些人實在很邋遢。」他說，「我穿布里奧尼（Brioni）西裝來這裡，這些傢伙卻穿著露露樂蒙（Lululemon）的褲子*。這些人正走向未來，卻是我這輩子見過穿得最糟的人。」

大會開始時，巴哈馬總理戴維斯登台演講，並邀請現場觀眾像SBF那樣移居巴哈馬。戴維斯說：「如果你在幣圈看到自己發光發熱的可能，那麼巴哈馬就是你的歸宿。各位先生女士，巴哈馬誠摯地歡迎您。」

當天上午稍後，作家麥可．路易士（Michael Lewis）登台訪問SBF與一位幣圈的創投業者。我從小讀路易士的書長大，從《老千騙局》（*Liar's Poker*）到《大賣空》（*The Big Short*），他的書

讓我學到華爾街如何用次貸債券摧毀全球經濟，我很高興能有機會聽到他對加密貨幣的看法，聽說ＳＢＦ是他下一本書的主角。

路易士看起來像預校（prep school）校長，穿著藍色尖領的西裝外套和帶有藍色點綴的白色鈕領襯衫，蓬鬆的頭髮完美的旁分。他稱讚ＳＢＦ時，聽起來就像在頒獎給明星學生似的。

「三年前，沒有人知道你是誰，而今你登上雜誌封面，成了億萬富豪。你的公司又是史上發展最快的事業之一。」路易士說道，現場觀眾響起了掌聲。「你崛起的速度打破了紀錄，我想，大家還沒有真正注意到發生了什麼事，沒發現這場革命有多麼戲劇性。」

路易士一邊說，ＳＢＦ穿著銀色 New Balance 運動鞋的腳一邊抖個不停。有時他會用手肘壓著雙腿，彷彿是要讓腳維持不動。路易士似乎把ＳＢＦ視為另一個喜歡講真話、顛覆體制、特立獨行的人，他向來喜歡寫這種人物的故事。但他提出的問題，似乎與他的記者身分不符。在座無虛席的會場上，我開始懷疑路易士究竟是真的在寫書，還是ＦＴＸ付錢請他來（路易士後來告訴我，他是為了寫書來這裡取材，沒有收取任何酬勞）。

路易士說他對加密貨幣幾乎一無所知，但他似乎確信加密貨幣很棒。他說，大家普遍認為加密

＊譯註：Brioni 是義大利高級精品品牌；Lululemon 是加拿大運動服品牌。

貨幣很適合拿來犯罪，但事實不然。他認為美國監管機構之所以對加密產業懷有敵意，是因為他們被那些華爾街大銀行洗腦或收買了。我感覺他對無數的加密貨幣騙局一無所知，但這樣講又似乎不太可能。

路易士說：「你看看現有的金融體系，再看看幣圈在現有金融體系之外所打造的東西，會發現幣圈的版本更好。」

ＳＢＦ出席的幾場活動，也同樣空洞。他與布萊爾及柯林頓同台受訪時，講得沒頭沒腦。柯林頓一度還像個慈父般的伸手過去支持他（據報導，柯林頓至少收了二十五萬美元的出場費）[1]。他與超模吉賽兒・邦臣（Gisele Bundchen）聊慈善事業（兩人曾一起為ＦＴＸ拍廣告，刊在《Vogue》與《ＧＱ》等時尚雜誌上），與邦臣的丈夫布雷迪聊領導力，說的都是一些陳腔濫調。

「贏這麼多，你會覺得無聊嗎？」主持人問。

「我有點麻木了。」ＳＢＦ說。

「我可永遠不會覺得贏是件無聊的事。」布雷迪說。

看，我花八塊錢買的，現在一百萬了

看到那麼多我崇拜的人，被ＳＢＦ拉攏來推廣加密貨幣，我滿難過的（我後來得知，ＦＴＸ付給布雷迪與邦臣的代言費約六千萬美元）[2]。除了路易士、柯林頓、布雷迪（我讀高中時，曾在超級盃遊行上為他歡呼），還有我最喜歡的喜劇演員拉里・大衛，他為ＦＴＸ拍了超級盃的廣告，以及帶領我家鄉的紅襪隊贏得八十六年來首次世界大賽冠軍的大衛・歐提茲（David Ortiz），他在ＦＴＸ的電視廣告中說：「哦，兄弟，我要加入！」

相較於邁阿密那些比較平民化的比特幣大會，參加ＳＢＦ這場大會的人少了那種近乎宗教的狂熱。這場大會的與會者分三種，第一種是創投業者，他們很早就投入幣圈，看著他們購買的加密貨幣漲到荒謬的價格，現在相信他們可以預測未來。第二種是加密新創公司的創辦人，他們募集了數百萬美元的資金，似乎相信自己那套創造金融未來的誇大說法。第三種是程式設計師，他們對幣圈能做的新事物充滿了新奇點子，但從來沒停下來思考這項技術是否真的實用。

在一場為「頹廢垃圾熊貓」（Degenerate Trash Pandas）專案所舉辦的派對上，我問一位程式設計師，加密貨幣對一般人是否有幫助。「為什麼你覺得這很重要？」他以非常誠懇的語氣對我說，「我真的很想知道。」

在記者室裡，我看到人稱「奇妙先生」（Mr. Wonderful）的《創智贏家》評審凱文・奧利里（Kevin O'Leary），他正以電動刮鬍刀打磨他那已經閃閃發光的頭頂，準備上電視（他收了一千五百萬美元為ＦＴＸ代言）。我也看到幾年前我調查過的一個紐約人，他有時化名為「吉姆・史塔克」（Jim Stark），但他的真名是安德魯・馬桑托（Andrew Masanto），消費者曾對他提起了三起訴訟，指控他涉入一種號稱可神奇治療脫髮的「植物幹細胞」技術（他否認涉案）[3]。我尷尬地向他再次自我介紹後，他告訴我，他正在打造一個「Web3 社交平台」並協助開發了一種熱門的加密貨幣。我查了一下那個平台的市值，發現它差不多有四十億美元。

透過FTX的公關人員，我約訪了幾位與會者，其一是雪崩實驗室（Ava Labs）總裁約翰・吳（John Wu）。該公司經營熱門的區塊鏈「雪崩鏈」（Avalanche）。這場大會上如果真的有頭腦清醒的人，我想應該就是他了。兩週前，該公司募集到資金，使公司估值達到五十億美元。吳現年五十一歲，學經歷包括康乃爾大學、哈佛商學院，曾在大型避險基金「老虎全球管理」（Tiger Global）工作過一段時間。

但我們坐下來後，他和一位同事就向我吹噓他們的區塊鏈上，有一款類似《塞爾達傳說》（*Zelda*）的邊玩邊賺遊戲，不到一個月就吸引了四萬名玩家。他們說那款遊戲可以教大家 DeFi，並讓他們獲得高報酬。這聽起來很像 Axie Infinity。我不敢相信，在 Axie 崩垮後他們竟然還能夠面不改色的推銷這種遊戲。

「現在你可以在 DeFi 中獲得一〇%的報酬，」吳說，「你可以成為真正的自由工作者，確實有人辭掉了工作。這不是魔法，如果你知道你在這裡做什麼，你就可以改變生活。」

邁克・華格納（Michael Wagner）是太空主題加密遊戲《星圖》（Star Atlas）的開發者，他舉 Axie Infinity 作為概念驗證（proof of concept）的例子。《星圖》不是買什麼虛構的彩色生物或

SLP幣，而是購買宇宙飛船NFT來賺取星圖幣（ATLAS）。他告訴我，他已經賣出近兩億美元的宇宙飛船NFT，但當我問他，能不能讓我玩一玩這款遊戲時，他卻說遊戲還不存在。他號稱已經賣出宇宙飛船，但卻說至少還要等五年，遊戲才會開發完成[4]。「目前仍處於非常早期的階段。」他說，「我們相信這個遊戲可以帶來數十億名玩家。」

另一位加密貨幣公司的主管給我看了一張球鞋的數位圖案，當初他以八美元購入，他說現在的價值已經漲破一百萬美元。他告訴我，最近這些虛擬運動鞋的擁有者都收到了一個盒子的圖案，那個盒子本身就值三萬美元。他打開盒子時，發現裡面有另一張數位球鞋圖及另一個盒子，它們各有其價值。

「這是一個永無止境的龐氏騙局，」他開心的說。「這就是我所謂的龐氏經濟學（Ponzinomics）。」

駁斥鬼扯，比鬼扯累好幾倍

加密貨幣在「現實世界」中最流行的應用，似乎是一款名為Stepn的應用程式。它追蹤用戶的運動，用戶只要走路或跑步就能獲得「綠聰幣」（Green Satoshis）。用戶必須先購買虛擬球鞋，價格為五百美元或一千美元。

這絕對是*Axie Infinity*的翻版，但似乎沒人在意。當時有位作家造訪了FTX的總部，他發現

ＦＴＸ的員工在停車場上走來走去，以便在 Stepn 中賺取綠聽幣[5]。製作這款 app 的公司每月獲利約四千萬美元[6]。

我透過 Zoom 視訊詢問 Stepn 的共同創辦人榮洋（Yawn Rong，音譯）：「批評者說這是龐氏騙局——他們可能對許多案子都這麼說——你怎麼看？」我盡可能用有禮貌的語氣問他。

三十七歲的榮洋曾在澳洲做瓷磚批發商，他並沒有覺得被冒犯，而是立即承認兩者的相似之處。他說：「沒錯，這是一個龐氏架構，但不是龐氏騙局。」

他解釋，在真正的龐氏騙局中，主謀必須處理「詐騙資金」。但他會提供球鞋給用戶，只從每筆交易中抽成一小部分。他說：「用戶之間互相交易，不是透過我。」基本上，他的意思是，幣圈用戶下載 Stepn app 並透過運動來賺取綠聽幣，是自己搭建龐氏架構給自己使用。

我突然意識到，我所聽過的每家加密公司，幾乎都是寫成一篇調查報導的好素材。但是，要系統化的收集事實來反駁他們的荒謬論點，我光想就累了。這讓我想起義大利程式設計師阿爾貝托・布蘭多里尼（Alberto Brandolini）自創的「鬼扯不對稱原則」（bullshit asymmetry principle），可以用來形容網路時代揭穿謊言的難度。他在二〇一三年寫道：「駁斥鬼扯所需的能量，是製造鬼扯的好幾倍。」

在訪談的空檔，我一直在找ＳＢＦ的夥伴尼夏・辛。第一次見面時，他對我的奉承就收買了我的心。但我始終沒在現場看到他，我想像他也因為現場這些糟糕的商業計畫而大為惱火。我本來希望能見到ＦＴＸ的當家程式設計師王紫霄，或ＳＢＦ在簡街的前同事、現為阿拉米達負責人的卡洛琳・艾莉森，但一樣不見他們的蹤影。

好吧，我在搞龐氏騙局，而且還是門好生意

「加密巴哈馬」大會前一天，ＳＢＦ算是承認了加密產業大都是建立在鬼扯之上。當然，他不是在台上承認的，而是在《金錢大小事》的專欄作家萊文所主持的podcast上[7]。

萊文問了一個有關「流動性挖礦」（史東在攝氏網上使用的投資技術）的問題，ＳＢＦ在試圖解釋如何運作時，多多少少也說明了如何運作一個加密龐氏騙局。

「你先設立一家公司，創造出一個盒子。」ＳＢＦ說。「然後把它塑造成一個可以改變生活、改變世界的協議，例如三十八天內會取代所有大銀行之類的。現在或許可以暫時忽略它能做什麼，或假裝它什麼都不做。」

ＳＢＦ說，這個盒子幾乎不費什麼功夫就能發行新代幣，而新代幣可以分享盒子的利潤。ＳＢＦ說：「當然，目前為止，我們還沒給出一個令人信服的理由，說明為什麼這個盒子會有任何收益，但也許以後會有。」

萊文說，這個盒子和它的「代幣」應該一文不值。ＳＢＦ並未反駁，但他說：「在我們這個圈

子裡，如果你這樣做，每個人都會說：『哦，很酷。』」好奇的人會開始購買代幣，盒子可以開始向那些把錢投進去的人發送免費的代幣，就像Axie以SLP幣獎勵玩家一樣。加密貨幣的投資者會發現，把錢放在盒子裡比放在銀行裡的收益更高。SBF說，不用多久，盒子裡就會塞滿好幾億美元，代幣的價格也會上漲。「這是一個很酷的盒子，對吧？這是一個有價值的盒子，從大家決定應該把所有錢都投入盒子裡就可得知。我們憑什麼說他們錯了？」SBF說，老練的玩家會把越來越多的錢投進盒子裡，「然後它會變得無限大，於是每個人都有錢賺。」

「我以為我講話已經夠直白了，」萊文說，「但你這樣講比我更直白，你根本是在說，好吧，我在搞龐氏騙局，而且還是門好生意。」

SBF說，萊文的反應很正常，「我想，你要這樣講也不全是錯的……」他說著說著，聲音越來越小。

SBF如此坦率，我並不訝異，但也讓我對於自己先前寫的報導感到不安。因為在那篇報導中，我把焦點放在他是否真的會把獲利捐出去，對於加密產業的詐騙本質沒有太多著墨。

我設法在記者室外約了SBF做一場簡短的訪談。

「我是否對你太手下留情了？」我問道。

「也許吧。」他說。幾分鐘後，他跑去和湯姆．布雷迪共進午餐。

反正你大賺特賺，管他有沒有支撐？

眼看著加密巴哈馬大會如同一座巨大的鬼扯火山，猛烈地噴出一個個鬼扯點子，我越想越覺得泰達公司就是這座火山的熔岩核心。每一個計畫都依賴像FTX這樣的交易所，讓投資者能夠買賣它們的加密貨幣，而這些交易所又依賴泰達幣以連結真實的美元。沒有泰達幣，這整個經濟體系可能永遠都發展不起來。

我所採訪的人似乎都不太關心泰達公司的錢在哪裡，或泰達幣的背後是靠什麼在支撐著。這其實是可以理解的：當你靠著毫無支撐的加密貨幣大賺特賺時，你會花時間擔心泰達幣真如它所宣稱的那樣有美元支撐，還是會去跟凱蒂．佩芮、奧蘭多．布魯等明星開派對狂歡呢？儘管如此，我認為他們都忽視了一個對整個加密經濟體系不利的風險。

加密創投業者凱爾．薩馬尼（Kyle Samani）告訴我：「做空泰達幣的人都是白痴。」他的創投基金從索拉納幣（Solana）賺了數億美元[8]。「它是真實的、合理的，他們不懂這個系統，但我並不擔心。」

我一直希望，有機會能在這裡見到泰達公司的神祕老闆德瓦西尼。這場大會的地點離他在巴哈馬的房產僅有幾英里，而且他所有的大客戶都在這裡。但我沒看到他，也沒看到泰達公司的任何員工。

德爾泰克銀行是這場大會的主要贊助商之一，泰達公司把部分資金存在這家銀行。我很高興在度假村的草坪上遇到該銀行的董事長尚恩・夏洛潘。我去他的辦公室採訪過他之後，我們一直保持著聯繫。他定期到紐約出差時，我們也會見面喝一杯或共進早餐。我很喜歡和這位法國銀行家聊他製作的動畫《G型神探》的那些日子，並想辦法讓他透露一點泰達公司的線索。他似乎也很喜歡聽我的故事，雖然有時我也懷疑他是不是在幫德瓦西尼監視我。

我問夏洛潘，為什麼泰達公司沒有人來參加這場大會，他告訴我，其實泰達公司有派一個代表來：執行長方雋哲（Jean-Louis van der Velde）。

我不存在，而你被操控了

方雋哲是五十九歲的荷蘭人，住在香港，德瓦西尼從事電子業時，兩人就共事過。如果說德瓦西尼像個隱士，方雋哲就是個幽靈。他從不接受採訪，鮮少在公開場合露面，因此有些特別懷疑泰達幣的人臆測，根本沒有方雋哲這號人物。

我聽說方雋哲的職稱幾乎沒什麼分量，因為他總是對真正的老闆德瓦西尼言聽計從。儘管如此，他可能知道泰達幣究竟有沒有準備金。夏洛潘告訴我，他或許可以幫我引見，但我講話必須特別小心。他發簡訊給我：「把他們想像成被暴打受傷的動物，你需要慢慢去接近他。」

大會最後一天，夏洛潘打電話給我，要我在會場外的走廊上跟他碰面。我走近他時，看到一個高個子男人，銀髮梳向右側，前額垂下一縷髮絲。

「你要是搞砸了，我會宰了你。」夏洛潘笑著說。

我向那個高個子伸出手，「很高興終於見面了……」

「那個不存在的人。」方雋哲說。

方雋哲和我約好了隔天見面後，先行離開。在大會現場，大型加密公司的主管被當成名人看待，但方雋哲不一樣，他離開時，沒有人上前去找他。

翌日，我們在巴哈瑪度假村的一個酒吧再次碰面，除了我們兩個，酒吧裡空無一人。他穿著白色馬球衫（左胸位置繡著三個X）、藍色牛仔褲與藍色球鞋。臉上皺紋分明，鼻子很大，鼻尖附近有個小凹痕，看起來像駕駛高級包租遊艇的挑剔船長。

「我討厭賭場。」我們走進酒吧時他這麼說。他把眼鏡折疊好，收進一個拇指大小的盒子裡，在小沙發上坐下來，點了一杯氣泡水。

方雋哲告訴我，他之所以避開媒體，也避免在大會上演講，是因為擔心家人的安全，而不是因為他有什麼要隱瞞的。他說自己是陰謀論的受害者，有強大的勢力正聯合起來要傷害他與泰達公司。推特上有一些匿名發文者在散布謊言，媒體跟著又傳播那些謊言。他暗示，六個月前我在《彭博商業周刊》發表的那篇關於泰達的報導，就是這整個大陰謀的一部分。

「你今天來這裡和我見面，也是被操縱的。」他緩緩地說。

接下來的三個小時，方雋哲一直兜著圈子說話，暗示他在告訴我一些關於泰達公司的事情，卻又不直接說出來。他說，如果沒有泰達公司，我們所知道的加密產業就不會存在。按照他的說法，泰達公司是在銀行不願為交易所處理金錢時，為交易所提供取得金錢的途徑，但泰達公司也為此付出了代價。

我問他，既然大家對泰達公司的指控，給公司造成如此大的傷害，為什麼他不乾脆講清楚，告訴我泰達公司的生意是怎麼運作的，以及它的錢在哪裡，問題不就解決了？我告訴他，就像SBF讓我跟在他身邊，看他怎麼工作，而且他對自己的事業似乎很公開。方雋哲聽了似乎有些惱火，他暗示，泰達公司有一些事情是他無法透露的。

「你沒有在戰場上受過傷，當然可以輕易邀請記者來辦公室參觀。」他說。「泰達公司拯救了整個產業，我們不得不扛起那些沉重的負擔。SBF可以像白紙一樣從頭開始，從來不需要處理任何包袱。」

方雋哲說，他連跟我說話都是在冒險。《金融時報》有一篇報導質疑他的履歷，讓他很生氣[9]。該報導指出，他經營的一家中國電子產品出口商，已被政府列入「嚴重違法失信」名單，還說他曾在一家香港公司擔任業務員，該公司宣稱其產品可以讓抽菸對身體有益：「如果你抽菸時，把菸蒂浸入VitaCool中，高達八〇%的尼古丁會轉化為維生素。」[10]

但他說，他是誠實的商人。他告訴我，他在另　家電子公司上班時，創投業者曾要求他修改財務預測，讓數字好看一些，好幫他們募集到更多的資金，但被他拒絕，害他遭到解雇。他說：「一旦你開始說謊，謊言遲早會反過來咬你　口。」

方雋哲跟我說，他不在乎錢，還講了三次。他甚至說，他根本不喜歡思考金錢。對於一個經營一家發行新型貨幣公司的人來說，這樣說實在很奇怪。「區塊鏈的重點不是錢。」他說，「那些年輕人只想賺到第一個一百萬，然後買法拉利，我一想到就難過。」

他堅稱，批評泰達幣的人都是陰謀論者，看到黑影就開槍，妄下結論。但針對那些批評者，他自己也提出一套複雜的陰謀論。他不希望我相信報紙上寫的東西，但他希望我接受他的保證，相信泰達幣是安全的，卻又不給我任何額外的證據。

「信任，確實是現在人與人之間最大的問題。」他一邊說，一邊把身體往前晃。

幾個小時下來，我們始終沒有觸及真正的問題。每當我問到泰達幣的細節及其背後的支撐時，他都閃爍迴避。我可以聽到賭場裡吃角子老虎機贏錢時，機器響起中獎鈴聲以及大量硬幣嘩啦嘩啦落下的聲音。我告訴他，我想跟德瓦西尼談談。

他說，他覺得德瓦西尼不會想要見我。

輸到脫褲子，再繼續買更多

我不確定該如何看待這第一次與泰達公司代表面對面接觸，方雋哲給人一種力不從心的感覺，彷彿他從沒想過自己竟然會成為一家公司的執行長、掌控八百億美元以上（據傳）的資金。他把大家對泰達幣的質疑，都歸咎於陰謀論，這實在很荒謬，因為正是泰達公司長久以來的謊言才啟人疑竇。不過，方雋哲看起來也不像什麼犯罪主謀就是了。

我回到紐約布魯克林，腦中一再浮現我在那場大會上的另一次對話。我無意間聽到，有一場泳池派對將在一個封閉的度假村別墅舉行，那場派對和「索拉納猴事業」（Solana Monkey Business）眾籌專案有關。我要求參加派對時，主辦人告訴我，我對加密貨幣的很大一部分都不了解，我不禁同意，他說的可能沒錯。

所謂「索拉納猴事業」是一組像素化的猴子圖片，共五千張，這些猴子戴著帽子，貌似一九八〇年代任天堂一款虛擬遊戲中的角色。幣圈稱之為NFT或「非同質化代幣」。這個市場跟著其他的泡沫一起大漲，二〇二一年價值數百億美元的NFT易手[11]。它們與幣圈連結，是因為每個猴子圖像的所有權都登記在區塊鏈上。這表示，有史以來第一次我們可以辨識數位圖像的擁有者是誰。

幣圈稱之為「數位藝術」，還說NFT很快就會像文藝復興時期的頂級畫作那樣珍貴。目前為止，大多數的NFT都是一些缺乏想像力的衍生性卡通圖案，買家可以把它們用在社群媒體上的頭像。即便如此，它們依然以貴得離譜的價格交易。連名人也搶著購買，以作為他們在推特的頭像。

我想參加的這場巴哈馬派對，只對擁有「索拉納猴事業」NFT的人開放，而最便宜的NFT，要價兩萬五千美元——就算是某個超高檔度假村游泳，這個價格也太貴了。

於是，我發訊息給四十歲的派對主辦人派翠克．隆尼（Patrick Loney），告訴他我只有價值六百美元的加密貨幣（我曾經為了參加另一個派對而買了一些索拉納幣，但沒去成），我問他能不能給我一張記者通行證。他拒絕，還指責我不夠認真。

「如果你只在加密貨幣上投資六百美元，怎能指望寫出一本關於加密貨幣的書呢？」隆尼說。

我告訴他，對作家來說，寫總統政治而沒當過總統，或是寫棒球而打不中快速球，都是很常見的。但他不鳥我。

「他們花大錢買侯子（monkes），是因為他們有信心。」隆尼發簡訊給我，用了那個在網路上已經變成圈內笑話的錯別字，「大舉投資加密貨幣，輸到脫褲子，再繼續買更多，最後海撈一票，在這個過程中學習貨幣政策與技術，結交有相同經歷的夥伴。」

起初我以為隆尼又在吹捧猴子，但後來我想，或許他說的有道理。也許只當一個觀察者而不是參與者，讓我沒注意到加密貨幣的某些特質。也許不在意泰達公司說謊，不去想整個產業建構在詐騙基礎上，會讓我的調查過程更有趣。

我必須親自去看看。但要花幾千美元買一個圖檔，我可不想買我從未聽過的猴子，更別說是拼錯字的 monke。我想要頂級的猴子，那種饒舌歌手、演員、運動明星都在買的NFT，那肯定就是無聊猿遊艇俱樂部（Bored Ape Yacht Club）。

第15章

孩子，我買了一隻猿

二〇二二年一月，也就是「加密巴哈馬」大會的三個月前，名媛芭黎絲．希爾頓（Paris Hilton）坐在洛克菲勒中心6B攝影棚（Studio 6B）的一張扶手椅上，身後背景是曼哈頓的天際線，準備上吉米．法隆（Jimmy Fallon）主持的《今夜秀》（*The Tonight Show*）。希爾頓穿著一件閃閃發光的青檸色洋裝，大波浪金髮在頭頂紮了個大馬尾，然後分成兩股髮流往下延伸到腹部。在分享了一些她最近的婚禮照後，她與法隆開始談論他們近日從無聊猿遊艇俱樂部購買的NFT。

「我買了。」法隆說，「上次你教我之後*，我買了一隻猿。」

「我也買了一隻。」希爾頓說，「因為我看到你在節目中訪問畢普（Beeple）**，你說你是在MoonPay上買的，所以我也跟進，做了同樣的事情。」

「真的？」法隆故作驚訝的說。

「這是你的猿。」法隆邊說邊拿出一張裱框的照片，照片上是一隻戴著墨鏡與遮陽帽的猿。她為此花了約三十萬美元。

「是啊，這真的很酷。」希爾頓說。

「我們都加入同一個社群了。」法隆說，「我們都是猿。」

「我喜歡。」希爾頓說，語氣有點敷衍。

「這是我的猿。」法隆說。他看起來很認真，近乎嚴肅，拿出另一張列印出來的卡通猿圖案。那隻猿戴著紅心鏡框的太陽眼鏡、船長帽，穿著條紋水手衫，花了他二十二萬美元。

這段尷尬的訪問，充滿了多層次傳銷的業配感，很難想像法隆或希爾頓竟然花幾十萬美元去買猿猴卡通圖像，也很難相信他們的代言真的會吸引其他人跟著購買。

然而，節目播出不到三個月，最便宜的無聊猿價格已經飆漲到四十一萬美元。許多名人也買了，有職業運動員金州勇士隊的球星史蒂芬・柯瑞（Stephen Curry）、俠客・歐尼爾、美式足球球星德茲・布萊恩特（Dez Bryant）及馮・米勒（Von Miller）、巴西足球明星內馬爾（Neymar）；有饒舌歌手史努比狗狗（Snoop Dogg）、阿姆（Eminem）、波茲・馬龍（Post Malone）；有知名DJ史帝夫・青木（Steve Aoki）、迪波洛（Diplo），以及電音天團老菸槍雙人組（The Chainsmokers）等等。歌手小賈斯汀（Justin Bieber）為他的猿付了一百三十萬美元，演員葛妮絲・派特洛（Gwyneth Paltrow）也買了一隻。在推特上，許多買家把頭像換成他們買來的猿。

對這些名人來說，這是一種用來展現他們了解最新投資趨勢的方式，即使這是一種可疑的榮耀。對幣圈人士來說，這是擠進名人圈的管道。對華爾街的人來說，這是一石二鳥的方法，雖然給人一種假掰感。一位前高盛銀行家告訴記者：「這是一種展現你是 Web3 原生族群的方式，表示你很酷。」[2]聽起來，他根本不是。

你是 degen——degenerate gambler（墮落賭徒）——嗎？

關於ＮＦＴ，有一個常見的誤解：買家擁有一個獨特、可驗證的數位圖像。事實並非如此，任何人都可以對小賈斯汀的猿直接按滑鼠右鍵，把圖檔下載到自己的電腦。複製品與價值一百三十萬美元的原版根本無法區分，都可以用來當頭像。無聊猿的買家花數十萬美元所買到的，並不是一張數位猿卡通圖樣，而是證明自己有能力花數十萬美元買數位猿卡通。

回想一下那個雲端上的 Excel 試算表：區塊鏈。假設它除了追蹤每個人擁有多少比特幣或以太幣之外，還能追蹤誰擁有哪張數位猿圖片呢？ＮＦＴ藉由增添一欄來做到這點：

	以太幣	無聊猿
齊克	103	#2,735

*譯註：希爾頓前一年上《今夜秀》時，在節目中解釋了什麼是ＮＦＴ。

**譯註：美國數位藝術家，本名邁克·約瑟夫·溫克爾（Michael Joseph Winkelmann），以銷售ＮＦＴ聞名。

區塊鏈甚至沒有儲存實際的圖檔，它只包含一個指向那個圖檔的指標，而圖檔則是存在網路上的其他地方。以上面的試算表為例，我的那一行會有一個指向無聊猿 #2,735 的連結——一隻戴著軍用頭盔與心形鏡框眼鏡的猿圖。任何人都可以查看或下載這隻無聊猿的圖案，但只有我才能用區塊鏈來證明我擁有它。

這也許聽起來沒什麼，但在幣圈蓬勃發展時期，擁有權帶來炫耀的資格，大家都在較量口袋深度。最頂級的讚美詞之一，是 degen——這是 degenerate gambler（墮落賭徒）的縮寫*。希爾頓上《今夜秀》時，NFT的價格已經漲翻天，許多幣圈投資者、名人、好萊塢經紀公司、頂級藝術拍賣行都稱NFT是藝術、文化及電玩的未來。

大多數NFT是成千上萬個圖檔的集合，這些圖檔可作為頭像使用。這讓擁有者更容易拿出來炫耀，而且有那麼多幾乎相同的東西，讓交易者更容易下注購買。CryptoPunks 是最早出現的NFT收藏之一，二〇二〇年的交易價格不到一千美元，但二〇二一年初已經漲破四萬美元。

NBA也開始把籃球精采片段當成NFT出售，這種NFT的功能就像數位球卡一樣，交易非常熱絡。二〇二一年三月，《華爾街日報》一篇報導刊出一張二十七歲年輕人的照片，他靠炒作這些NFT賺了一千五百萬美元[3]。

同月，佳士得拍賣行推出最熱門的NFT藝術家畢普的拼貼畫。畫作看起來很幼稚，且常帶有厭女傾向（想像一下，長著陽具的希拉蕊．柯林頓，或穿戴著假奶的川普），卻在NFT世界裡大獲好評。「我把自己的人生分成兩個階段：『畢普前』與『畢普後』。」[4]佳士得數位部門負責人諾亞・戴維斯（Noah Davis）表示，「就像世界以『耶穌基督前』、『耶穌基督後』來劃分一樣。」**畢普那幅拼貼畫以六千九百萬美元成交。

許多人看到NFT的售價後，也開始製作自己的NFT系列。自製NFT不用花多大的心力，買家不太在意圖像是什麼樣子，他們只想早點投入下一個CryptoPunks。一套名為Pixelmon的NFT還沒對外公布圖像（其實看起來像融化的樂高動物），就募集到了七千萬美元[5]。另一套名為Loot的NFT則是完全跳過了藝術創作的成分，賣出八千張黑色方塊搭配白色文字的圖像，上面列出大家可能在《龍與地下城》風格的冒險遊戲中會用到的物件名稱，比如「魔杖／鎖子甲／惡魔王冠」之類的。除了文字之外，沒有遊戲，Loot也沒有承諾要製作一款遊戲，但NFT收藏者都為之瘋狂，盛讚這種開放式設計，可以讓社群自己決定用這些物件來打造自己的東西。每個方塊的售價，很快就飆破八萬美元。

幾個月下來，似乎任何稍有名氣或對加密貨幣略有了解的人，都能靠銷售NFT發大財。那比二〇一七年做ICO還要容易。推特的共同創辦人傑克・多西（Jack Dorsey）以兩百九十萬美元賣

---

*譯註：指在幣圈追求高風險投資的人。

**編按：西元即基督紀年，以當時認定的耶穌出生年為紀年開始，在此之前為紀元前。

出他第一則推文的NFT圖像。一個在網上販售罐裝屁而出名的女士，開始改賣她的罐裝屁NFT。她的宣傳口號是「想像一下那氣味」[6]。

非常可笑，但他們非常認真

二〇二一年四月發行的無聊猿，是一套猿猴卡通圖像，共一萬張，每一張看起來都像法隆或希爾頓買的數位猿。有的猿抽著菸斗，有的穿夏威夷衫。「Aping in」變成一個俚語，意指不經研究就下大注[7]。他們把無聊猿遊艇俱樂部的成員，定位成未來的加密百萬富翁——他們太有錢了，除了玩樂，對其他一切都不在乎。

起初，無聊猿並沒有大規模的行銷推廣，它的四位創作者也名不見經傳。事實上，他們都使用化名，對自己的真實姓名完全保密。其中一人化名為高登．戈納（Gordon Goner），另一人化名為賈不妙（Gargamel）。他們委託幾位以前沒沒無聞的藝術家創作那些卡通圖案，他們在推特上宣布銷售無聊猿時寫道：「來和我們一起瘋猿吧。」並加上骷髏頭、猴子及帆船的表情符號。

不過，相較於當時NFT普遍沒什麼設計感的低標來看，無聊猿算是設計得還不錯。一萬隻猿猴以每隻兩百二十美元的價格，全部售罄。不到一個月，最便宜的猿猴已經漲到一千美元，之後，價格開始一路狂飆。無聊猿的成功，引發了連串的猿猴模仿者，那個把我拒於門外的巴哈馬泳池派對主辦「索拉納猴事業」就是其一。

無聊猿的創作者也開始推出更多的NFT系列，例如無聊猿狗窩俱樂部（Bored Ape Kennel Club，陪伴無聊猿的狗狗），之後又推出變異猿遊艇俱樂部（Mutant Ape Yacht Club，一些看起來像被核輻射融化的醜陋猿）。

發行了五個月之後，也就是九月，無聊猿已經在蘇富比拍賣。拍賣行以兩千四百四十萬美元的價格，把一百零一隻無聊猿整批賣給一位匿名買家。大家都懷疑買家就是SBF[8]。十月，蘇富比又拍賣了一隻金毛無聊猿。蘇富比寫道：「有金毛的無聊猿不到一%，這是別具歷史意義的NFT。」[9]最後，以三百四十萬美元成交。

這一切看起來非常可笑，但購買NFT的人卻非常認真地看待這一切。他們盛讚加入NFT社群的好處，發布狂歡派對的照片。參加派對的人，除了擁有類似的圖檔之外，毫無其他共通點，他們互不相識，但會聚在一起跳舞，相互擁抱。他們說，這就像擁有下一部《星際大戰》或米老鼠的一部分，並在創造一個史詩般的敘事中扮演一個角色。聽起來倒是挺有趣的。

有一天我騎單車去曼哈頓，看到威廉斯堡（Williamsburg）一棟建築的側面，噴了一個巨大的橙色猿猴頭骨，廣告詞是：「猿猴節前，夜不眠」（No Sleep Till Apefest）。看來無聊猿遊艇俱樂部NFT背後的公司，正打算在東河碼頭上舉辦嘉年華會。網站上寫道：「四個瘋狂的夜晚，有音樂、商品與藝術，還有猿猴夥伴帶來的美食與表演。」這場活動似乎是鎖定我這個年齡漸長的千禧世代：前一年的表演者包括鼓擊樂團（The Strokes）與貝克（Beck）。這場活動就像「索拉納猴事業」舉辦的泳池派對一樣，只開放給擁有無聊猿NFT的人參加。

於是，我決定買一個。

你願不願用一年大學學費，換來一張猴子圖

我把這想法告訴一些朋友，他們都說我瘋了。「老兄，別買啦。」友人山姆說，「你不會真的去買吧？這東西隨時會暴跌，你不能直接跟他們要一張記者證嗎？」一個朋友建議我出示一個無聊猿的截圖，然後偷偷溜進去。但我不想要免費票，對我來說，這麼做的可笑之處正是重點所在：我想知道當個墮落賭徒（degen）是什麼感覺。

於是，六月的某個晚上，我等孩子都睡了以後，跟太太妮基說我有事要和她談談。墮落賭徒畢竟不是我的本性，我想在拿我們的積蓄去賭之前，先徵得她的同意。當時，她已經很習慣和我討論那些奇怪的加密貨幣調查了，也一直很鼓勵我跟著故事的發展去追查，即使那表示我必須常常飛去邁阿密和巴哈馬，把她留在布魯克林，讓她獨自照顧我們一歲的女兒及四歲的雙胞胎（結果我總共去了巴哈馬的美麗白沙灘四次）。

我告訴她，有一場大型的加密派對即將登場，如果我想參加，就必須買一個無聊猿NFT。她

問我要花多少錢，我叫她猜猜看。她說，既然需要問過她，那肯定至少要好幾千美元。我說，無聊猿要幾十萬美元，但我可以改買變異猿去參加。變異猿的價格，大約四萬美元。

「齊克，那相當於一年的大學學費了。」她說，露出驚恐的表情。

我跟她解釋，我打算在派對結束後就賣掉它，如果一切順利，我們不會損失太多。我認為，這東西剛好在我買進之後的那個禮拜暴跌的可能性很低，它基本上是「加密貨幣裡的藍籌股」。她說：「你是在跟我開玩笑嗎？」

討論後，妮基接受了我的想法。我們甚至一起幻想了一下，想像我們像那些投資加密貨幣的鄰居一樣幸運，想像我們把休旅車換成特斯拉，甚至買一座湖邊別墅和一艘船。她同意值得冒一下險。

「其實我很擔心。」她說，「謝謝你告訴我這些，但我還是希望你沒告訴我。」

我也是，但我盡量不表露出來。我看過很多人在搞丟無聊猿後，淪為網路笑柄。例如一位無聊猿的擁有者在出售時打錯字，損失了三十九萬一千美元[10]。一名無聊猿被竊的受害者在推特上寫道：「那是我孩子的大學學費、我的房貸。」演員賽斯・葛林（Seth Green）正在為他的無聊猿製作一個電視節目，把他的無聊猿命名為弗雷德・斯米恩（Fred Simian），後來他的無聊猿被駭客偷走，似乎花了二十九萬七千美元把它買回來[11]。那個節目叫作《白馬酒吧》（*White Horse Tavern*），是一齣像電影《威探闖通關》那樣混合真人與動畫的電視劇，斯米恩在劇中飾演一個和善的酒保。

十二月，紐約雀兒喜（Chelsea）一家藝廊的老闆陶德・克萊默（Todd Kramer）遺失了價值兩百二十萬美元的無聊猿。他在推特上哀怨的發文：「我被駭了，我所有的無聊猿都沒了。」[12]

這些事情發生在別人身上，都很可笑，但隨後我想像二十年後告訴兒子，假如當初我沒花四萬美元買一張猿猴圖像，我們可能有錢送他去讀衛斯理大學，我就笑不出來了。

當我準備買一隻變異猿時，價格已經暴跌到約兩萬美元。雖然我很高興價格從一輛全新的本田Odyssey汽車降到一輛二手的Dodge Caravan，但是價格短短兩週內就腰斬，還是令人擔心。

不是說要改良信用卡嗎？結果更麻煩

購買變異猿的過程，也沒有讓我覺得比較放心。它只能在NFT市場上使用以太幣購買。首先，我必須取得價值兩萬美元的以太幣，於是我上美國最熱門的交易所Coinbase。為了把錢轉到Coinbase，我必須從美國銀行的帳戶電匯過去。銀行電匯的手續費是四十美元（美國銀行收三十美元，Coinbase收十美元）。但我從來沒有電匯數萬美元的經驗，所以我很緊張。我先發了兩筆小額轉帳做測試，等兩筆都順利轉帳後，我按下電匯兩萬美元的按鈕。

十分鐘後，美國銀行的行員打電話過來。顯然，向加密貨幣交易所轉那麼多錢觸發了一些警報。行員歐耶特（Oyet）很有禮貌地提醒我，我可能被詐騙了。「我們打電話來是想確認，這是您的帳戶，以及您不是詐騙的受害者。」歐耶特說。「由於這筆交易是您發起的，您可能很難收回這筆錢。萬一這筆投資出了什麼問題，我們無法收回資金。您還想繼續這筆交易嗎？」

我覺得歐耶特可能是對的，但我請她繼續執行交易。

我的錢匯到 Coinbase 後，必須先換成以太幣。這容易，Coinbase 的運作就像 E-Trade 一樣，只是買賣的不是蘋果股票，而是加密貨幣。中本聰當年發明第一個點對點電子現金系統時，他的構想絕對不是這個樣子——Coinbase 直接取代了你的線上交易網站。但是，如今幾乎每個人都是透過 Coinbase 這樣的交易所，去購買比特幣、以太幣等各種加密貨幣。

在 Coinbase 上購買以太幣只是第一步，要買變異猿，我必須把以太幣轉到一個去中心化的服務，那個服務允許你在自己的電腦上持有加密貨幣，不需要中介。購買 NFT 的最佳場所，是一家叫 OpenSea 的交易所，但因為它是去中心化的交易所，所以本身不處理支付。我的以太幣和我的變異猿，是存在一個名叫 MetaMask 的數位錢包 app 中。

在我註冊之前，MetaMask 讓我看了一段兩分鐘影片。那是一支色彩柔和的動畫，動畫中出現一個沒有臉的人、一把鎖和一把鑰匙。「在傳統網站上，一個中央資料庫或銀行負責掌控及恢復你的帳戶。但在 MetaMask 上，所有的權力都歸屬於主密鑰（master key）的持有者。」動畫的旁白說道，「握有主密鑰的人，就能掌控帳戶。」

旁白解釋，主密鑰是由十二個字組成，我必須妥善保管。萬一有人取得我的密鑰，就能輕而易舉地拿走我所有的資金。旁白說：「如果有人向你索取密鑰，他就是想騙你。」

儘管配樂令人放鬆，但影片中提到的遺失密碼、詐騙、竊盜等話題一點都無法讓人放鬆。我心想，萬一我跟妮基說猿猴不見了，或是查看手機時發現它無故消失了，結果會怎樣。

當我意識到MetaMask是一個瀏覽器的擴充程式時（類似Chrome瀏覽器那些用來阻擋廣告或記住密碼的小程式），我當下的感覺又更糟了。我的兩萬美元不是安全的存放在美國銀行，由一個擁有超級電腦的龐大反詐騙部門及數千名像歐耶特那樣和善的行員看管著，而是存放在一個小小的狐狸卡通圖標裡，旁邊是你輸入網址的長框。

要把錢轉出Coinbase，我必須把它直接轉到我的MetaMask錢包位址，那是一個由四十二個隨機字母與數字組成的字串（我的是0xfDE68e4ABbE0A25a7a5762695 6E9A9B844CF4Cd3）。萬一我打錯了，錢就永遠沒了。我輸入錢包位址後，等了幾分鐘，感覺到心跳加速。接著，我看到了：在彈出的視窗中，以太幣顯現在我的資產列表上。

終於，我有一個裝滿以太幣的狐狸頭按鈕。我前往OpenSea網站，拉出變異猿遊艇俱樂部系列，那裡有臉部融化的猿、衣服著火的猿、耳朵長出牙齒的猿、脖子上長著眼球的猿，還有露出大腦的猿，它們的樣子都很噁心。就算是免費的，我也不太可能拿來當我的網路頭像。

當我出價購買一隻戴著一頂血腥圓頂禮帽的變異猿時，彈出的視窗告訴我，我需要把我的以太幣轉換為「打包」（wrapped）的以太幣。我不知道那是什麼意思，感覺像是一個騙局。我真的不希望我的錢在我買到一張兩萬美元的圖檔以前，就消失在我的瀏覽器插件中，但我已經厭倦了一直研究加密術語，而且我又投入那麼深了，於是我直接點擊了「確定」。

每次出價，系統都會向我收取約三美元的「燃料費」（gas fee）。這對於一種號稱要改良信用卡的技術來說，實在是一筆煩人的費用。這些錢是付給以太坊網絡的礦工，類似於支付給比特幣礦工的獎勵，而且價格會隨著需求而變，有時可能飆漲到每筆交易收上百美元。我出價購買血腥帽猿，但沒有立即被接受，所以我轉而出價購買另一隻。最後，我買到變異猿 #8,272。這是一隻有橘色毛髮的猿，留著鬍渣的臉看起來正在融化，穿著由蛆蟲組成的高領毛衣，抽著菸斗，兩眼充血，像嗑了藥。按當時的匯率計算，價格是二〇六八〇．二七美元，我只好再買一些以太幣來支付差價。

買到變異猿後，我腦中冒出一個想法：「還有誰會蠢到買這種東西？萬一我是這個產業中最後一個上當的傻瓜怎麼辦？」接著，我檢查了那個狐狸頭瀏覽器插件，看我買了什麼。我的變異猿不在裡面。我急著搜尋網路，後來發現，MetaMask 雖是業界標準錢包，但不會自動顯示ＮＦＴ。只有在我瀏覽 OpenSea（ＮＦＴ市集）並點擊狐狸頭時，才會看到那隻變異猿屬於我的證據。

這個東西被吹捧為網路、藝術及商業的未來。然而，它卻把原本可用來紓壓的網路購物流程，變成一場可怕的折磨。如果目的是在幣圈發財及逃稅，我可以理解這樣的設計可能有意義，因為狐狸圖標沒有問我的姓名或社會安全碼。但如果不是懷抱著獲得可觀財富的期待，我實在很難想像有人願意冒險經歷這麼荒謬又複雜的過程。我更不相信吉米．法隆或史蒂芬．柯瑞等名人會親自完成這一切。

我想炫耀一下我新買的變異猿，於是發了張照片給幾位朋友。有些人在收到消息後，擔心地問我是不是被駭客入侵了；其他人只是禮貌地回我「哈哈」。我媽把那張猿猴圖像回寄給我，問我是不是真的擁有它。我想證明給她看，但她對區塊鏈的了解不夠，不可能理解。

我心想：管他的！在猿猴節上，我肯定會結識新的猿猴朋友，他們不會嘲笑我的變異猿。為了做好準備，我給那隻變異猿取名為渣博士（Dr. Scum）。我看過其他變異猿藉由精心編造的背景故事，在推特上吸引了不少追蹤者的關注。我決定把渣博士塑造成一名私家偵探，靠呼大麻獲得超級智慧。

後來我發現，擁有一隻變異猿其實還不夠資格參加猿猴節。雖然ＮＦＴ常被吹捧為改善網路購票系統的可行方法，但顯然它對無聊猿遊艇俱樂部來說還不夠好用。想要參加猿猴節的人，必須提前註冊，以進行猿猴擁有權的驗證流程，而我錯過了這個環節。

幸好，攝氏網的前交易員傑森．史東是知名的猿猴收藏者。多虧了他邀請，我終於可以去參加猿猴節了。

第16章

兄弟，我是為了社群

猿猴節（ApeFest）是在曼哈頓市中心的東河碼頭舉行。我走近會場時，從一個街區以外就能聽到派對現場傳來的貝斯聲。場外，一隻遊艇大小的充氣猿懶洋洋地斜倚在人行道上。停靠在碼頭邊的一艘帆船，掛著一面黑色的猿頭骨旗。一輛餐車賣著「無聊玉米餅」（Bored Tacos），另一輛名為「無聊又飢餓」（Bored & Hungry）的餐車賣的是起司漢堡。

我在街上的一家酒吧與史東碰面，變異猿收藏者組成的社群「變異卡特爾」（Mutant Cartel）就在此聚會。史東戴著一頂無聊猿遊艇俱樂部的棒球帽，帽簷壓得很低，看起來很沮喪。他彎下腰，躲到桌子底下吸了一撮K他命。他告訴我，一位澳洲的億萬富豪本來打算購買他最稀有的猿猴之一（一隻「超級變異猿」），但對方臨時變卦，退出交易。「一千萬，它就是你的，只限今天。」史東說。

「變異卡特爾」的創立者利奧．梅西卡（Lior Messika）看起來熱情得多。二十六歲的他身材修長、皮膚黝黑，頭髮抹了髮膠，梳得整整齊齊，穿著黑色馬球衫，脖子上掛著一條細細的金鏈。他說：「兄弟，歡迎加入這個家族。」他把我拉近握手兼擁抱，「你買的正是時候。」

梅西卡的家族經營著同名的珠寶公司，他說他很早就買了第一隻猿，現在擁有的收藏總值約兩千五百萬美元。幾週前，我們透過 Zoom 視訊過。當時他正搭乘他那艘四十八米長的遊艇在希臘附近漫遊。「過去一年左右，我一直在收集我們所謂的『聖杯』——無聊猿遊艇俱樂部收藏的蒙娜麗莎。」他說，「我有一些世界上最棒的猿。」

梅西卡與「變異卡特爾」的成員興奮地議論著無聊猿的創作者宇迦實驗室（Yuga Labs）未來的發布計畫。「老兄，機械猿！」他說，「完全機械化的猿。」

另一個靦腆的四十歲工程師，穿著印有「無聊死了」字樣的黑色T恤，頭頂上紮了一個髮髻。他告訴我，他有一隻價值數百萬美元的超級變異機器人。他說，他花了大約四萬五千美元買了一隻無聊猿後，在某次抽獎時贏了這個超級變異機器人。「我不張揚。」他告訴我，「現實生活中沒有人知道這件事。」

另一位化名為PTM的「變異卡特爾」成員告訴我，今晚他的猿會吸入一種「超級變異血清」，生出一隻新的超級變異猿。三個月前，其中一種血清以五百八十萬美元出售。這表示這是真正的「墮落賭徒」行為。只有在新的變異猴變得更有價值時，買那血清才會有回報。

現場談論著「智慧財產權」、「文化」，當然，還有「社群」。梅西卡說，任何人都可以利用他們的猿去創造新的遊戲或商品。「變異卡特爾」是他為變異猿成立的社群，因為他覺得變異猿有點被其創作者忽視了。「這裡就像邪教，你可以獲得加入邪教的所有好處，但完全沒有邪教的負面影響。」梅西卡說，「這種志同道合的深厚情誼，真的很美好。」我不太確定他說的意思，但我不得不承認，成為該團體的一分子感覺很酷。

NFT是……not fucking tonight?

我們一起走到碼頭，然後走上屋頂的音樂會場地。兩個猿猴頭骨狀的巨大霓虹燈照亮了舞台，牆上有橘色的猿猴塗鴉。ＤＪ喊道：「歡迎蒞臨猿猴節，我們開始吧！」

我聽說去年的猿猴節，大家帶著香蕉來，還學猿猴叫，但這次的人群似乎想裝酷，或至少在穿著印滿卡通猿猴的衣服時，盡量裝出很酷的樣子。現場大都是男性，有穿著無聊猿Ｔ恤的男人，還有反戴無聊猿帽子的男人。我看到有人提著無聊猿的購物袋，裡面裝滿了無聊猿的Ｔ恤和帽子，也有人把他們的無聊猿圖像刺青在身上。許多人在分發猿猴徽章、別針或貼紙，試圖提高自家猿的知名度。

每個人似乎不是喝茫，就是嗑了藥。有些人告訴我，他們嗑的是迷幻蘑菇。一個來自佛羅里達的男人，留著漸層色雷鬼頭，穿著印有「加密與古柯鹼」字樣的T恤。他告訴我，他帶了兩劑迷幻藥、一公克的K他命、兩顆煩寧（Valium），還有一些大麻。一個來自邁阿密的矮胖子，穿著螢光色的吊帶褲，戴著同色的漁夫帽，只要有人想跟他說話，他就一遍遍不斷地重複說著：「一切都是童話。」

沒人知道誰會上台表演，有傳言說小賈斯汀或阿姆可能會出現。當晚稍早，喜劇演員艾米・舒默（Amy Schumer）的脫口秀沒什麼人氣。她似乎覺得在現場很尷尬，還稱觀眾是宅男怪咖。她說：「我不知道NFT是什麼的縮寫，我猜是，今晚沒搞頭（not fucking tonight）？我猜對了嗎？」

有人提醒我，我遇到的任何人都可能想偷走我的猿猴。NFT收藏者告訴我，千萬不要下載任何app或掃描任何QR碼。我聽說時代廣場的一個廣告牌上，有一個可偷猿猴的QR碼。他們告訴我，儲存猿猴的最佳方式，是把它轉移到一個加密的隨身碟上。這聽起來很麻煩，但我不想一不小心就永遠失去渣博士，於是我把它留在電腦的狐狸頭圖標裡，然後關機。我不知道這樣做有沒有保護效果，因為這表示我的手機上只有渣博士的截圖，無法證明它是我的。

我曾擔心這可能是個問題，但沒人要求看它，也沒人問起我為它編造的故事。看過渣博士的人覺得，我買這種便宜的猿很遜。一個穿迷彩工裝短褲、頂著金色刺猬頭、留著山羊鬍的男人告訴我：「我盡量避開那些鼻涕臉的猿。」一個十九歲的小伙子讓我看一隻據說價值一百萬美元的金色猿，完全把我比下去。另一個青少年告訴我，他的父母花五萬美元給他買了隻更好的變異猿，他說：「其實我不是很在意這玩意兒。」

史東似乎也不喜歡這種場合，當晚他早早就離開了。變異卡特爾的其他成員聚在舞台附近，觀看ＰＴＭ的猿吸食血清。主辦單位為這個場合特別委託製作了一部卡通，風格類似《太空超人》（*He-Man*）。ＰＴＭ全神貫注在他的猿，並透過Facetime和妻子視訊通話。後來揭曉他的猿變成金色變異猿時，他不禁大叫：「他媽的我發了！」並拭去眼角的淚水。

當你有了印鈔機，沒有名氣反而是好事

在舞台對面的貴賓區，我看到無聊猿遊艇俱樂部的創辦人。他們原本都匿名，但兩個月前被網路媒體BuzzFeed爆出真實身分[1]。

三十五歲的韋利．阿羅諾（Wylie Aronow）身高一八八公分，體格魁梧，穿著破舊的T恤，右手臂上有栩栩如生的查爾斯．布考斯基（Charles Bukowski）*肖像刺青[2]。他比另一位創辦人葛瑞．索拉諾（Greg Solano）高大許多。索拉諾三十三歲，貌似書呆子，曾為一份小型的文學刊物寫詩

*譯註：德裔美國詩人與小說家。

評。一年多前，他們兩人開始互傳簡訊，討論一起創作ＮＦＴ。那時索拉諾在出版社工作，阿羅諾失業。現在，根據他們公司的估值與本人持有的加密貨幣，我猜他們都是億萬富翁。

二〇二一年四月，他們的公司宇迦實驗室從無聊猿的原始銷售中，獲得了兩百萬美元。換成是我的話，我會在任何人揭發我的騙局之前，帶著錢逃到杜拜。但索拉諾與阿羅諾沒有這麼做，他們迅速將其資本化。

著名的ＮＦＴ藝術家畢普，把阿羅諾和索拉諾介紹給歌星瑪丹娜的經紀人蓋伊・奧西里（Guy Oseary）[3]。奧西里也成了兩人的經紀人，許多名人與無聊猿遊艇俱樂部的關係，就是靠奧西里串起來的。

大多數的人都沒有經歷過我那種「Coinbase→以太幣→狐狸圖標程式」的荒謬買進過程。芭黎絲・希爾頓曾在法隆的節目提到一家名為MoonPay的公司，該公司「為想要以最簡單的方式購買ＮＦＴ，但不想經歷一切麻煩的高淨值人士提供高規格的服務」[4]（MoonPay利用與名人的關係募資，使公司的估值達到三十四億美元[5]）。

阿羅諾、索拉諾和他們的同事開始製作更多與猿猴有關的ＮＦＴ，在一款無聊猿的線上遊戲（他們稱之為元宇宙）出售土地，賺了三億美元（其實遊戲尚未開發出來）。接著，他們創造出猿幣（ApeCoin），作為那個虛擬世界的貨幣。他們把一些猿幣送給無聊猿的擁有者，並為公司和自己保留了價值約十億美元的猿幣[6]（宇迦實驗室宣稱猿幣是由所謂的ＤＡＯ自治組織獨立開發的）。沒有人抱怨自己被騙，基於某種原因，人們就是願意用真金白銀去買那些醜陋的猿猴卡通。實質上，阿羅諾這批人等於擁有了一部印鈔機。

一份提交給創投業者的簡報預估，二〇二二年宇迦實驗室的淨收入將達到四．五五億美元，利潤高達前所未聞的八四％[7]。當然，創投業者都信了，由資助過Axie Infinity的安德里森．霍羅維茲公司及SBF的FTX領投。尤其，FTX似乎錢太多，幾乎投資了每個加密新創公司。這輪投資於二〇二二年三月宣布，使宇迦實驗室的估值達到四十億美元，金額相當於迪士尼收購盧卡斯影業（Lucasfilm）以及《星際大戰》與《印第安納瓊斯》（*Indiana Jones*）系列的總額。當然，無聊猿既不是什麼熱門電影的明星，也沒什麼名氣，但令人驚訝的是，NFT的推廣者竟然厚顏無恥的宣稱，沒有名氣反而是好事。

為一萬隻相似的猿，拍攝一萬部動畫片

宇迦實驗室表示，每個購買無聊猿的人都擁有其「智慧財產權」，也就是說，他們可以自由授權將其用在開發產品或拍電影。無聊猿的擁有者喜歡拿這點來為其高價辯護，但我覺得，拍一部無聊猿的電影似乎有點牽強。就算真的要拍，授權費可能也只夠買一隻無聊猿。要讓每個人的投資都有所回報，需要一萬家電影公司與無聊猿的擁有者簽一萬份合約，為一萬隻長相相似的猿拍攝一萬

部動畫片。

多數的無聊猿買家並沒有從授權中獲得任何收益，史東是少數幾個獲得收益的人之一，他讓好萊塢的大型經紀公司「創新藝人經紀公司」（Creative Artists Agency，簡稱CAA）來代理他與他的NFT收藏。二〇二一年十月，他們在《好萊塢報導》（*The Hollywood Reporter*）上公布這筆交易，不過沒有透露他的真實姓名，只寫出他的推特化名0xb1。報導中刊出一大張他的惡魔變異猿圖片，這是他花一百一十萬美元購買的，並把它當成推特的頭像。

他說，他的經紀人與動畫影集《蓋酷家庭》（*Family Guy*）的創作者賽斯・麥克法蘭（Seth MacFarlane）的團隊，以及導演奈・沙馬蘭（M. Night Shyamalan）見了面，但是沒有談出什麼結果。他們原本計畫聘請歌手蕾哈娜在鏡頭前，用噴火器燒毀一件畢普的藝術品，但計畫落空。他們本來也打算在饒舌歌手史努比狗狗的家舉辦無聊猿派對，最後也沒談成。史東對我說：「這些人是怎麼回事？他們以為世界是繞著他們運轉的嗎？」CAA唯一促成的交易，是一筆三萬三千美元的一次性授權，幫目標百貨（Target）銷售公仔。

至於其他想把無聊猿變現的嘗試，成效更是乏善可陳。除了猿猴節外面的餐車，還有無聊猿DJ二人組、無聊辣醬（Bored Sauce），以及由Ape-In Productions唱片公司（專門發行NFT相關的音樂）發行的一支音樂影片〈Ape Shit〉。還有人試圖銷售「猿水」（Ape Water）——在普通的礦泉水瓶子加上無聊猿圖像——稱之為「為Web3社群精心打造的第一款清涼永續的飲水」。

暢銷書作家尼爾・史特勞斯（Neil Strauss）寫了一本令人費解的猿類主題書，那本書本身就是限量版的NFT，至少有兩千本以每本兩百五十美元的價格售出。「崔皮船長（Captain Trippy）躺在房間後面的吊床上，右腳夾著一支刮鬍猿（Shaving Ape）牌子的香菸。」他寫道，「有人說，這就是他的皮膚與船長帽呈現出鮮豔迷幻色彩的原因，這樣他在煙霧中才能被看見。」我不確定是否真的有人讀完那本書，但我賣掉我那本時，賺了三百美元。

買一種猿，給另一種猿避險

雖然我在猿猴節上亮出渣博士以證明我是俱樂部的成員，而且事先花了幾小時與他們的公關代表交談，但阿羅諾與索拉諾還是拒絕接受我的採訪。他們似乎很緊張，無聊猿的價格一直在下跌。

有人以陰謀論來解釋價值跌跌不休，認為無聊猿的圖像中隱藏著納粹意象。這個論點是由三十六歲觀念藝術家兼惡搞專家萊德・里普斯（Ryder Ripps）提出的*。他曾與饒舌歌手肯伊・威斯特（Kanye West）合作，並在紐約的藝廊展出他的作品。他顯然是一個很擅長操弄網路輿論的人（他

*譯註：觀念藝術（conceptual art）是一種藝術運動，主張藝術作品背後的思想或概念比有形的表現更重要。

曾宣稱，中情局的網站被重新設計是他惡搞的，反正也沒人會相信中情局的否認）。那年一月，他註冊了一個新網站，取名為阿羅諾之前使用的「高登．戈納」（Gordon Goner），並闡述了他提出的陰謀論。

在那個網站上，他展示了一個納粹標誌，旁邊是無聊猿遊艇俱樂部的骷髏標誌，兩者確實看起來很像。但他指出的其他關聯則很牽強，甚至荒謬。例如，他宣稱，宇迦實驗室（Yuga Labs）的 Yuga 是指 Kali Yuga*（一個來自印度教神祕主義的術語，在另類右派人士之中很流行）。他說，把 Gordon Goner 的字母重新排列可以得出 Drongo Negro，Drongo 在澳洲俚語中是愚蠢的意思（所以 Drongo Negro 意指「蠢黑鬼」）。

索拉諾後來對另一位記者說：「任何了解我們歷史的人都知道，這種說法極其荒謬。那個網路酸民的死纏爛打與惡意——坦白說，整件事情實在他媽的有夠邪惡。」[8]

里普斯提出的論點中，攻擊力道最強的部分，是猿的圖像有種族歧視的嫌疑。里普斯說，使用猿類意象來侮辱少數族裔的做法由來已久，他稱之為「猿猴化」（simianization）。一隻厚唇的卡通猴戴著一條嘻哈風格的金鏈子，確實有些令人反感。「你不覺得這好像帶著優越感在嘲笑我們的文化嗎？」與饒舌歌手 Jay-Z 共同創立 Roc-A-Fella 唱片公司的戴蒙．達什（Damon Dash）說，「這是嘲笑我們的方式嗎？為什麼他們搞出來的東西都是猿、大猩猩或猴子——這些東西一直被拿來侮辱我們。」[9]

在猿猴節的一個月前，里普斯開始銷售他自己的NFT，他稱之為RR/BAYC**，是無聊猿的完全複製品。事實上，由於NFT其實不包含圖像，只包含指向圖像的連結，所以里普斯的NFT同樣是包含了指向完全相同圖像的連結。他以便宜許多的價格出售，每個約兩百美元。里普斯告訴我，他並沒有剽竊無聊猿，只是把它們放在新的脈絡中，藉此創造出全新的藝術品。

「NFT不是圖像。」里普斯說，「NFT是區塊鏈中試算表的一格，它連結到一個圖像。沒有人會把他們的猿誤認成我的。」

無論是因為他提出的納粹論點不無道理，還是因為那些聽從芭黎絲・希爾頓的建議花幾十萬美元買猿圖的人天生就容易受騙，總之里普斯找到了一群接納其說法的受眾。幾位無聊猿的擁有者告訴我，他們也買了RR/BAYC NFT作為一種避險方式。

猿猴節的第一個晚上之後，我發現有上千人在推特的語音聊天中討論里普斯提出的論點，其中有許多人是以猿當頭像。RR/BAYC後來全賣光了，里普斯告訴我，那個案子幫他賺了一百一十萬美元（宇迦實驗室後來控告他剽竊他們的品牌[10]，並引用媒體報導說RR/BAYC是無聊猿的「酷炫縮

---

*譯註：Kali Yuga是印度教中四個宇迦循環中的最後一個宇迦，梵文Yuga是最宏大的時間單位。

**編按：RR是里普斯姓名Ryder Ripps的縮寫，BAYC是無聊猿遊艇俱樂部（Bored Ape Yacht Club）的縮寫。

影」（其實引用了錯誤的媒體）[11]。二〇二三年四月，法官裁定宇迦實驗室勝訴[12]）。

我對投資一竅不通，我是為了社群而買的

我有提過猿猴節是一個為期四晚的活動嗎？其中一晚，史努比狗狗來擔任ＤＪ。他並不在意「猿猴化」，他穿著一件印有他的猿猴孟買博士（Dr. Bombay）的白色運動衫，和一個戴著超大孟買博士頭套的舞者一起表演。當他介紹特別來賓阿姆出場時，舞台籠罩在大麻的煙霧中。現場有人大喊：「嘿，他媽的阿姆真的來了！」

阿姆說：「我和史努比狗狗已經好一段時間沒有一起創作歌曲了，所以今晚我們為大家演唱這首新歌，在這裡首次公開。」接著，他向觀眾豎起雙手的中指，低頭走下舞台。隨後播放的音樂影片中，無聊猿在唱饒舌歌及抽大麻。

節目進行期間，舞台上豎起了兩根鋼管，穿著比基尼的女郎開始跳起鋼管舞。在史努比狗狗播放一首有關猿幣的歌曲時，一位鋼管女郎在孟買博士的褲襠上磨蹭。「如果你有猿幣，就他媽的喊出來。」史努比狗狗吼道，「猿幣—猿幣！」副歌唱：「我才不屑那什麼爛狗狗幣。」

後來我從一份法律文件得知，史努比狗狗據稱擁有宇迦實驗室的股份[13]。我發現他可能是在推銷自己的投資時，幾乎鬆了一口氣，因為總比另一種可能性好：我最喜歡的饒舌歌手之一，竟然認

為無聊猿遊艇俱樂部很酷。

猿猴節第一晚的深夜，我看到法隆站在貴賓區的後方，光滑的古銅色肌膚讓他幾乎就像蠟像一樣。他穿著復古的馬球衫，外面罩著淺藍色的開襟羊毛衫。現場擔任DJ的奎斯特拉夫（Questlove），是法隆《今夜秀》駐場樂隊扎根樂團（The Roots）的成員。法隆隨著九〇年代的嘻哈音樂點著頭。

最近無聊猿的價格下跌，意味著我在猿猴節上交談過的幾乎每個人都損失了數十萬美元。他們大都沒有抱怨，失去信心的人早就賣掉無聊猿，不會來這裡了，但我替他們感到憤怒。我想知道，法隆會不會覺得他在節目中和希爾頓一起推廣無聊猿，所以該為如今的情況負點責任。對他們兩人來說，損失數十萬美元可能只是零頭，但有些人是把畢生積蓄投進去了。

我走近法隆，告訴他我正在寫一本有關加密貨幣的書，還有我買了一隻變異猿。我秀出渣博士時，法隆裝出感興趣的樣子。他告訴我他認為無聊猿是 個「很酷的藝術實驗」時，我也裝出感興趣的樣子了。

「我想來看看這個社群，看看會發生什麼。」他說，

「我覺得你真的幫NFT變成了主流。」我說。我有意提醒他，他訪問希爾頓那一段有多大的影響力。

「哦，真的嗎？」法隆說。

「你知道有人真的賠了真金白銀。」我說。

「我對投資一竅不通。」他說，「我是為了社群而買的。」

你沒有騙我，是我騙了你

猿猴節最後一天的早上，我告訴四歲的雙胞胎兒子我在做什麼，並讓他們看了我的變異猿。連他們都覺得變異猿無聊，覺得《彩虹小馬》（*My Little Pony*）迷人多了。我女兒瑪戈問我：「你為什麼不寫那些製造機器去太空的人呢？」

是時候賣掉渣博士了。

圈外人不懂這玩意兒有什麼特別，但圈內人看得出來這傢伙沒什麼錢景。我點擊「出售」按鈕時，瀏覽器中的小狐狸圖標神祕地跳出來說：「這個功能不錯。」然後叫我在一長串亂碼上點擊「簽名」。難道我被駭了嗎？不管了，我只想擺脫這個猿圖，我只擔心沒有人會蠢到買它。

那天大部分的時間裡，我每隔幾個小時就打開電腦，看渣博士是否賣掉了。我急著想要趕快脫手，也擔心自己被駭，那是我這輩子最難捱的幾個小時。當晚，我發現那個網站並沒有正常運作，但有人付給我價值一九八九六．二美元的以太幣。接著，我不得不重複之前那個痛苦的流程，把那些以太幣轉到 Coinbase，並把它們兌換回美元，同時還要避免因打字錯誤或駭客攻擊而損失錢。過程中Coinbase與以太坊的連線一度中斷，導致我的錢處於不明狀態好幾個小時。

如果我是用美元交易變異猿，我可能損失約八百美元，但在加密貨幣的世界裡，每筆交易都有相關費用。最終我又多花了一千一百六十美元：三十六美元給了Coinbase，四百九十七美元給了宇迦實驗室（他們從每筆猿猴銷售中抽成二．五％），另外四百九十七美元給了ＮＦＴ市場，九十美元給了美國銀行，還有大約四十美元的以太坊費用。

由於有人會在他們的區塊鏈地址上標記真實的姓名，所以我能看到渣博士的新主人是一個名叫大衛．莫夫西斯揚（David Movsisyan）的亞美尼亞人。他在推特上說，他以為渣博士可以讓他去參加猿猴節。他買下那隻變異猿幾個小時後，曾試圖參與猿猴節的最後一晚，但沒有成功。我開始感到內疚，我雖然賠了錢，但我也利用了無聊猿的炒作，把一個我知道沒人喜歡的醜圖像，以兩萬美元的價格賣給了某個可憐的傢伙。

我聯繫了莫夫西斯揚，三週後我們通上話時，他並沒有生氣。他告訴我，他是一名自由工作者，為想要銷售ＮＦＴ的人繪製卡通。他的第一個案子叫賭猿（Gambling Apes）——顯然是抄襲無聊猿——創作者至少以兩百萬美元賣出了那些圖案，擁有一隻正版的猿可以幫他吸引來更多的生意。他告訴我，他可以為我製作一萬幅卡通圖案，只收我一萬五千美元。我向他道歉時，他告訴我，在我賣出渣博士的那幾週，渣博士的價值上漲了五十美元。

「你沒有騙我。」莫夫西斯揚說，「是我騙了你。」

真正的幣圈人士，身價已經從九千萬變成三百萬

猿猴節的其中一晚，我與史東在會場外再次碰面。我們坐在公園長椅上，他告訴我他為何這麼沮喪。

在吸食K他命的空檔，他解釋說加密貨幣的價格一直下跌，攝氏網拒絕支付他認為自己應得的報酬。此外，他還把一堆加密貨幣存在一家由加州青少年經營的交易所裡，結果被盜了。他的淨資產曾一度接近一億美元，但現在什麼都沒了。他解釋，他之所以從猿猴節的開幕活動中溜走，是因為他覺得大家都在裝模作樣。

「這些人不是真正的幣圈人士。真正的幣圈人士的身價已經從九千萬變成三百萬，他們都想自殺。」他說。

我們去了「變異卡特爾」主辦的另一個屋頂派對。期間他說要出去接一通電話，回來時，他的臉色比我見過的任何人還要蒼白。

「出事了。」史東對我說，「我不行了，我需要嗑藥。」

電話是他的律師打來的，律師告訴他，有人正在深入調查攝氏網。

「是聯邦政府的人嗎？」朋友問道。

「是聯邦調查局。」史東說。

| 第17章 |

泡泡幣與浮浮幣

猿猴節前一週，攝氏網宣布，客戶再也無法提領資金，委婉說法是「暫停所有提款」，但其實相當於實體銀行鎖上大門不讓存戶領錢——一九二〇年代銀行擠兌潮爆發，一些銀行就是這樣做的。

攝氏網的創辦人馬辛斯基曾向我保證，他的公司比任何銀行更安全。當我問他為什麼攝氏網支付的利息比銀行高那麼多，他說因為銀行家不誠實又貪婪。

「有人在撒謊。」馬辛斯基曾說，「不是銀行在撒謊，就是攝氏網在撒謊。」

現在很明顯，撒謊的是馬辛斯基，這就是聯邦探員打電話給史東的原因。

與調查當局會面後，史東告訴我，他們並不是在追查他，而是想知道馬辛斯基與攝氏網的其他高層主管是否偷了錢或謊報公司財務。他很興奮地告訴聯邦探員，他之前一直告訴我的事情：攝氏網搞丟了大量的客戶資金，而且把客戶資金押在各種不當的賭注上。

「大家把錢交給攝氏網，是因為相信把錢存在那裡是安全的。」史東說。「他們以為攝氏網是一個管理良好的專業機構，但實際上卻是詐騙集團。」

看著一座紙牌屋在慢鏡頭中倒塌

二〇二二年夏天，危機席捲了幾乎整個加密產業，攝氏網的擠兌只是這場危機的一部分。整個危機持續好幾個月，觀察這一切就好像看著一座紙牌屋在慢鏡頭中倒塌。過程中我一直關注著泰達幣的價格，看穩定幣是否會開始出現擠兌。

危機始於五月，加密貨幣的價格一直在下跌，科技股與其他當沖客喜愛的股票也在跌。不久，一個討人厭的三十歲南韓人經營的加密貨幣公司倒了，他名叫權渡衡（Do Kwon）[1]。剛開始看不出來，但後來整個加密產業因此受到重創。

權渡衡的主要加密貨幣是 TerraUSD，是一種類似泰達幣的穩定幣，旨在始終以一美元的價格交易。不過權渡衡並沒有承諾以銀行帳戶裡的美元來支撐他所發行的穩定幣，而是由權渡衡創造的第二種加密貨幣 Luna 支撐*。由於權渡衡掌控 Luna 的供應，他可以隨意地憑空創造出他需要的 Luna 數量。

如果你覺得這說不通，表示你的投資直覺很好。脫口秀主持人約翰・奧利佛（John Oliver）後來這樣歸納權渡衡的荒謬計畫：「一個泡泡幣永遠值一美元，我之所以能保證這點，是因為我會賣出所需數量的浮浮幣，來實現這個目標。對了，浮浮幣也是我創造的喔。」[2]

大家之所以會相信權渡衡的 Terra-Luna 計畫，原因是 TerraUSD 幣可以存放在一個叫 Anchor 的特殊加密貨幣銀行，那家銀行也是權渡衡控制的，所支付的年息高達一〇%。這就引發了一些明顯的問題，例如，「支付這些利息的錢是從哪裡來的？」或「這不就是龐氏騙局嗎？」

面對這些質問，權渡衡沒有給出很好的答案，反而攻擊那些質疑他的人。他回覆一位批評者：「我不會在推特上跟窮人爭辯。」

權渡衡可不是什麼瘋子，一些頂級幣圈創投業者都有投資他的公司。其中一位前華爾街人士邁克・諾沃格拉茲（Mike Novogratz）甚至在左肩紋上 LUNA 字樣，旁邊還紋了一隻對著月亮嚎叫的狼。

權渡衡的騙局讓很多人發了大財，但在騙局崩垮之前，Terra-Luna 的總市值超過六百億美元。從五月七日開始，交易者被 TerraUSD 的大量拋售嚇壞後，許多人開始把他們的穩定幣兌換成 Luna 幣並出售，導致 Luna 幣下跌。而當 Luna 幣價格越低，權渡衡就必須發行更多的 Luna 幣。

＊譯註：在拉丁語中，Luna 意指月亮，Terra 意指地球。TerraUSD（簡稱 UST）是一種穩定幣，旨在維持與美元等值的穩定價值，Luna 是與 TerraUSD 相關的加密貨幣，用於調節 TerraUSD 的價值並支持整個 Terra 平台的穩定性。Luna 代表波動性較大的資產，就像月亮對地球潮汐的影響。TerraUSD 與美元維持一比一的匯率，就像地球般穩定。

五月九日，Luna 幣下跌超過一半，只剩不到三十美元，隔天又跌了三分之二。權渡衡呼籲追隨者要撐住，他在推特上寫道：「Luna 幣的支持者們（lunatics*），快了快了……大家要挺住。」

但死亡螺旋已經止不住，截至五月十三日上午，流通在外的 Luna 幣有六・五兆枚，價格跌至 0.00001834 美元。TerraUSD 的價格跌破二十美分，因為即使一枚 TerraUSD 幣可以兌換一大堆 Luna 幣，也沒人願意買。誰都不想要泡泡幣或浮浮幣，六百億美元蒸發了。

這是一場慢動作擠兌的開始嗎？不是

曾有很短的一段時間，泰達幣看似將成為下一張倒下的骨牌。由於泰達公司承諾以一比一的價格贖回泰達幣，因此泰達幣的交易價幾乎總是接近一美元。低於這個水平，意味著投資者不再有信心。五月十二日，隨著 Luna 幣失控，很多人爭相拋售泰達幣，導致一些交易所的泰達幣價格跌破九十五美分，擠兌可能已經開始了。

泰達幣的質疑者開始興奮，匿名批評者 Bitfinex'ed（之前在泳池邊與我碰面，要我叫他安德魯的那個人）當天在推特上發了六十幾則推文。興登堡研究公司的安德森告訴我，他感覺自己的想法很快就會獲得證實。

「過去兩年，那些提出質疑的人感覺就像狗吠火車。」他說，「現在一切都將真相大白。」

泰達公司技術長保羅・阿多諾（Paolo Ardoino）受訪時誓言釘住一美元的匯率，並向投資者保證，泰達公司有足夠的可用現金及容易變現的投資[3]。他承諾，任何想領錢的人都拿得回來，他說：「最壞的情況，頂多是泰達規模縮小。」

由於區塊鏈的交易是公開的，我可以看到投資者把越來越多的泰達幣兌換成現金：一天內就贖回了三十億美元[4]。大家也都看到，泰達公司能夠拿出錢來讓他們提領，於是泰達幣的價格又回升到一美元。但贖回似乎沒有放緩的跡象，「這是一場慢動作擠兌的開始嗎？」我在自己的筆記上寫道，「還是在證明情勢都在掌控中呢？」

就在這時，攝氏網也陷入困境，謠言四起。五月十三日，也就是泰達幣的兌換率跌破一美元的隔天，馬辛斯基試圖向客戶保證他們的資金都很安全。「攝氏網比以往任何時候都更穩健。」馬辛斯基在一次直播中說，「我們持續營運，並繼續做攝氏網最擅長的事：服務社群，保護社群，確保你的資產在你需要時隨時可取用。」

然而，實際上，情況糟透了[5]。許多客戶存款已暗中被攝氏網挪用。反倒是把錢交給史東，讓他去 DeFi 賭博，還算比較安全的投資活動。攝氏網根本沒有可靠的賺錢方法，來支付它承諾的利

＊編按：lunatic，有「瘋子」、「愚蠢者」之意。

率。該公司只是不斷暗中大量購買自己發行的加密貨幣攝氏幣（ＣＥＬ），以維持其高價。就連馬辛斯基，也不斷拋售自己持有的攝氏幣。

而且，攝氏網一直給交易大戶提供無擔保的貸款。在公司的 Slack 頻道上，一位攝氏網高層主管曾開玩笑說，他的職稱應該是「龐氏騙局顧問」。另一位高層主管也提出該公司商業模式的問題，他在六月九日寫道：「支付無法持續的高利息，以便增加資產管理規模（assets under management），會迫使你承擔更多的風險。你會因為這些風險與糟糕的控制和判斷而蒙受損失，接著就會落到現在這步田地。」（馬辛斯基與他的律師說，詐騙指控「毫無根據」[6]。他們說攝氏網是被「連串災難性的外部事件」摧毀的。）

即使馬辛斯基公開表示一切正常，攝氏網私下還是在尋求援助。它求援的對象之一是泰達公司，這兩家公司的關係緊密。馬辛斯基曾告訴我，泰達公司出借價值十億美元的泰達幣給攝氏網，而且泰達還是攝氏網最大的投資者之一。但泰達不但拒絕向攝氏網挹注新資金，還追討了它對攝氏網的貸款，進一步消耗了馬辛斯基的準備金。

於是，狗急跳牆的攝氏網找上ＳＢＦ求援。自從加密巴哈馬大會以來，ＳＢＦ已成為幣圈最著名的人物，他的資金似乎取之不盡。攝氏網的高層問ＳＢＦ，有沒有意願收購攝氏網。ＳＢＦ於六月十二日與他們會面，在場的還有他旗下避險基金阿拉米達的負責人卡洛琳·艾莉森，兩人對攝氏網的資產負債表有很多疑問，最終決定放棄這筆交易。

「有些公司基本上已經太離譜，撐不住了。」他後來告訴一位記者[7]。

SBF拒絕收購攝氏網幾小時後，攝氏網發布暫停提款的決定。後來證明暫停是永久性的，攝氏網最終宣告破產。

錢呢？借給了賭場裡最爛醉的賭徒

下一家倒閉的公司，是長期以來一直被視為加密領域最佳投資者之一的避險基金：三箭資本（Three Arrows Capital）。該基金共同創辦人朱溯（Su Zhu）提過一個很有影響力的理論，他稱之為「超級週期」（supercycle），簡單講就是一種信念：由於加密貨幣正在席捲全世界，加密貨幣的價格將達到難以想像的高點。

朱溯預測一枚比特幣的價格，將漲到兩百五十萬美元以上。他的推特有五十幾萬名追蹤者，他曾在推特上表示，加密貨幣的發明可與民間詩歌、書籍或攝影等創作相提並論。他寫道：「多數人都知道加密貨幣是第四種運算模式，但它也是擴增記憶的第四個時代。」這樣的評論，讓他在幣圈成為有強大影響力的知識分子。

朱溯的理論或許很蠢，但你很難不承認他的威力。二〇一二年，他與一位來自麻州預校菲利普斯學院（Phillips Academy）的朋友一起創立三箭時，只有一百萬美元的資金，其中部分資金來自雙方的父母[8]，而現在據傳這兩位三十五歲的年輕人，掌控著高達一百億美元的資產，也是權渡衡的Terra-Luna，以及Axie Infinity遊戲的早期支持者。

朱溯已經賺飽了，足以在新加坡以五千七百萬美元買下兩間房子。他喜歡向朋友炫耀他訂製的五十二米長超級遊艇的照片。他把遊艇命名為Much Wow，這個名字與狗狗幣的迷因笑話有關。四月在SBF舉行的加密巴哈馬大會上，我見過朱溯本人。我是搭一般民航機去的，還被一個擁有山寨猿NFT的男人嘲笑。朱溯是搭私人飛機過去的，並在Instagram上發了一張他與凱蒂・佩芮的合照。

鮮為人知的是，三箭資本用來押注「超級週期」的資金，大都是從攝氏網和其他幾家提供高利息的加密貨幣公司借來的。三箭願意支付高利息以取得貸款，正好符合這些放款公司的需求，因為他們需要想辦法賺錢，來履行對存戶的承諾。朱溯的高中好友兼共同創辦人凱爾・戴維斯（Kyle Davies）後來表示，那些公司都急著放款給三箭，所以幾乎不要求三箭提供什麼還款能力證明。「我們最後幾次通話時，有一次對方借了我近十億美元，而且只要一通電話就搞定了。」他說。「那是無擔保貸款，整個系統就是這樣，大家都迫切地想把錢貸放出去。」[9]

那些資金，大部分都被三箭拿去投資Terra-Luna了。當Terra-Luna崩垮時，三箭損失了六億美元（創辦人後來表示，與權渡衡的友誼影響了他們的判斷[10]。權渡衡住在新加坡，離他們很近）。五月十一日，放款給三箭的一家公司傳訊給三箭的一個高層主管，要求三箭還款，並表示該公司願意接受泰達幣或其他穩定幣。「收到，」三箭高層主管回覆：「嗯嗯。」

結果三箭並未償還貸款。

六月十四日，也就是攝氏網宣布「暫停」提領的兩天後，朱溯在推特回應了三箭資本陷入困境的傳言。他寫道：「我們正與有關單位溝通，並致力解決問題。」這說法顯然不令人放心，兩週後三箭宣告破產[11]。法院文件顯示，三箭持有的資產包括一個NFT投資組合，其中包括一隻無聊猿（頭上綁著略帶種族主義色彩的「壽司廚師頭巾」），以及一個像素化的卡通陰莖圖像，名為「加密屌屁」（CryptoDickButt）。令人難以置信的是，當時那個圖像的價值約一千美元（戴維斯告訴我，圖像是有人主動發給他的，顯然是某種幣圈的暴露狂）。

三箭的倒閉，給所有放款給它的公司帶來了巨大損失。攝氏網借給他們四千萬美元，攝氏網的競爭對手 BlockFi 與 Voyager Digital 借給三箭的資金更多。就連沒有直接借錢給三箭的公司也受到牽連，例如知名的雙子星（Gemini）交易所把用戶的資金借給加密貨幣貸款商「創世全球」（Genesis Global），創世全球又把資金借給三箭。

這一切，完全出乎攝氏網的用戶及其他公司的意料，他們認為自己在攝氏網的帳戶風險很低，沒想到錢卻被拿去借給了加密賭場裡醉得最嚴重的賭徒三箭資本，而三箭把那些錢換成了權渡衡的泡泡幣與浮浮幣。

有人把這場危機比作二〇〇八年的金融危機，但我覺得太抬舉加密貨幣了。我覺得這比較像

「連結基金」（feeder funds），在吸收了投資者資金後，投入馬多夫的龐氏騙局中，從中抽取佣金。誠如加密貨幣的質疑者大衛・傑拉德（David Gerard）與艾米・卡斯特（Amy Castor）所寫的，這個產業就像一個倒金字塔，倒立在一個吹大的牛皮（權渡衡的龐氏騙局）上。當牛皮吹爆時，整個金字塔就垮了[12]。

加密錢包，就是要炫耀啊

虧損，衝擊了幣圈每一個人。那個在邁阿密比特幣大會上的明星人物塞勒（推特頭像上放了一雙雷射眼睛的幣圈預言家），在他的公司微策略因投資比特幣而損失近十億美元後，辭去了執行長一職。邁阿密的飯店與夜店紛紛抱怨，出手闊綽的幣圈人士都消失了。以前那些客人會砸數十萬美元開香檳，把成堆的鈔票遞給饒舌歌手五角（50 Cent）讓他撒向觀眾，還會炫耀手機上那個狐狸圖標的加密錢包餘額。「你通常不會炫耀你的銀行帳戶有多少錢，但他們確實會炫耀加密錢包裡有多少錢。」夜店E11EVEN的合夥人告訴記者：「我一年內看過的加密錢包，比我一輩子看過的銀行帳戶還多。」[13]

三箭倒閉後，戴維斯搬到峇里島，在那裡畫畫、吃迷幻蘑菇、讀海明威。他告訴記者：「在這裡，你吃著油膩的豬肉料理，喝很多的酒，然後去海灘冥想。」[14]他和共同創辦人已經存下足夠的錢，再也不需要工作了。真正的輸家，是那些把積蓄投入攝氏網或 Terra-Luna 的人。他們聚在推特與 Reddit 上互相安慰，Reddit 上一些論壇的管理員，甚至貼出預防自殺的熱線連結。

一位投資者在推特的語音聊天中說道：「對我來說，感覺就像眼睜睜看著自己的房子被燒毀一樣。」主持人說：「你不是白痴，也不是沒人愛。請大家不要做出任何衝動的決定。」

報紙上刊登了許多人失去畢生積蓄的報導。我採訪了二十八歲的歐多沙・伊亞姆歐薩（Odosa Iyamuosa），他住在奈及利亞的首都阿布加（Abuja）。他告訴我，他曾認為 Terra-Luna 是他離開阿布加的最大希望，當地許多工作的日薪不到兩美元。他在 Instagram 上向當地買家出售仿冒的 Nike 與 Adidas 運動鞋，勉強攢了一些錢。他想把存款增加到一萬六千美元，然後去多倫多的大學讀數據分析系，這樣他就能在 Netflix 或 Google 等美國大公司找到工作。有幾個月，他的投資計畫似乎奏效了，但 Terra-Luna 崩解後，他只剩下二十美元。他告訴我，他仍持續使用推特和聊天 app Discord，尋找可以把錢賺回來的加密貨幣專案。「我又一無所有了，不知道該怎麼辦，這裡沒有工作，什麼都沒有。」

許多投資者寫信給審理攝氏網破產案的法官，懇求法官讓他們拿回資金。他們不知道，錢已經沒了，都被馬辛斯基賭光了。賓州蘭開斯特市一位三十六歲、育有兩名幼子的銀行經理說，他損失了二十萬五千美元，那是他全部的退休積蓄。一位愛爾蘭的牧羊人說，他失去了他的農場。洛杉磯一位特技替身演員說，他將要被房東趕走，他寫道：「如果知道錢可能永遠拿不回來，沒有人會心甘情願地把錢交給這樣的金融機構。」

我打電話給另一位憤怒的攝氏網客戶、人稱「查皮」的查普曼・沙爾克羅斯（Chapman "Chappy" Shallcross）。他是加州奧蘭治市的退休消防隊長，現年五十七歲。查皮在疫情期間對加密貨幣產生興趣，他兒子札克（碰巧也是二〇二三年《鑽石求千金》〔The Bachelor〕真人秀約會節目的主角）也在玩小額的比特幣、以太幣、狗狗幣，父子倆喜歡一起討論各種新幣。

「我們因為想搞清楚加密貨幣是什麼，以及區塊鏈如何運作，而拉近了父子關係。」札克告訴我，「直到今天我還是沒搞懂。」

查皮沒告訴兒子的是，二〇二一年十二月，他把二十萬美元的退休儲蓄換成以太幣與卡爾達諾幣，存進了攝氏網[15]。「我認為去中心化很好，也覺得區塊鏈技術與加密貨幣也許很讚，」查皮對另一位記者說，「但是當你失去全部的退休積蓄而被打臉時，你忍不住會想：『欸，我真希望有某種監管制度可以防範這種情況。』」[16]

我採訪過的許多投資者就跟查皮一樣，仍相信加密貨幣。在我看來，他們只是不想承認自己錯了。路易斯安那州拉法葉市（Lafayette）一位急診室醫生損失了八十萬美元，他告訴我：「對我來說，問題不在錢，而是未來。」他說他仍相信比特幣會上漲，說那是「你能買到最單純的數位資產，它的價值必然會增加」。

幣圈金童，成了幣圈救星

那場夏日危機後，ＳＢＦ儼然成了英雄。二〇二二年六月，BlockFi 與 Voyager 因借給三箭大量的資金而虧損時，ＳＢＦ緊急貸款給他們，幫他們紓困（不過 Voyager 最終還是宣告破產）。紓困行動提升了ＳＢＦ的公眾形象，這個幣圈金童現在又成了幣圈的救星。

《財星》雜誌把ＳＢＦ放在封面上，標題是：「下一個巴菲特？」雜誌內文稱他為「幣圈的救星」和「雄心無限的交易神童」[17]。《經濟學人》與 CNBC 的節目主持人吉姆．克瑞莫（Jim Cramer）把ＳＢＦ比作金融家約翰．皮爾龐特．摩根（John Pierpont Morgan, Sr.），因為一九〇七年摩根用自己的資金紓解了股市恐慌[18]。ＳＢＦ接受了一系列的採訪，上了很多電視節目，談論他如何拯救幣圈。

「我確實覺得我們有責任認真考慮介入，以阻止危機蔓延，即使我們曾因此蒙受損失。」ＳＢＦ接受全國公共廣播電台（ＮＰＲ）的訪問時說道，「即使我們不是造成這種情況的人，也沒有參與其中。我認為這對整個生態系統是有幫助的。」[19]

那年六月，ＳＢＦ接受《富比士》採訪時，倒是預言了災難的降臨[20]。雖然他向該雜誌保證，ＦＴＸ做得很好，但也提到其實還有一些加密貨幣交易所搞丟客戶的錢，只是外界不知道罷了。他表示：「一些比較不知名的交易所，實際上已經資不抵債了。」

令人不敢相信的是，即使一家又一家的加密貨幣公司倒閉，泰達公司竟然倖存下來，這讓我非常挫敗。回到二〇二一年，我可以在一整面牆貼上加密公司商標，隨便射飛鏢，不管射中哪一家可能現在都已經倒了。偏偏我選了一家，被我調查了一年多還沒倒的。

我還是覺得泰達公司很可疑，事實上我越深入調查，就越不信任這家公司及其主事者。不過，到了七月，泰達已經讓客戶贖回了一百六十億美元的加密貨幣，避免了全面擠兌的命運。

我不懂，為什麼泰達幣還不倒

安德森等懷疑論者向我指出，這無法證明泰達擁有它宣稱的所有資金。讓客戶贖回一百六十億美元的加密貨幣，只能證明泰達有一百六十億美元。該公司有可能已經損失了五十億或一百億美元，但除非所有的加密貨幣都被贖回，否則我們沒有辦法知道。當然，按照這個標準來看，泰達也很難證明它有足夠的資金支撐。我開始調查泰達時，以為這是我可以解開的謎團，現在它開始看起來像一個無底洞。

我很想知道，為什麼沒有更多人贖回泰達幣？照理說，就算是最死忠的人，看到種種可疑訊號，也應該去贖回泰達幣，至少可以換成另一種名為USDC的穩定幣。USDC的總部設在美國，而且不像泰達幣有那麼曲折複雜的歷史。

我看到有報導指出，在一些通貨膨脹嚴重的國家（如土耳其或黎巴嫩），有些當地人會購買泰達幣來替代美元（因為美元比當地貨幣穩定），但我沒看到證據顯示，這類用途多到足以穩住泰達幣。

我聽到的另一種說法是，泰達幣最大的客戶可能是一些見不得光的人，他們喜歡和離岸公司打交道，因為離岸公司不太願意與美國執法部門分享資訊[21]。洗錢者不會在乎究竟泰達幣有多少支撐，他們只想用泰達幣來快速轉移髒錢。

話說回來，泰達幣至少具有洗錢的用途。泰達幣最著名的早期推手之一，是一個名叫趙東（Zhao Dong）的中國貨幣交易員[22]。二〇二一年，他在中國承認了刑事指控，罪名是利用泰達幣為非法賭場洗錢四．八億美元。還有北韓，派工人到海外賺取現金時，會要求以泰達幣或其他穩定幣來支付[23]。非營利組織「俄羅斯國際透明組織協會」（Transparency International Russia）發現，莫斯科許多加密貨幣交易所會接受用戶存入的泰達幣，只簡單核對身分，然後交易所會安排倫敦的運鈔車遞送大量現金[24]。

我在一宗俄羅斯洗錢案中，發現另一個涉及泰達幣的有趣情況[25]。根據法院文件，洗錢者在討論如何付款給委內瑞拉黑市石油時，推薦使用泰達幣，說它「運作迅速」，就像傳簡訊一樣。「這就是為什麼現在每個人都這麼做。」那名洗錢者寫道，「方便又迅速。」

我不確定「每個人都用泰達幣」是否屬實，但即使有滿城罪犯需要轉移大量資金，也只能解釋泰達幣總規模的一小部分。二〇二二年八月的某個晚上，我的手機突然收到一則來自南加州區號的簡訊，是一位我素未謀面的美女傳來的。沒想到，她傳的竟然是我所需要的線索。

第18章

美女，網戀，殺豬盤

二〇二二年八月的某天晚上，我和朋友在酒吧時，收到那則神祕的簡訊，上面寫著：「嗨！大衛，我是Vicky Ho（以下音譯「何薇琪」），你不記得我了嗎？」

這很奇怪，因為我不叫大衛，我也不記得我認識名叫薇琪的女人。但最近幾個月，我的手機經常收到這種看似發錯的簡訊。通常我都會置之不理，但這次，或許是因為我喝了一杯濃烈的西瓜瑪格麗特雞尾酒，我決定回覆這則簡訊。

我告訴薇琪，她發錯號碼了。她回訊道歉，接著生硬的試圖和我繼續對話，她寫道：「與其為了傳錯簡訊道歉，不如我們交個朋友吧，哈哈。」

我問她是從哪裡傳簡訊的，她回傳了一張自拍照。照片有明顯的修圖痕跡，使她整個人看起來像動漫人物：一個漂亮的年輕亞洲女子，皮膚淨白光滑，尖下巴，一雙大而圓的眼睛配上長長的睫毛。

「很高興認識你。」我寫道，「我叫齊克·法克斯，住在布魯克林。」

「你的名字很酷，」她寫道，「我三十二歲，離過婚。」

你要殺豬，我要釣你

我把手機拿給朋友看，解釋我正在耍弄薇琪，因為我聽說有一種新型的投資詐騙就是從一則隨機簡訊開始的。我有預感這就是薇琪發簡訊給我的原因。這種騙局在英文裡叫 pig butchering（也就是殺豬盤），因為騙子藉由培養網路戀情及虛構的投資收益，來博取受害者信任，然後再一舉偷走受害者所有的錢，就像先把豬養肥了再宰殺一樣。我朋友說，他也收過這種莫名其妙的搭訕簡訊，但從未理會[1]。

我也傳了一張自拍照回去。薇琪說我看起來很帥，問我年紀多大。但在我們離開酒吧去吃餃子後，我就沒有再回訊了。隔天早上醒來，我看到薇琪傳來連串的訊息：

「你在做什麼？」

「晚安。」

「你睡了嗎？」

「你做什麼工作？」

「我親愛的朋友去哪裡了？」

「看來你很忙。」

我回訊時，薇琪似乎很興奮。我知道她只是把我當成一隻有潛「利」的豬，而且她根本不是她所說的那個人，但有一個美麗新筆友的經驗還挺有趣的，即使是假的。她告訴我，她也住在紐約，經營一家連鎖美甲沙龍，五年前在叔叔建議下從台灣搬過來，她說她叔叔很有錢，「對金融領域很在行。」

薇琪告訴我，她有很多空閒時間，還一口氣列了許多高檔嗜好：旅行、瑜伽、潛水、打高爾夫。在閒聊的過程中，她暗示了我們對話的方向，說她也喜歡「分析加密貨幣市場趨勢」。

我知道薇琪的任務，是運用社交工程*來欺騙我，但她看來並不擅長做這件事。首先，她告訴我，紐約正在下雨，但我親眼看到外頭天氣晴朗。她說她正要參加大都會晚宴（Met Gala），但那是三個月前的事了。她發來一張躺在床上的露腿挑逗照片時，窗外的景色一點也不像紐約。她搞曖昧的用語，很像機器人在說話：「我喜歡追求浪漫的事物，比如健康的肉體以及愛情的珍奇感。」

過了一天，薇琪揭露了她真正熱愛的東西：比特幣價格圖。她開始發給我價格上漲圖，告訴

---

*譯註：在資安方面操縱人的心理，使人採取行動或洩漏機密資訊。這是一種以收隼資訊、詐騙或入侵系統為目的的騙局。

我，她已經找到了預測市場波動及快速獲得二〇%或更高獲利的方法。她分享的截圖顯示，光是那週，她就從一筆交易賺了一萬八千六百美元，另一筆賺了四千三百二十美元，第三筆賺了三千六百美元。她解釋，那些交易是綁著一種叫做泰達幣的加密貨幣。她告訴我那很安全，因為泰達幣是「與美元兌換率一比一的加密貨幣，也被稱為穩定幣」。

但薇琪告訴我，先別學她那樣交易，建議我先讀幾本比特幣的相關書籍。幾天下來，她持續與我聊天，沒有要求我匯錢。我應該是她的詐騙目標，但我覺得我好像需要想辦法促使她來騙我。

我試著跟她搞曖昧。她傳來高爾夫球場的照片後，我回她，「好可愛，」並直接問：「我很想試試你說的那個技巧。」為了讓她知道我已經準備好交易加密貨幣了，我甚至告訴她我朋友阿傑的事。

「我有一些朋友在加密貨幣上賺了很多錢。」我寫道：「有人買了狗狗幣，賺的錢足夠帶全家去迪士尼樂園玩。」

但整整一週，她都堅持閒聊，不理會我想把話題導向她的騙局。她自制力還滿強的，我都迫不及待被詐騙了。

當我醒來又看到一則「親愛的，你昨晚睡得好嗎？」的簡訊時，我改用另一種方式向她展現我是很好的詐騙目標。我告訴她，我想買輛新車，並發給她一張我夢寐以求的鷗翼式特斯拉照片——就是我幻想著靠無聊猿發財後想買的那輛車，要價十四萬兩千美元。

「我看到價格是十四萬兩千兩百美元。」薇琪寫道。

「是啊，很貴。」我說。

「只要你喜歡，錢就不算什麼。」她說。

接著，她發給我一張比特幣價格圖，說她明天要根據她的數據分析進行一筆新的交易。她的說明中提到很多編造的術語，聽起來滿像一回事的，就像我聽過的其他加密鬼扯一樣。「我投資短期合約節點交易。」她告訴我，「明天和你分享。」

終於，我成功了。隔天，薇琪傳給我一個連結，讓我下載一個叫 ZBXS 的 app。它看起來很像我試過的其他加密交易所的 app，但它不是來自蘋果官方的 app 商店。這個 app 頂端的橫幅廣告寫著：「安全又穩定的新交易市場」。它顯示了各種加密貨幣的價格，全都以泰達幣為單位。

接著，薇琪給了我一些指示。她解釋，我應該先用美國的交易所購買泰達幣，然後把泰達幣傳到 ZBXS 的存款地址（由四十二個字母與數字組成的字串）。我決定從一百美元開始，在付了一系列的費用後，最後得到八十一枚泰達幣。果然，我將那些泰達幣傳到那個地址後，我在 ZBXS 裡的帳戶就出現八十一枚泰達幣。

但薇琪說這還不夠，她說我必須存入五百美元的泰達幣才能做「短期節點」交易。我沒有立即匯錢，於是她發來了一則語音留言：「齊克，你在做什麼？」她用嬌滴滴的聲音說道，帶著一種我無法辨認的口音。「我看到你已收到我的訊息了，為什麼已讀不回呢？」

這時，我覺得已經玩夠了。「我要告訴你一件事，」我寫道：「我是調查記者，我之所以一直和你聊天，是因為我想深入了解這一切是怎麼運作的。」

「哎呀，不是你想的那樣啦。」薇琪寫道。

然後，我看到她的 WhatsApp 頭像從一個瞳鈴大眼的女人變成一個白點。這是我最後一次收到薇琪的訊息。

只要大量傳送簡訊，終究會有人太寂寞而上鉤

薇琪那套「假交友、真詐騙」的手法實在很弱，但還是有不少人落入這種圈套。看來只要騙子傳簡訊給夠多的人，終究會有人因為太寂寞而上鉤。

新聞報導說，有些人因此被騙了很多錢。波士頓一位癌症末期的專案融資律師被騙了兩百五十萬美元[2]；聖路易市一位育有三個孩子的離婚婦女被騙了五百萬美元[3]；田納西州一位二十四歲的社群媒體製作人賣掉了繼承而來的童年住屋，得到的三十萬美元全被詐騙了[4]。「你聽到那麼多人變成百萬富翁的故事，」她告訴記者：「那感覺就像，好耶，加密貨幣是新趨勢，我也要加入。」

我與薇琪的短暫曖昧簡訊，證實了我之前的懷疑：騙子正在利用泰達幣轉移資金。我訪問了幾個「殺豬盤」的受害者，他們也被要求發送泰達幣。

我在尋找因這種騙局而損失金錢的受害者時，遇到一個宣稱正在募款以幫助受害者的組織：全球反詐騙組織（Global Anti-Scam Organization）。該組織表示，他們已經幫了許多「殺豬盤」受害者：全球共有一千四百八十三人，損失合計超過二．五億美元。如果這個數字是準確的，那可能只占「殺豬盤」損失的一小部分。我意識到，這個騙局中使用的泰達幣總量，可能非常龐大。

全球反詐騙組織的網站說，它是一個由「殺豬盤」受害者自願經營的非營利組織，目的是幫助其他受害者，但它的名稱及充滿圖庫檔的網站，讓我懷疑它本身就是一個騙局。我在該網站上讀到的另一個細節，讓我更加起疑：該組織宣稱他們要打擊「人口販運」，這似乎是一個不相關的問題，也是披薩門（Pizzagate）*那種陰謀論者愛用的熱門詞彙。

該組織寫道：「全世界有成千上萬名正值壯年的男女淪為網絡詐騙的受害者，他們因此陷入貧困，遭到迫害。請幫助我們扶助受害者、提高大眾對網路犯罪的認知、打擊人口販運，以結束這場全球危機。」

我聯繫該組織時，才知道他們所有成員都使用代號，聽了之後我更加懷疑了。我告訴他們，我正在調查泰達幣在這些騙局中扮演的角色，他們要我去和該組織的加密專家談談，他的代號是「冰

*譯註：二〇一六年美國總統大選期間爆發的陰謀論事件，因假新聞而引發槍擊案。當時總統候選人希拉蕊與她的競選幕僚被謠傳經營兒童性剝削，地點就在華盛頓特區「彗星乒乓」披薩餐廳地下室，導致有男子持槍襲擊披薩店。

蟾」（Icetoad）。於是，我們約了Zoom視訊。

冰蟾是個三十八歲男子，名叫傑森・貝克（Jason Back），一頭凌亂的棕髮，穿著一件藍色的Phish樂團T恤，從加拿大安大略省的地下室加入視訊。他的LinkedIn個人檔案顯示，他最近一直在做「大麻守門員」（cannabis concierge）。冰蟾不是什麼暗網的化名，是他從國小三年級就開始使用的網名。

冰蟾說，他自己被騙後，就加入了全球反詐騙組織。他的專長是追蹤資金流向。他說，使用公開可用的區塊鏈分析工具，可以追蹤受害者發送的加密貨幣。他證實，多數詐騙案中，騙子就是使用泰達幣。他說他親自追蹤了價值數億美元的泰達幣，那些都是「殺豬盤」騙局的收益。

「騙局總是從泰達幣開始。」他說，「他們基本上是在協助洗錢。」

一個又一個精心布置、巧妙管理的劇場

冰蟾不確定為什麼騙子總是使用泰達幣。起初，我也不確定。畢竟，他們讓受害者下載的加密貨幣app是假的，就像薇琪虛構的加密貨幣交易所ZBXS那樣。理論上，我可以透過信用卡、PayPal或銀行轉帳存款進去，然後再做加密貨幣交易，這樣騙子就不用教受害者如何獲取及發送泰達幣了。

但後來我想到，在泰達幣出現以前騙子是如何轉移資金的。我從報導金融詐騙中學到一點：資

金轉移通常是詐騙中最困難的部分，說服受害者匯錢反而不是最難的。我思考薇琪那個騙局的機制時，意識到它幾乎與二十世紀初流行的一種稱為「大商店」（Big Store）的詐騙伎倆一模一樣。即便在當時，騙子也必須費盡心思，把錢從受害者的銀行帳戶轉移到他們自己的帳戶。

一個世紀前，美國的火車站、跨大西洋蒸汽船及酒館裡充斥著騙徒的身影。道行低的小騙子會操縱骰子遊戲或玩賭徒三張牌（three-card monte），但最熟練的老千專精於用較長時間設計騙局，他們會花上好幾天或數週時間建立受害者的信任，然後才捲款潛逃。

「大商店」就是這種長時間精心設計的騙局。在各地流竄的騙子（稱為「誘騙者」〔roper〕）會故意跟詐騙目標交朋友，並提起他有一個親戚有一種穩賺不賠的技巧，就像薇琪告訴我的那樣。那個年代，穩賺不賠的技巧通常是挑選獲勝賽馬或飆股的方法。接著，騙子會帶詐騙目標到「大商店」，那裡是詐騙集團承租的辦公室，改裝成投注站或股票經紀公司，裡面還裝了假的股票行情機，安插幾個扮演客戶的演員，每個人都帶著大把的鈔票。

騙子刻意讓受害者押注或交易賺了幾次，強化受害者的膽量，讓他更容易被洗腦，做出真正的豪賭。受害者一押下大注就賠光了，等受害者一離開，現場馬上收拾乾淨。即使警察來查，也只會看到一個空屋[5]。誠如語言學家大衛・毛雷爾（David Maurer）在一九四〇年的經典著作《大騙局》（*The Big Con*）中所寫的，這是「一個精心布置、巧妙管理的劇場。受害者在不知情下，在最驚心動魄的黑社會戲劇中扮演了一角」[6]。

「大商店」騙局一次可以騙到十萬美元，當時那是一筆巨款。頂尖的騙子騙到都出名了，例如人稱「黃小子」的約瑟夫．威爾（Joseph "YellowKid" Weil）。威爾曾對作家索爾．貝婁（Saul Bellow）說：「我從來沒騙過老實人，我只騙無賴。他們想不勞而獲，我讓他們勞而無獲。」[7]

那個年代，搞大商店騙局最難的部分，是在不打草驚蛇的情況下，轉移那麼大筆的金錢。這通常需要當地銀行人員的配合[8]，騙子必須找到一個願意接受賄賂的人，來幫他兌現外地人開的大額支票並守口如瓶。

薇琪接觸我這種隨機陌生人的方式，也讓我想起了一種比較近期的騙局：一九九〇年代的「奈及利亞王子」騙局。在電子郵件剛出現的時候，假冒奈及利亞皇室的人喜歡到處發垃圾郵件，宣稱有「緊急請求」，想找「誠實可靠的夥伴」幫忙取回家族財富。騙子總是要求收件人先寄錢過去支付費用，但無論他們支付多少，騙子總是會發信告知他們還卡著另一個障礙，阻礙他們獲得那筆橫財。

這些騙子會要求受害者把錢匯給有美國銀行帳戶的同謀，由於這些「車手」必須向銀行提供真實姓名，他們最後通常會被逮捕[9]。

從詐騙者的角度來看，泰達幣顯然比賄賂行員或使用車手進步多了。它是即時的，無法退款，也不要求提供任何人的姓名或地址。而且，不同於其他加密貨幣，泰達幣的價值不會每小時波動。這讓潛在受害者不那麼害怕，也讓犯罪分子覺得更好管理。

那個自稱薇琪的，是否也是被脅迫的可憐人？

幣圈人士老在吹噓區塊鏈用途的無限潛力，但唯一實現這種說法的行業，就是詐騙。冰蟾和全球反詐騙組織的志工告訴我，即使他們提出證據，證明某個帳戶握有詐騙所得，泰達公司也拒絕幫他們凍結帳戶或沒收那些贓款。泰達公司顯然有能力凍結帳戶並沒收資金，例如遇到駭客攻擊。但是，當被要求保護「殺豬盤」騙局受害者時，泰達公司曾以「它無法控制區塊鏈」為藉口來推卸責任。

另一位全球反詐騙組織的志工，給我看了幾位受害者與泰達公司的往返電子郵件副本。「我們不會公布所有使用中的地址，也不會管控它們或鏈上的每筆交易，」泰達的客服人員寫給一位新加坡的受害者。「對於那些使用我們無法控制的位址的人，我們也沒有他們的身分資訊。」

「我相信您能理解，我們不希望捲入雙方之間可能發生的糾紛。」該公司補充說道。

在我聽來，這是推卸責任的藉口。我把八十一枚泰達幣發送到薇琪那個平台時，泰達公司的資料庫中有一個條目代表我擁有多少錢，另一個條目代表薇琪有多少錢。也就是說，薇琪在泰達銀行有一個匿名的編號帳戶。

在全球反詐騙組織提供的另一份通訊副本中，泰達公司告訴香港警方，它**確實有能力**介入。但該公司仍拒絕介入，因為該案件的金額太小了。

「我們有時必須拒絕涉及USDT遭竊金額較小的詐騙案件。」泰達的客服人員寫道，只有在案件「與暴力行為直接相關」時，他們才會介入。

我簡直不敢相信，泰達公司自己制定了何時與警方合作的規則，而警方竟然對此無計可施。想像一下，如果警察告訴某家銀行，有贓款存在銀行裡，而銀行卻說因為小偷沒有開槍射擊任何人，所以銀行不會歸還那筆錢。

更何況，冰蟾與他的同事還告訴我，經營「殺豬盤」騙局的犯罪集團非常暴力。那些發送簡訊給我的人，本身就是人口販運的受害者。

全球反詐騙組織指出，多數「殺豬盤」騙局是由柬埔寨或緬甸的黑幫策畫的。這些黑幫大老以客服或線上賭博等高薪工作，誘騙東南亞各地的年輕男女到海外工作。等這些人抵達當地後，黑幫就把他們囚禁起來，逼他們做網路詐騙工作。

冰蟾和他的同事告訴我，有成千上萬人被這種方式騙了。整棟辦公大樓裡，每一層都擠滿了這種受害者，他們承受著被折磨或死亡的威脅，被迫日夜不停的發送垃圾簡訊。這些人都使用泰達幣來轉移騙來的錢。

起初，我不確定是否要相信冰蟾和他的朋友，但我深入調查後發現，其他新聞媒體，包括柬埔寨的報紙、半島電視台、《日經新聞》及《Vice》，都陸續報導了一些細節，似乎證實了他們口中那些離奇的故事。我不禁納悶，那個自稱薇琪的人，是不是也被脅迫，或許她仍受困在裡面，但她已經不再回我訊息了。我能找到的最佳線索，是她的泰達幣存款位址，一串由四十二個看似隨機的字母和數字所組成的字串。

當然，有時這種四十二個字元的位址，確實能追查到某處——就像那個令人尷尬的饒舌歌手「狂歡可汗」的例子。當美國國稅局追蹤Bitfinex被駭客盜走的資金時，一路就追到她的華爾街公寓去了[10]。

我需要找一個區塊鏈偵探來幫我。

為什麼不信任加密貨幣？就是因為這種狗屁倒灶的事

研究了幾家加密安全公司後，我與其中一位密刃（CipherBlade）公司首席調查員聯繫上。他叫瑞奇．桑德斯（Rich Sanders），公司網站上說他是從加密詐騙案中追討回資金的專家。他之所以令我信服，是因為他曾使用變聲器與一系列挑逗性的照片，偽裝成少女，誘使加密貨幣的竊賊暴露身分。如此敬業的人，肯定能幫我追蹤那八十一枚泰達幣。

我寫電郵給桑德斯，他答應幫忙。我們在他位於西米夫林（West Mifflin）的住家見面，那是匹茲堡附近一個舊鋼鐵廠小鎮。他在屋外迎接我，身邊跟著他的愛犬哈汎克，是哈士奇與獵犬的混種。三十二歲的桑德斯穿著沾滿狗毛的牛仔褲及灰色T恤，T恤上印著「泰勒絲的下一張專輯」

（T-Swift's Next Album）的字樣。左臂上紋了一首法國外籍軍團的歌曲歌詞，右臂上紋了一把帶著翅膀的劍，紀念他在阿富汗服役時的一名戰友。

桑德斯邀我進入他的辦公室。哈沃克對著我流口水時，桑德斯告訴我，他追蹤殺豬盤詐騙的金額已高達五億美元。他估計，這種加密貨幣網戀騙局所造成的損失至少有一百億美元。

「我們幾乎從這種騙局開始出現後，就一直接到這種案子。在新冠疫情爆發期間，這種案子更大幅增加。」他說道。

在這次見面之前，我已經先把薇琪的地址給他。他拿出一張他繪製的流程圖，上面畫著他追蹤這個帳戶進出的轉帳紀錄（見左頁）。

流程圖的中心附近，有一個小黑圈代表薇琪的錢包，那是我發送八十一枚泰達幣的地方。桑德斯解釋，這個錢包活躍了約兩個月，收到了許多匯款，匯款來源與美國、加拿大的加密貨幣交易所有關。匯款金額不等，有三千六百美元、一百八十美元、四百美元、五百美元、九千七百七十四美元等等，都是以泰達幣的形式匯款。桑德斯說，這些都是被同一操作詐騙的其他人。換句話說，我不是薇琪唯一的網戀詐騙對象。

薇琪收到錢後，會把錢發送到另一個位址（圖中是以一個更大的白圈來表示）。桑德斯說，這個位址可能也是由騙子控制的，裡面持有九百四十萬美元的泰達幣。

從那裡，許多泰達幣被發送到一些與幣安交易所和ＦＴＸ交易所有關的位址。桑德斯說，這很典型。騙子會把他們的泰達幣發送到交易所，把加密貨幣兌換成當地貨幣，然後提取現金存到銀行帳戶。

桑德斯告訴我，他追蹤薇琪的錢時，最遠只能追到轉帳到幣安。幣安應該有那筆收款人的身分紀錄，但除非有執法部門要求，他們不會對外透露（他說的沒錯。我詢問幣安時，該公司的一位代表說交易所不會幫我）。

即使幣安真的透露了收款人的名字，也可能是假的。桑德斯說，用假身分去交易所開戶很容易。他甚至以歌手泰勒絲的名字去開過戶，驗證身分時，他發去了一張自己男扮女裝的照片，戴著金色假髮，畫了很濃的藍色眼影，穿著閃閃發亮的銀色洋裝，露出濃密的胸毛。他說，那些不喜歡扮裝的騙子只需花二十美元，就可以買到其他人註冊的帳戶。

「為什麼大家不信任加密貨幣？就是因為有這種狗屁倒灶的事。」桑德斯說。

我注意到他辦公桌後面的桌子上，放了一把看起來像玩具衝鋒槍的東西。他告訴我那是真槍，是蠍式半自動手槍，配備雷射瞄準

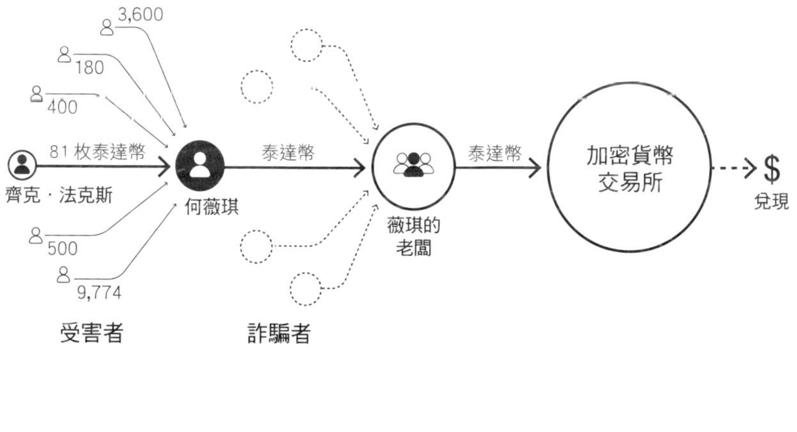

器。他說，他一直把槍放在身邊，因為他曾收到一些來自調查對象實質性的威脅。我告訴他，我打算繼續追查我付給薇琪的那筆錢最後的流向。

「如果我是你，我會很小心。」他說，「錢會讓人失去人性。」

這些是非常危險的地區，由中國黑道控制

冰蟾介紹我另一位也許能幫上忙的人：越南駭客吳明孝（Ngô Minh Hiếu）。他是最早收集殺豬盤情報的人之一，收集方式是採訪人口販運的受害者，以及駭入一些騙子的電腦。

吳明孝的履歷很特別，他二十出頭就已經竊取了許多人的身分。美國特勤局的一位特務說，他造成的財務損失比任何駭客還多[11]。在一次誘捕行動中，他被引誘到關島而落網，並被判在美國監獄服刑十五年。二〇二〇年獲釋並被驅逐回越南後，他轉往執法單位任職，如今是越南國家網路安全中心的「威脅獵人」（亦即白帽駭客），在當地小有名氣。

我們透過 Zoom 視訊交談。他告訴我，因為他以揭發詐騙而聞名，一名越南人口販運的受害者聯繫了他，那人又把他介紹給其他的受害者。他們都是看到柬埔寨賭場招募客服人員的高薪廣告而去應徵，但抵達後卻發現無法離開。而且去那裡不是做客服，而是被迫從事詐騙工作。

吳明孝給我看了他從詐騙組織內部取得的圖片和影片，一名勞工的額頭上有一道很深的傷口，

公寓大樓區的外面圍著螺旋狀的刺絲網，每個窗戶都加裝鐵窗。在一段影片中，一名試圖逃走的男子從建築物的三樓往下跳，雙腿觸地時攤倒在地。

「這些是非常危險的地區，由中國黑道控制。」他告訴我，「你進得去，出不來，就像監獄一樣。」

我問他，能否從薇琪叫我下載的那個假加密貨幣交易 app 取得情報。他看了原始碼，說那個 app 和他最後追蹤到柬埔寨的 app 很像。他說，假扮成薇琪的人很可能是從柬埔寨發送簡訊。不過當他試圖駭入該網站時，網站的擁有者似乎注意到了。幾個小時內，那個網站就從網路上消失了。

「每天都有很多詐騙網站被清除，但新的網站又冒出來。」他說。

尋找薇琪的路，似乎走到了死胡同，但薇琪的訊息正以一種奇怪的方式，引導我發現了泰達幣最大且最非法的用途之一。我老是想起那些被困在柬埔寨、被迫假扮成薇琪、發送垃圾簡訊，以期為他們的老闆賺取泰達幣的人。

越南駭客吳明孝給了我一份從柬埔寨詐騙基地逃脫者的名單，於是我在一位譯者的協助下，開始透過視訊聊天程式，採訪其中的一些人。大部分的人是看到看似合法的徵才廣告後去應徵，或是招募人員找上他們。這些求職者都以為，在柬埔寨等候他們的是客服或銷售方面的肥缺，但抵達後卻被告知他們要做的是詐騙工作，而且武裝警衛不讓他們離開。

幸運的馬來西亞人，逃出生天

我採訪的人所描述的虐待現象，比我想像的還要慘烈。詐騙業績未達最低門檻的人，會遭到毆打、挨餓、被迫互毆，或從一個詐騙組織被賣到另一個組織。有一個人說，他看到有人被強行注射安非他命來提高生產力。還有幾個人說，他們看到有工作者遭到謀殺，然後被說成是自殺。

一位來自越南湄公河三角洲地區的十九歲女孩告訴我：「我每天都很害怕。」她曾被困在柬埔寨，家人支付了約三千四百美元的贖金才讓她獲釋。

四十一歲的馬來西亞人陳萬慶（Bilce Tan），方形臉，個性外向。他告訴我，他看到JobStreet網站上一則尋找「電話推銷」人員的招聘廣告而去應徵。廣告承諾提供往返柬埔寨的免費機票，每月一千到兩千美元的薪水加獎金，一個「舒適、溫馨的辦公室和友好的同事」，以及「全勤獎勵」。線上面試時，招募人員告訴他，公司是做電信的，並錄取他做更好的商務開發職務。他被告知，工作地點是在柬埔寨西海岸的施亞努市（Sihanoukville），公司會提供他辦公室附近的宿舍，二〇二二年五月，他飛往金邊。

一個中年男子開著黑色箱型車到機場接他，接著車子開到一個加油站，有另外三個人上車。陳萬慶試圖與他們聊天時，立刻察覺不太對勁。「他們沉默不語，叫我閉嘴。」他說，「我感覺自己像個罪犯，他們像警察。」

他抵達新工作地點時已經入夜了，對方所謂的「辦公室」，原來是位於山頂的一大片建築。天很黑，他能看到的很有限，但仍然可以看出這不像一家正常的公司。聚光燈照亮了街道，警衛手持棍棒與長槍巡邏。建築物圍著帶刺的鐵絲網，到處都是監視攝影機。

「這是我第一次來柬埔寨。」陳萬慶說，「我心想，這他媽是什麼鬼地方？」

一名經理在大門口等他，帶他到宿舍，他在那裡度過一個不安的夜晚，這不是他想像中的那種宿舍。第二天，另一名經理帶他去工作的辦公室。房間裡有十名員工，每個人有兩台電腦螢幕及十部手機，裡面都是假帳戶，根據詐騙目標的性別，顯示男性或女性的照片。他的兩個假身分都是女性，分別叫「莉莉」與「安潔麗娜」。他拿到了劇本與潛在的詐騙目標名單，並接受了如何接近不同類型目標的訓練，據說，單親父母是最好騙的目標。

「我們會先自我介紹，」陳萬慶告訴我，「接著對方會開始講述自己的故事。」

詐騙集團教他，不要催促詐騙目標下載 app，而是要暗示自己賺了多少錢，然後等待目標自己提起——就像薇琪對我做的那樣。「如果對方提出問題，那就是我們出擊的時候。」陳萬慶說，「我們開始出示那個加密貨幣網站，並教他們怎麼註冊。」

就跟薇琪一樣，陳萬慶也說他都會要求受害者發送泰達幣。老闆用泰達幣來躲避偵查。「這樣比較安全。」陳萬慶告訴我，「我們擔心有人追蹤我們洗錢，而泰達幣是無法追蹤的。」

陳萬慶不想欺騙任何人。但是未達最低門檻的員工會遭到電擊，或被鎖在房間裡懲罰，或甚至被賣到另一個詐騙組織。

陳萬慶帶著三部手機到柬埔寨，他抵達後，把手機藏在宿舍裡。一天晚上他打電話給家人，但不知怎的被發現了，他們把他推倒在椅子上，用槍指著他的頭，對他拳打腳踢。接著，他被鎖在壁櫥裡，被關在黑暗中的地板上，腿上流著血，過了好幾天。他們不讓他去上廁所，只給他白飯，但他吃不下。他說：「呼吸很困難，覺得頭暈目眩。」

陳萬慶被放出來後，管理者最後警告他，要他好自為之，否則後果自負。後來，在一個他不願透露身分的人幫助下，他成功逃脫了。他要求我不要透露細節，以保護救命恩人的身分，但他說，逃跑過程是躲在一堆紙箱下面。他說：「就像好萊塢電影中的綁架案一樣。」他一逃離詐騙基地，就飛回馬來西亞。他在柬埔寨只待了三週，覺得自己能活著出來很幸運。

「我必須讓全世界都知道發生了什麼事。」陳萬慶說，「我們需要讓更多的人知道這件事，拯救裡面的人。」

區塊鏈的技術，到底被拿去幹什麼勾當？

這個問題的嚴重性非常驚人。許多受害者被關在一個名為「中國城」的巨型園區內。該園區也在施亞努市，離陳萬慶逃脫的地方只有幾英里。從新聞報導、受害者的訪談及社群媒體的貼文，我得知中國城可能關押了多達六千人。

我開始竭盡所能，從九千英里之外研究中國城。從照片上看，那裡和一個城市的市中心一樣大。數十座高大而單調的辦公大樓圍繞著幾個庭院，周圍是高高的大門、監視攝影機、螺旋狀的刺絲網，以及全副武裝的黑衣警衛。駭客吳明孝告訴我：「那是地球上最令人毛骨悚然的地方之一。」

街道上有麵店、便利商店、理髮店。很多店鋪的招牌是中文，而不是當地的高棉語。一位困惑的遊客上傳的照片顯示，這些商店都安裝了金屬門，以防止從後門進入的人從前門逃跑。

最好的資訊來源之一，是柬埔寨刊物《民主之聲》（*Voice of Democracy*）。我在上面看到了中國城內受虐勞工的陳述。有些人遭到毆打、電擊或凌虐，有些人被銬在狹小的空間裡挨餓。他們說，詐騙集團的首腦會像買賣動物那樣買賣他們。在社群媒體的影片上，我看到帶著手銬的勞工遭到電擊、被無情踢打、被人拿球棒痛毆。

《民主之聲》也提到中國城附近發生了連串可疑的死亡事件：有人發現一具屍體被吊在建築工地上；有人從附近的淺坑挖出一具戴著手銬的屍體[12]。一名當地的小販告訴另一家柬埔寨媒體，該園區發生過多起自殺事件。「救護車每週至少會開進那個園區兩次，如果少於兩次，那簡直是奇蹟。」[13]

這個問題，也是泰達幣很大一部分交易的來源。如果中國城裡關押了六千個像薇琪那樣的人在進行詐騙，而且每人每天必須達到詐騙三百美元的最低門檻（這是我從一些受害者那裡聽到的數字），那麼光是這個園區每年就會產生超過六億美元的非法收益。

根據我了解的情況，如果沒有加密貨幣，這個詐騙園區就無法運作。而加密貨幣給世界其他地方帶來的效益，似乎僅限於促成一場零和賭博的狂潮。

幣圈人士經常聲稱，區塊鏈上無法追蹤的匿名支付，將以某種方式幫助世界上的窮人。但他們似乎都沒有費心去了解，他們的技術實際上被拿去做什麼事。誘騙菲律賓人投入由SLP幣所編織的白日夢而負債累累已經夠糟了，更何況是協助及教唆奴役？

透過視訊聊天，我能得知的中國城狀況還是有限，我非得親自去看看不可。

第19章 深入柬埔寨，步步驚心

影片開始時，一名男子正在高速公路上開車。

他穿著馬球衫，衣服上別了一個印有其別名「裴風」(Phong Bui）的胸章，一隻手拿著手機，使用擴音功能通話。電話另一端的男子語氣聽起來很驚慌，講著越南話，名叫阿水（Thuy），從施亞努市的中國城詐騙園區外打電話過來。阿水和我採訪過以及在報導中看到的許多人一樣，被騙到柬埔寨從事詐騙工作，已遭到虐待好幾個月。在高速公路上開車的那個人，是知名的越南 YouTuber，他剛付了五千美元的贖金讓阿水獲釋。

阿水說：「我出來前又被電擊了幾次。」

裴風說：「我已經付了贖金，他們為什麼還要電擊你？」

「我也不知道。他們搶走我的手機砸爛，然後打我，問我是誰付的贖金。」阿水說。

「太殘忍了。」裴風說。

阿水逃離人間煉獄與半夜尖叫的故事

這樣的影片在越南吸引了數百萬次點閱，使裴風成為當地的紅人。影片中有受害者傷勢的駭人影像，配上聳動的標題，例如「阿水逃離人間煉獄與半夜尖叫的故事」。我花錢請人轉錄這些影片的內容並翻譯。把別人的苦難拿來當YouTube的內容似乎不厚道，但這些影片是我研究加密貨幣驅動的人口販運時，最好的資訊來源，我就是這樣找到幾名受害者並採訪他們的。

去柬埔寨前，我先在越南停留，見了裴風和他救出來的那個人。我先前透過簡訊聯繫上阿水，幾個月來我們視訊了十幾次。他告訴我，他與姑姑、叔叔住在離胡志明市約一小時車程的一個工業小鎮。我偕同口譯員搭計程車

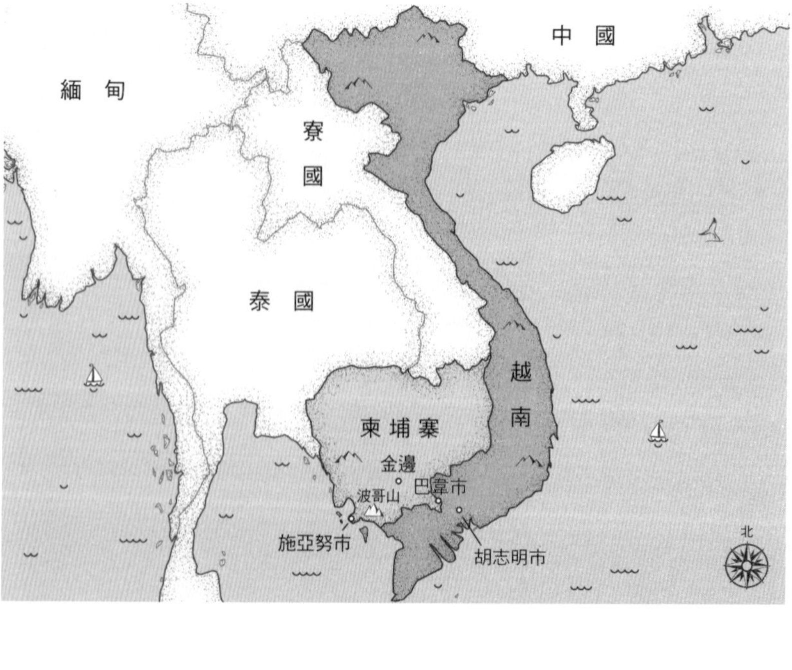

到那裡，他在一條塵土飛揚的公路邊迎接我們，公路兩旁都是修車行。

阿水二十九歲，看起來很年輕，捲髮蓋住前額，留著稀疏的小鬍子。他張嘴點菸時，我看到他至少缺了四顆門牙。他告訴我，那是在柬埔寨被綁架者打掉的。

阿水帶我們穿過一條覆蓋著藍色防水布的小巷，來到一扇沒有標記的門前，那是他姑姑的公寓，他現在住在那裡。整個地方不到三坪，包括一個廚房和一個架高的床鋪。那是悶熱的一天，我們盤腿坐在綠色的地磚上，上方一個裝在床鋪底部的風扇嘎嘎作響來回擺動著，我們還是涼快不起來。

阿水急著要告訴我更多他在中國城受虐的遭遇，他在那裡被關了數月，遭到殘酷的虐待。他讓我看耳後一道凹凸不平的傷疤，手臂上也有一道。他撥開劉海，指著額頭上一個長長的腫塊，骨折仍有待癒合。他說他看到工人被打死，還有人自殺。

在採訪過許多荒謬又輕浮的幣圈人物後，阿水的故事特別發人深省。但是，即便他的陳述與新聞報導一致，我還是不太確定我該多信任他。他告訴我，他曾兩次入獄，罪名是傷害與販毒，但他告訴我的一些私人生活細節也無法得到證實。不過他仍然是一個不錯的情報來源，他提供了他在中國城內拍攝的照片，對園區的描述也是我採訪過的逃脫者中最詳細的。

阿水的遭遇，聽起來像連恩．尼遜（Liam Neeson）的動作片《即刻救援》（*Taken*）續集。最難以置信的部分，是他如何找到裴風的 YouTube 影片並請他安排救援。阿水告訴我，他偷了一個警衛的 iPhone，把它藏在肛門裡，這是他在監獄裡學到的技巧。手機沒電時，他徒手拆開手機，取出沒電的電池，直接把它接上日光燈的接頭充電。

「我非常冷靜，一點也不害怕，因為我想反正無論如何我都會死。」阿水用越南話告訴我。「萬一他們發現是我偷了手機，我要嘛被打，要嘛被殺，但如果我藏好手機，沒被發現，就有機會活下來。」

對此我暫時存疑。翌日，當我們在我下榻的胡志明市再次見面時，我告訴阿水，我有點懷疑他如何能夠為iPhone充電。阿水說，他可以示範給我看。我們找到一家商店，我花了五十美元買了一部二手的手機。回到我住的旅館，阿水毫不猶豫地拆開了房間燈具中的ＬＥＤ燈泡。然後，用牙齒咬下ＵＳＢ線，把iPhone電池接上。當他重新把電池裝上，手機真的開機了，我看得目瞪口呆。

我們一起看了中國城的衛星照片，為我去當地的行程預作準備。阿水說明了有警衛把守的大門，以及囚禁工人的地方，並指著園區內一棟金碧輝煌的酒店說，詐騙集團的老闆會去那裡嫖妓。

在胡志明市，我安排在飯店附近一家餐廳與裴風見面。服務生馬上認出他，裴風告訴我，他原本是拍攝自己在東南亞旅行的開心影片，但在柬埔寨，他聽說了越南移工在那裡受到的磨難。他開始在影片中揭露他們的遭遇，吸引許多人觀看及贊助，像阿水那樣的受害者也開始從詐騙園區內聯繫他。裴風說，他已經用支付贖金的方式，解救了五十幾位遭到強行扣押的人。他說這種營救任務很危險，在遭到黑道威脅後，他開始找中間人來安排救援。

我們也一起看了中國城的地圖，裴風指出他派司機去送贖金及接回阿水的那棟建築。他說，雖然他們的遭遇聽起來很誇張，但他相信他們。另一位曾被關在中國城的年輕女子告訴他，她親眼目睹兩個人在她面前被殺。裴風提醒我，不要到處亂逛。

「包一輛計程車，坐在裡面拍照就好，」他告訴我，「不要下車。」

你們這些老外不要插手，這裡是柬埔寨

在柬埔寨，我打算與《民主之聲》的兩位記者見面，他們曾協助揭發詐騙奴役問題。換作在美國，他們會因此獲得新聞獎，但在柬埔寨，沒這回事。

在全國大選前，柬埔寨長期獨裁者洪森（Hun Sen）總理以莫須有的罪名，監禁反對派的領導人[1]及騷擾工會領袖[2]。該國猖獗的人口販運，已成為國際政治問題。二〇二三年二月，他下令關閉《民主之聲》，因為該媒體一篇關於他兒子的報導激怒了他，但許多人懷疑，其實是因為《民主之聲》對詐騙園區的報導讓政府蒙羞。

「你們總是說我濫用權力，那我就讓你們看看我是如何運用權力的。」洪森在二月二十日的一次演說中，憤怒地談到關閉《民主之聲》一事。

「你們這些老外，我提醒你們，不要插手，這裡是柬埔寨。」他補充道。

三天後，我從胡志明市搭巴士前往柬埔寨的首都金邊。巴士一路顛簸，經過牧牛場、屋頂鏽蝕

的鐵皮屋，以及色彩鮮豔的灰泥大宅。我在巴韋市（Bavet）稍作停留，這裡是柬埔寨東南部一個塵土飛揚的賭場小鎮，就在越南邊境外。我看過越南的新聞報導，有幾家賭場其實是幌子，實際上是詐騙與強迫勞動的地方。我甚至看過一支影片，奴工逃離其中一家賭場，在雨中奔跑，滑倒後遭到警衛無情追打。

停車場一個小亭子上的牌子，引起我的注意。這是一則匯款服務廣告，寫著中文與越南文。我在上面看到一個綠色圓圈裡，有個白色的T字，那是泰達幣（Tether）的商標。這無法證明什麼，不過我是第一次在加密大會以外的地方看到這個符號，而且竟然是在一個所謂的人口販運中心，這似乎很奇怪。

在金邊，我與《民主之聲》的前記者丹妮爾．奇頓—奧爾森（Danielle Keeton-Olsen）與梅達拉（Mech Dara）會合。丹妮爾二十八歲，來自芝加哥，大學開始就在柬埔寨做報導。梅達拉三十五歲，以大膽無畏的報導著稱。他還有一點很出名：穿著人字拖與牛仔褲去參加政府的記者會，完全不把什麼服裝規定放在眼裡。

梅達拉騎著一輛比他還老的破摩托車，轟隆隆地來到我下榻的旅館。那輛摩托車的紫色車身已經破裂，後視鏡也在車禍中撞丟了。我問他們，在總理下令關閉《民主之聲》後，繼續做新聞報導會不會緊張，他們說不會。梅達拉告訴我：「如果他們想抓你，不管你做什麼，都會被抓。」

發送 USDT 很方便，沒人在乎你是誰

丹妮爾告訴我，金邊華人區許多匯兌店的外牆上，都有類似我在巴韋市看到的泰達幣標誌。她和我一樣好奇，想知道那是什麼意思，於是她帶我去了一家這樣的匯兌店。我看到兩輛車窗貼膜的黑色高級休旅車停在外面，一輛是 Range Rover，另一輛是中國製的眾泰（Zotye）。三米高的黃銅門上方有一個 LED 招牌，以跑馬燈的方式持續顯示中文，其中也夾雜著泰達幣的代碼 USDT。

進到店裡，一位店員帶我們到一大張大理石桌前，坐在繡有賓利（Bentley）標誌的白色皮椅上。地板鋪的是拋光大理石，櫃子裡擺著一個雄鹿雕像和幾個青花瓷花瓶，我是唯一的顧客。店員是一個穿著足球衫的柬埔寨年輕人，態度和善。我告訴他，我想把泰達幣兌換成美元，他說可以選擇當場拿現金，或存入中國的銀行帳戶。他叫我等老闆吃完午飯回來，還說中國商人很喜歡泰達幣。

「他們想匯款到海外時，發送 USDT 很方便。那是匿名的，而且很安全。」他說道。

在我們等待的時候，一個看起來宿醉未醒的中國男子，穿著人字拖和睡褲走了進來。他走到桌子後面，打開一個用黑色塑膠包著的東西，露出一大疊百元美鈔，以橡皮筋纏著，大小如午餐盒（店員後來告訴我，那一疊總共有五萬美元）。接著，他把鈔票夾在腋下，走了出去。我心想：「這傢伙根本不在乎泰達幣是否有中國商業票據或任何東西的支撐，他只想匿名用加密貨幣換大筆

現金。」

不久，老闆來了，是個脾氣暴躁的中國男子，身上的白色T恤蓋著大肚腩。他對我咕噥道：「ERC-20，還是TRC-20？」我在買變異猴的痛苦經歷中，學到了這是什麼意思。他是在問我，想用哪個區塊鏈交易。

我是有備而來的，我在 iPhone 上安裝了狐狸頭 app，裡面存了幾百枚泰達幣。老闆以簡訊方式傳給我他的錢包地址（一串隨機的數字與字母）。我把它貼到狐狸頭中，匯給他一〇五枚泰達幣，其中五枚是付給他的手續費。接著，他沒有要求身分證明，甚至沒有問名字，就遞給我一張嶄新的百元美鈔。我把加密貨幣換成了現金，而且沒留下任何書面紀錄。

使用區塊鏈分析資料，我看到後續幾天裡，其他客人分別發給他二千九百九十美元、五千美元、兩萬美元。光是這個街區，像它一樣為泰達幣做廣告的匯兌店就有四家。

在中國，他是逃犯。在這裡，有一條街冠他的名字

有新聞報導指出，中國城的詐騙園區與開發那片地產的中國富商徐愛民（Xu Aimin）有關。嚴格來講，徐愛民算是國際逃犯，是國際刑警組織「紅色通報」的對象，這種通報是用於提醒世界各地的警察逮捕他。二〇一三年，他因在中國經營一個營業額逾十億美元的非法賭場，被判處十年徒

刑，但他沒出庭。

不過，當我問丹妮爾和梅達拉他是否仍在逃亡時，他倆都笑了。因為穿過中國城的大道，就是以他的名字命名的。在金邊，離《民主之聲》被關閉的辦公室不遠處，我可以看到起重機正在為徐愛民的公司建造一座新大樓。那是一座五十三層的高樓，完工後將成為首都最高的建築之一。我向徐愛民公司探問，一直沒有得到回應。

去中國城之前，我決定和丹妮爾及梅達拉去看另一個離金邊更近的詐騙園區。該園區就在柬埔寨南部的一個賭場旁邊，位於首都西南方約一百六十公里處，毗鄰泰國灣，就在國家公園中心位置的波哥山（Bokor）山頂上。

據報導，有數十人被關在那裡，被迫從事網路詐騙，並常被毆打，如果企圖與外界聯繫，還會有生命危險。二〇二二年，綽號「大胖」的台灣黑道分子在台灣被捕，罪名是把數十人販運到柬埔寨從事網路詐騙[3]。據報導，這個山頂詐騙園區仍在營運中，對人蛇集團來說，那是理想的地點，四周森林環繞，想要逃脫是不可能的。

我們離開前，我和台灣曾參與調查「大胖」人蛇集團的簡姓資深警官談過。他說，二〇二二年，台灣政府在柬埔寨營救了四百多名人口販運受害者。他自己曾去波哥山救出一些受害者，他的單位從山上救出的一名年輕女子被打得幾乎失明，還有些人死在當地。

「我聽生還者敘述，有些受害者被人從屋頂扔下來，然後被說成是跳樓自殺。」簡說。

簡先生告訴我，大胖那個犯罪集團除了使用加密貨幣詐騙，賣掉受害者時也是以泰達幣收款。簡調查人口販運已有很長一段時間，他說加密貨幣讓他的工作變得更加困難。以前，犯罪分子利用銀行帳戶轉移資金，銀行會交出客戶資訊，但泰達幣手上甚至連帳戶持有者的資訊都沒有。

「調查起來相當困難。」他用中文說，「買賣泰達幣完全不需要任何身分證明與文件。」

對於造訪人蛇集團的山區大本營，我有點緊張，但丹妮爾說，這其實沒那麼危險。波哥山是旅遊景點，遊客會來欣賞法國殖民時期的宅邸遺跡與山頂景致。觀光客在離詐騙園區不到一百公尺的地方自拍，全然不知有人被困在裡面。

波哥山頭籠罩在雲霧中。我們在一扇大門前停下，警衛問我們要去哪裡。接著，我們沿著一條蜿蜒的山路開了半小時，行經岩石、棕櫚樹與白面猴。接近山頂時，我們來到一間大飯店，其鵝黃色的外牆風化嚴重，滿是汙跡，看起來彷彿歷經殭屍末日似的。飯店後方有一長排閒置的連棟房屋，大約有五十棟，都圍著鍍鉻柵欄，一整排向上蜿蜒到山頂。廢棄的人行道上，鵝卵石間隙長滿了雜草。

山頂上矗立著一座百年佛教寺院，我看到三位身穿橘色袈裟的僧侶一邊在金色佛像的周圍打掃，一邊聆聽著誦經的錄音，寺院外有隻狗正在垃圾堆中翻找食物。

這家有五百間客房的飯店，是潭瑟速卡酒店（Thansur Sokha），陰森、幽靜、空蕩，除了一對看起來困惑的法國夫婦（他們肯定沒看過網上評論）及數十名員工，別無他人。那些員工像一群貓頭鷹似的，我走到哪，他們的頭就跟著轉到哪。賭場、spa、酒吧、餐廳、兒童遊樂室裡都沒有人。可容納數百輛汽車的停車場內，只停了六輛車，我覺得我好像是在參觀宮崎駿電影《神隱少女》（*Spirited Away*）中的幽靈遊樂園。

酒店後方約一百碼（九十一公尺）處，有九棟破舊的辦公大樓矗立在大門後面，那裡就是據稱的詐騙園區。我決定過去仔細瞧瞧。為了凸顯出我那愚蠢的遊客裝扮，我繫上腰包，買了一杯草莓冰淇淋。那冰淇淋看來已經凍了好幾個月，外觀與質地都已凍到劣化。一扇大門把飯店賭場的公共區域和詐騙園區分隔開來，我走近時，故意誇張地舔著小勺上的草莓冰淇淋。一隻德國牧羊犬跑了出來，用力地拽著身上的沉重鏈條，對我狂吠。一名警衛示意我不能通過。隔著窗戶，我可以看到裡面有一排排的上下鋪。

德國牧羊犬對我吠叫時，梅達拉與另一名警衛聊了起來。那個人告訴他，這些建築物是租給中國公司的，裡面的工人不能離開。我想做點什麼，但丹妮爾與梅達拉告訴我，向有關當局通報一點用也沒有。人蛇集團已經買通當地的官員，柬埔寨官員非但不會幫助逃跑者，還會以違反移民法為由拘留通報者。

那個台灣警官告訴我，在他看來，當地警方似乎與黑道勾結。他們雖然願意在營救台灣受害者時幫點忙，但並未逮捕任何人，也沒有強制關閉詐騙園區。他曾喬裝成不法商人，與一群詐騙集團的負責人見面。他們共進晚餐時，其中一人還收到警方即將突襲的線報。

他說：「警方刻意包庇這些詐騙園區。」

穿著T恤和短褲的中國年輕人，每次下注超過一千五百美元

在巴韋市與波哥山徒勞無獲後，我打算前往據稱最惡名昭彰的詐騙地點中國城。從波哥山到施亞努市的路程僅一百二十公里，我們在塵土飛揚的道路上行駛了幾個小時，我有充足的時間與丹妮爾和梅達拉討論他們的調查。

施亞努市是以柬埔寨國王的名字命名，他在一九七〇年的政變中被推翻，五年後，滅絕種族的赤棉奪取了政權。長久以來對歐洲背包客來說，這裡的白沙灘一直是頗具吸引力的旅遊景點，儘管已經略顯破舊，背包客喜歡住在竹屋裡，抽著便宜的大麻。

大約二〇一七年開始，中國投資者推動的賭場建設熱潮，徹底改變了這座城市。在中國，除了國營彩券之外，賭博都是非法的，但是想賭一把的中國人只要搭短程飛機就可以抵達施亞努市，也可以透過直播影片下注[4]。

沿着泥土路兩旁，摩天大樓與新的公寓大樓拔地而起，市中心到處都是閃爍著霓虹燈招牌的圓頂建築。成千上萬的中國人湧入施亞努市，來賭場工作，也下場賭博。二〇一九年，中國移民的數量超過了柬埔寨人。這裡有九十三家有營業執照的賭場和數百家非法賭場，每年的營收高達五十億

美元[5]。在賭廳與樓上隱蔽的賭室裡，穿著禮服、戴著頭飾的女子會向中國的賭徒直播百家樂等遊戲，比較豪華的賭場外面，停放著勞斯萊斯和紅旗（Hongqi）加長禮車。

二〇一九年，一名遊客在《紐約書評》（*New York Review of Books*）上寫道：「金沙賭場（Golden Sand）的百家樂賭桌上，主要的賭客似乎是穿著T恤和短褲的中國年輕人，看起來低俗，抽著菸，手裡捧著一疊又一疊的百元大鈔，每次下注都超過一千五百美元。」

賭博產業，也帶來犯罪問題。施亞努市因賣淫、槍戰、綁架和洗錢而惡名昭彰。當地官員把治安惡化推給中國黑道。在一段爆紅的影片中，一名身穿白色T恤、衣服上沾滿血跡的男子在街上奔跑，兩名揮舞著電擊棒的警衛在他身後追趕，那名男子最後跪倒在地，用剪刀抵住自己的脖子大聲呼救。在另一段影片中，有人在光天化日下，把某個高利貸業者的屍體從休旅車後座扔出來[6]。

不過到了二〇一九年底，柬埔寨總理拒絕讓線上賭場更新執照，也讓線上賭場變成非法營運。這項禁令再加上新冠疫情爆發，重創了施亞努市的經濟。大約一半的賭場關閉，建案停工，留下一千一百棟未完工的建築[7]，多數中國工人也隨著離開。賭場倒閉之後，犯罪集團被迫轉型，把賭場變成了線上詐騙的基地。

我們抵達施亞努市時，我看到這座城市到處都是鋼筋水泥外露的廢棄高樓建案，總計高達數百座。天際線看起來很詭異，彷彿一整座城市大大小小的建築雕塑，都在控訴著過度的投機行為。

我們開車穿過施亞努市時，梅達拉與丹妮爾指著隨處可見的詐騙園區，告訴我各種暴力虐待故事。有些園區比較不容易被發現，例如賭場後面看似普通的辦公大樓，只是加裝了鐵窗，外面站著警衛，或是小巷子裡的大門上打著賭場的廣告，但不讓人進入。有些園區就比較顯眼，梅達拉指給我看一座漆成黑色的高樓，加裝了鐵窗，高高的圍牆上還布滿碎玻璃與鐵絲網，保全攝影機的鏡頭不是朝外，而是對著內部。

追查泰達幣資金流向，竟把我帶到這種地方

中國城位於市中心之外，靠近施亞努市一個海灘。當地平線上出現中國城的灰色高樓時，我幾乎不敢相信自己真的來到這裡。距離《彭博商業周刊》主編要我調查泰達幣已經快兩年了，我花了大部分的時間調查詭異的創辦人，試圖找出號稱擁有的數十億美元準備金卻一直找不到。我之前一直認為，泰達幣是一個龐大的騙局，但我沒料到追查錢的流向，竟然會把我帶到這種地方。

我眼前的中國城，就像人口販運受害者所描述的那樣，只是如今看來許多高樓似乎人去樓空。丹妮爾、梅達拉和媒體的報導，最後導致五個月前，有關當局宣布關閉一個規模數一數二的詐騙園區。

我們抵達中國城時，看到的第一批建築已經空了，但到達第二批建築時，就看到較多的活動。那個園區很大，至少有二十棟破舊的灰色建築，環繞著一家金色外牆的飯店，寬廣的大道上，兩旁

街燈狀如一大束花。全身黑衣的警衛站在黑色與金色相間的大門外，大門的頂部有金色的尖刺。建築的每個樓層都有一個通風的陽台，只是陽台都焊接了欄杆，形同籠子。

我看到車輛一一經過警衛，警衛也一一檢查他們是否有專用的識別證。這些車子不是鍍鉻的豐田 Alphard 休旅車，就是車窗貼了深色隔熱膜的 Range Rover。幾個穿著性感緊身洋裝的年輕女子騎著摩托車過來，警衛揮手示意她們通過，莫非，這園區又死灰復燃了？

透過大門，我可以看到整個街區：一家理髮店、幾家餐廳，以及一家櫥窗裡擺著填充玩偶的商店。不過，當我詢問是否能進去時，卻被拒於門外。一名警衛不知道對其他五人說了些什麼，大家都笑了。

園區旁邊是那家金色外牆的 KB 酒店（KB Hotel），我曾聽說裡面住著性工作者，但現在似乎已經對外開放了。酒店門口兩側種著椰子樹，服務生穿著黑色與金色相間的及膝褲、背心及樂福鞋。我查了旅遊平台 Booking.com，沒想到這家酒店也列在上面。一間高級大床房每晚要價九十八美元，含早餐。

酒店外，有五名黑衣男子正在擦拭一輛黑色邁巴赫（Maybach）加長禮車，還有一個留著紅色龐克頭、穿著 Gucci T恤、挺著大肚腩的中國男子走來走去。一個男人走過來，遞給我一張召妓的名片。

我決定進去看看。丹妮爾和梅達拉也認為我一個人進去，看起來比較沒那麼可疑。一位服務生帶我參觀了一下，其中一個亮點是大廳裡有個六米高的金色鳳梨。大廳就像波哥山上那家酒店一樣空蕩蕩，賭場內則播放著中國抒情搖滾樂，雅致的杯子裡放著免費的中國香菸，荷官的人數是賭客的三倍。

寬闊的大理石樓梯，把我從大廳帶到樓上一家高雅的餐廳，那裡擺著中式自助餐，食物盛放在金屬保溫盤裡。餐廳經理看到一個遊客獨自來這裡用餐似乎很驚訝，但他依然邀我入內。一位服務生說：「先生，這是免費招待的。」

餐廳寬敞到足以辦婚禮，但現場只有幾個人在用餐，其中包括剛剛在擦拭邁巴赫禮車的幾個小弟，還有一位身穿T恤、體格健壯的中國男子。他正看著手機上的 TikTok 影片，音量大得令人討厭。他似乎是他們的老大，因為他從褲子口袋裡掏出一疊鈔票分發給每個人。

除了我之外，他們每一個人似乎都很自在。我從餐廳一側的冰箱裡取出一瓶百威啤酒，小口啜飲，盡量讓自己不要看起來太緊張，或對周遭太關注。但我實在很好奇，那個正在我旁邊大啖烤鴨的人，該不會就是詐騙園區的老闆吧？不過由於每個人都在說中文，我聽不出任何端倪。

一位女服務生會說英語，我問她，為什麼酒店這麼空，她說這家酒店幾個月前才對外開放，在那之前只供周圍建築裡的人使用。我接著問她，為什麼那些建築物的保全防衛那麼森嚴？

「這裡是中國城，你不知道嗎？」她說。

我故意裝傻。她努力以一種可以讓人接受的方式解釋，那些工人是不准離開的。我露出驚訝的表情時，她連忙安撫我。

「我們這裡的員工，都是自由行動的。」她說。

我走到餐廳後面，那裡有落地窗可以俯瞰內院。太陽已經下山，其中幾棟灰色辦公大樓亮起了燈火，顯示裡面又有人在活動，我可以看到一些陽台上晾著T恤與短褲。想到被關在裡面的人可能正經歷著磨難，我頓時不寒而慄，趕緊從酒店離開。

梅達拉來接我，開車離開園區時，我看到一家停業的匯兌店，招牌已經拆下，但輪廓依然清晰。我看到了四個英文字母：USDT，泰達幣的代碼。

比特幣神奇地改變了這個國家

去柬埔寨之前，我就已經知道不會在波哥山頂，看到德瓦西尼和大胖在酒店大啖麵條。泰達幣作為一種轉移資金的方式，美妙之處就在於可以在幾乎沒有任何監督之下運作。泰達公司宣稱它知道所有客戶的身分，但那只是直接從泰達購買或贖回泰達幣的一小群加密貨幣交易者。在金邊，我可以輕易用狐狸頭app裡的泰達幣兌換現金，不必提供任何個資。就算執法部門向泰達公司索取薇琪或大胖的身分文件，泰達公司也根本沒法提供，也因此可以完全推卸責任。

自二〇二二年夏天我第一次聽說殺豬盤以來，一直往兩個方向調查。我一邊研究泰達幣如何助長柬埔寨詐騙集團，一邊開始調查德瓦西尼曾經露面的一個地方：薩爾瓦多。該國總統布格磊在我去邁阿密參加的「比特幣二〇二一」大會上，自豪的宣布該國將採用比特幣作為國家貨幣。二〇二二年二月，薩爾瓦多執政黨的一名成員在推特上發布了一張照片，照片中他與一位比特幣支持者和其他政黨的官員站在一起，拍攝地點在立法院，德瓦西尼就站在後方。

我在薩爾瓦多的報紙《燈塔報》（*El Faro*）上看到，德瓦西尼和泰達其他高層主管正為薩爾瓦多政府提供比特幣方面的建議。幣圈人士一直告訴我，比特幣神奇地改變了這個國家，但多數媒體都認為比特幣實驗不得人心，是一場失敗的實驗。

第20章

薩爾瓦多是玩真的嗎？

二〇二一年五月，薩爾瓦多總統布格磊宣布該國將採用比特幣作為國幣時，我不太相信他會這麼做。

當時該國正處於外債違約的危險邊緣，幫派暴力死灰復燃。難道這個國家解決問題的方法，是把賭注押在一種現實世界中沒有人使用且不穩定的數位貨幣嗎？

但布格磊說到做到。他發給每位公民價值三十美元的比特幣（當時相當於一個農場工人好幾天工資），在每個城鎮廣場安裝比特幣自動提款機，並要求商家接受比特幣作為支付方式。在該國瀕臨債務危機之際，布格磊不理會國際債權人的反對，堅持要用比特幣來解決薩爾瓦多的財政問題。他在推特上寫道：「比特幣就是財富自由！」（#Bitcoin is FU money!）＊

薩爾瓦多成了宣傳比特幣的國家級樣板。許多加密貨幣愛好者告訴我，這個計畫非常成功，其他國家很快就會跟進。當然，整個國家都在購買加密貨幣，肯定會推高價格。二〇二二年二月，推特共同創辦人傑克．多西在一次線上演講表示：「未來，正在薩爾瓦多上演。」[1]

我想親自看看，比特幣對薩爾瓦多的影響。

我他媽的願意在這場戰鬥中拚盡全力！

出發前，我見了傑克．馬勒斯。這位看起來很孩子氣的加密公司高層主管，在「比特幣二〇二一」大會上介紹了布格磊為薩爾瓦多制定的比特幣計畫。十個月前，他在台上激動落淚，告訴觀眾：「我會親自去薩爾瓦多，我們會在這塊土地上堅持到底，我他媽的願意在這場戰鬥中拚盡全力！」但是，當我問他實驗進展得如何時，他說他不記得上次去薩爾瓦多是什麼時候了。對此他似乎不太糾結，他說：「知道這不是我的計畫，這點很重要。」

布格磊這位四十一歲的總統，已成了幣圈網紅，在推特上有四百萬名追蹤者，他自稱「最酷的獨裁者」，用政府資金購買了價值一億美元的加密貨幣，當比特幣價格下跌時，迅速賠了一半[2]。儘管交易虧損，他仍持續發文說他加碼買進，有時還會吹噓他裸身坐在浴室裡用手機交易。

在推特上自稱「最酷的獨裁者」本來是個玩笑，但因太接近事實，反而一點也不好笑。布格磊變得越來越專制，二〇二二年三月，他宣布薩爾瓦多進入緊急狀態，下令警察逮捕任何涉嫌與幫派有聯繫的人。超過六萬人遭到拘留，相當於百分之一的薩爾瓦多人口，其中絕大多數是無正當理由被拘留。布格磊沉溺於這種暴行中，還在網路上發布被拘留者被脫到只剩內衣褲的羞辱照片。他說，那些人都是幫派分子，會死在監獄裡。據薩爾瓦多人權組織 Cristosal 的資料顯示，至少有一百五十人在拘留期間喪命，其中一些人有遭到凌虐的跡象[3]。

布格磊的高壓政策並沒有嚇跑比特幣信徒，畢竟這世上也沒幾個對比特幣狂熱的總統讓他們選。他們把薩爾瓦多的太平洋海岸變成幣圈人士的朝聖之地，第一批到訪的人當中，就包括皮爾斯。這位從童星轉型為泰達共同創辦人的人物，於二〇二一年九月搭乘私人飛機抵達這裡，為幣圈人士兼網紅羅根・保羅（Logan Paul）舉辦了一場派對，第二天就飛走了[4]。

另一位布格磊的支持者是泰達的德瓦西尼，我得知他在二〇二二年二月飛到薩爾瓦多，來支持布格磊第二階段的計畫：打造比特幣城。那將是一座像杜拜那樣的未來大都會，布格磊聲稱，地點選在薩爾瓦多東部。那裡將會有新機場、免稅，並以比特幣挖礦火山（Bitcoin-mining volcano）提供免費的電力**，還有一個狀似比特幣標誌的巨大廣場，大到從外太空都能看見。

令人費解的是，一個基礎建設預算只夠蓋一座摩天大樓的國家，要如何支付這一切開支？這正是德瓦西尼大展長才的地方。他的加密貨幣交易所 Bitfinex 承諾，將發行一種特殊的比特幣債券，

---

*譯註：FU money 是指 fuck you money，意指擁有足夠的財務自由，可以做自己想做的事。

**譯註：在火山附近設立發電廠，用地熱開採比特幣。

來募集建設比特幣城的資金。

但這對德瓦西尼究竟有什麼好處？

再說一次：我們這裡不收比特幣！

我的第一站是埃爾桑特（El Zonte），這個海灘小鎮是比特幣實驗的起點[5]。

二〇一九年，一位來自聖地牙哥（San Diego）的衝浪者把少量的比特幣分發給當地人，想要創造出他所謂的「比特幣循環經濟」。據傳這個實驗很成功，布格磊說該實驗是他為國家制定比特幣政策的靈感來源。

比特幣網紅、旅遊部落客、電視台工作人員蜂擁到來，把埃爾桑特稱為「比特幣海灘」。比特幣愛好者喜歡告訴我，這個小鎮採用比特幣，是加密貨幣終將邁向全球性接納的第一步。對於一兩家商店讓遊客使用比特幣購買一般商品，他們似乎有點過度興奮了。我看到一位德國比特幣 YouTuber 在一支影片中說：「嗨，各位，我們要在馬力歐刨冰（Minutas Mario）買東西了，而且可以用比特幣支付！」他站在一輛鏽跡斑斑的手推車旁，買了一份水果口味的刨冰，花了三分多鐘掃描 QR 碼，把一三四一八億分之一的比特幣（當時約值五美元）轉到小販的數位錢包裡。

埃爾桑特確實是一個美麗的旅遊小鎮，但很小，位於首都南方約一小時的車程。我看到凹凸不平的泥土路上，有雞在蹦蹦跳，當地居民住在鐵皮屋裡，旁邊是外國衝浪客住的旅館，但我沒看到任何人使用比特幣做任何事情。我去第一家店提到比特幣時，店員從我手中拿走我想買的那瓶水，說道：「垃圾，我永遠不會用它。」我住的旅館也不接受比特幣，隔壁的海濱餐廳還貼出一個手寫的牌子，上面寫著「不收比特幣」。餐廳老闆告訴我，他經常要對遊客說他不想處理波動性那麼大的貨幣，講到已經煩了。他說：「遊客以為這裡的店都收比特幣。」

我走到黑沙灘上，看到衝浪者穿梭於海浪中，還有兩個肌肉發達的網紅正與他們的小寶寶擺姿勢拍照。我很快就發現，那台出現在德國比特幣網紅影片裡的破舊手推車。賣刨冰的老闆馬力歐・加西亞（Mario García）戴著一頂毛茸茸的白色帽子，腰間繫著愛迪達腰包，穿著一件沾滿汗漬的橘色馬球衫。他那塊「收比特幣」的牌子已嚴重褪色，我幾乎看不見比特幣的B標誌。他的妻子正在一旁攪拌著一大鍋馬鈴薯以製作麵團。

加西亞對比特幣沒什麼看法，他說那是吸引遊客的一種方式，他會盡快把他們付的比特幣兌換成美元。但他對於布格磊推動的另一項圍捕幫派的計畫，倒是很有意見。事實證明，就算他已經算是非官方的比特幣代言人，仍不足以確保他的安全。

四月的某個上午他在海灘上工作時，四名士兵與兩名警察，用槍指著他，命令他脫到只剩下內褲。加西亞後來才知道，他被指控是該國最大幫派MS-13的「奇爾蒂烏潘狂」（Chiltiupanecos Locos）分支成員。他告訴我，他在監獄裡待了近一個月，遭到毆打，被噴胡椒噴霧。他掀起上衣，露出一個V形的傷疤和一處瘀傷。其他囚犯的遭遇更慘，他記得看到五名囚犯死在獄中。加西亞說：「他們逮捕了很多人，這樣一來他們就有一個數字，可以宣稱『我們逮捕了這麼多人』，完全不管這個人是不是真的犯了罪。」

他問我，能不能幫他把牌子上的QR碼分享出去，他希望藉此獲得捐款來支付電費與銀行貸款，但我嘗試用比特幣購買刨冰時，那個QR碼卻無法運作。

講得很好聽，實際上老百姓很反彈

泰達公司在薩爾瓦多登記的地址，位於首都聖薩爾瓦多的一座辦公大樓，是一家律師事務所，但我不被允許進入。我也無法從薩國官員那裡，獲得該公司的相關資訊。布格磊的比特幣城計畫尚未破土動工，所以預定地也沒什麼可看的。不過，我還是去了，並訪問幾位當地的農場工人。他們很生氣，因為政府為了幫總統實現白日夢，把他們趕走。

布格磊拒絕接受我訪問，我發簡訊給那位與德瓦西尼合照的議員，他也拒絕談論泰達公司，只會一味地頌讚總統的比特幣計畫很成功，儘管所有的證據都顯示情況正好相反。「我們的總統勇敢又有遠見。」議員威廉．索里安諾（William Soriano）寫道：「薩爾瓦多現在引領著一場貨幣革命，它將改變我們所知的世界，不僅經濟上如此，在文化上也是。」

這些說法，似乎與事實不符。在聖薩爾瓦多市中心，我花了一個下午四處走動，想要找到願意收比特幣的商家。我看到街角有士兵拿著步槍或霰彈槍、看到有面牆上噴著反比特幣的塗鴉，還看到叫賣白色囚服的小販（囚犯的家人必須為犯人購買囚服），就是找不到任何使用比特幣的人。一位經營小藥局的人說：「時漲時跌，對我來說沒用。」即使是在專做遊客生意的高級餐廳，收銀員也只有在逼不得已下才勉強收比特幣。他們通常得去餐廳後方找出一個裝了比特幣 app 的裝置，就如同法國餐廳的服務生可能會從櫃檯下拿出一瓶滿是灰塵的番茄醬，來遷就無知的美國人一樣。

如果薩爾瓦多是比特幣可在日常生活中應用的試驗場，那麼這個計畫可說是徹底失敗了。它唯一證明的是，就算政府大力鼓吹，也沒有人想用比特幣。薩爾瓦多人不懂比特幣，他們不相信它，當然也不認為這是一種幫窮人改善生活的方式。

「我身上根本沒錢，要怎麼用它？」一個女人笑著告訴我。

把比特幣想像成一把尺，就可以知道為什麼會上漲

在薩爾瓦多期間，我採訪了與泰達公司關係密切的比特幣愛好者，聽他們沒完沒了的說比特幣有多出色，以及自己為這個國家做了哪些了不起的事。我曾遇到一位美籍比特幣愛好者，他半開玩笑地告訴我，為了刺激經濟，他幫交往中的脫衣舞孃家人買了一台冰箱。一位比特幣的倡導者（後

來成為布格磊的顧問）當著我的面掏出一把尺，用來論證比特幣為何一定會上漲（即使當時的價格正大幅下跌）。「把比特幣想像成一把尺，」他說，「它的價值會增加，是因為它的尺寸（規模）是固定的。」

布格磊最著名的比特幣顧問（如果非官方也算的話），似乎是二〇二一年在邁阿密加密大會上大喊「去你媽的馬斯克！」的 podcast 主持人麥克斯・凱澤，以及他的太太兼共同主持人史黛西・赫伯特（Stacy Herbert）。

幾年前，他們在俄羅斯的國營電視台RT（Russia Today）製作了一個充滿陰謀論的新聞節目。如今，從社群媒體來看，這對夫婦儼然是國家的擁護者，過著奢華的生活，在薩爾瓦多最好的餐廳用餐，乘坐軍用直升機去參觀政府的加密專案。啟程到薩爾瓦多之前，我在 YouTube 上看了一段他們稱頌薩爾瓦多比特幣法規的影片。

「這是火山能源，耶！」赫伯特曾是電視製作人，她頂著一頭粉紅色的頭髮，一邊秀著二頭肌，一邊喊道。

「廉價又清潔的火山能源，來自地球母親的蛋蛋，噴射出免費能量的精液，要讓這裡的所有人都他媽的變有錢。」凱澤喊道。

這對夫妻似乎與德瓦西尼關係密切，他們在社群媒體上發布了一則訊息：由 Bitfinex 交易所資助的兩百萬美元慈善基金，在全國各地發放。我約了赫伯特在聖薩爾瓦多的一個高級商場一起喝咖啡聊聊。

赫伯特本人看起來很開朗，不像影片中那麼瘋。她稱比特幣為「完美的貨幣」，說布格磊是「超級天才般的數學家」，還說比特幣城是他將薩爾瓦多轉變為「下一個新加坡」的關鍵。然而關於泰達幣與德瓦西尼，她卻不願多談。

但她確實有提到，在薩爾瓦多有個與泰達幣有關的景點：那是一幅壁畫，畫中描繪著比特幣火山噴發，畫裡還有一棵樹，樹葉形狀貌似 Bitfinex 的商標。這幅壁畫位於某個黑幫控制的社區入口附近，創作者是德瓦西尼的伴侶（年紀小德瓦西尼很多）——藝術家瓦倫蒂娜・皮科齊（Valentina Picozzi）。赫伯特說，這幅壁畫，象徵著德瓦西尼與泰達其他高層主管，正努力實現對薩爾瓦多人民的承諾。

「他們都是很低調、謙遜、樂善好施的人。」她說道。

不過回到紐約後，我查了一下皮科齊的作品。她是畫家及雕塑家，就像大多數比特幣的相關作品一樣，她的創作也偏向俗氣，且極度直白。例如，畫上比特幣標誌的手榴彈，或是壓克力盒子裡裝滿碎美鈔，上面印著中本聰的語錄。有時我忍不住猜想，她是不是藉由作品，暗示著泰達幣的警訊。比如作品中有一個紅色的標誌寫道：「抱歉，你被坑了。」還有一個藍色的標誌寫道：「抱歉，我們**沒有聯邦存款保險**，也**沒有準備金**。」

皮科齊似乎只有一小群加密貨幣粉絲，我去了薩爾瓦多的一個月後，也就是二〇二二年八月，我在推特上看到，她終於要在一個主流藝術展上展出她創作的比特幣藝術。展覽地點，就在瑞士的盧加諾（Lugano）。

我當下的第一反應，是想知道這些糟糕的比特幣藝術是如何進入主流藝術展的。不過退一步想，這可能是個千載難逢的機會，讓我見到行蹤隱密的德瓦西尼，並當面問他為什麼泰達幣似乎在世界各地助長著不法行為。我想問問這位前整形外科醫生，對「殺豬盤」詐騙及布格磊失敗的比特幣政策有什麼看法。

但他大概不會想跟我談。泰達公司的執行長方雋哲和我在巴哈馬見過一面後，就再也不回我訊息了。我想，如果想得到坦率的回應，我需要設法安排與德瓦西尼聊一聊。

德瓦西尼似乎會避開加密大會，大概是為了躲避像我這樣煩人的記者。但是，他的伴侶要辦職涯中最盛大的展覽，他總不會不現身支持吧？而且，他也不會料到竟然會有記者出席——畢竟，什麼樣的記者會大老遠跑去瑞士的藝術展，就為了有機會可以採訪到一家加密貨幣公司的老闆？

是時候去看看比特幣藝術了。

第21章

蜂蜜與人便

我搭著 輛載滿義大利藝評家的巴士抵達盧加諾，追尋那位行蹤成謎的人：泰達公司的老闆德瓦西尼。

這次旅程是由 WopArt 紙藝國際博覽會安排的，德瓦西尼的伴侶皮科齊正在那裡展出她的作品，主題是「紙與其鏡像NFT」（The paper and its mirror, NFT）。我告訴活動的公關人員，我正在寫一本加密貨幣的書，她說歡迎我參加。

巴士從米蘭出發，經過科莫湖（Lake Como），越過瑞士邊境，然後到達盧加諾。這個小鎮坐落在平靜的湖畔，周圍環繞著起伏的青山，是個靜謐富足的小鎮。鎮上的鵝卵石街道非常陡峭，有纜車運送大家上上下下。

盧加諾和薩爾瓦多一樣，宣稱已採用比特幣為支付方式之一。市長在當年稍早宣布了這個計畫，而且是與泰達公司合作。我猜想，那也是皮科齊選在這個小鎮展出作品的原因。

我與藝評家一起走進偌大的展場，迎面而來的是皮科齊創作的一幅巨大海報。海報上是一個男人用黃色顏料畫了一個燈泡，照亮了一系列塗鴉風格的比特幣標誌。九米長的牆上，掛著她的其他數十件作品。

我一眼就看到了皮科齊。她身材嬌小，舉止優雅，穿著皮夾克、飄逸的黑長褲及黑色細高跟鞋，金髮盤起，無名指上戴著一枚大鑽戒和一枚小戒指，正在調整一個畫框。我決定不接近她，在一旁等德瓦西尼現身。

等待期間，我和幾位義大利藝評家禮貌地欣賞了皮科齊的作品：包裝上印有比特幣標誌的一整排橘色大藥丸（比特幣支持者喜歡說他們「吃了橘色藥丸」）；一張白紙上壓印著「比特之子」（Son of a bit）*字樣。另外，還有一張委內瑞拉鈔票，上面的西蒙．玻利瓦（Simon Bolivar）**有一隻黑眼圈，而在一張一美元鈔票上，喬治．華盛頓雙手抱頭，暗示著通貨膨脹。

藝展的藝術總監是個熱情洋溢的男士，戴著螢光橘的眼鏡，他帶我和藝評家去聽皮科齊介紹自己的作品。皮科齊看到有觀眾似乎很興奮，但我不懂義大利語，唯一聽懂的詞只有「比特幣」，我微笑著拿出錄音機，以便稍後請人翻譯她講的話。

「基本上，它是非常道德的，因為沒有腐敗的空間。」她告訴藝評家。「突然間，我為數學創造了印鈔的機會，而且有一些法則是數學法則。」

參觀行程持續了幾個小時，我不斷地溜去皮科齊的展區，希望能看到德瓦西尼，但沒能如願。藝評家離場後，我又等了幾個小時，在藝展上閒晃。等待很漫長，他究竟在哪裡？我以為他至少會來參加開幕晚宴，但還是沒看到他。藝展翌日，我又去現場白等了一天，於是我失落的回到布魯克林。

但不久後，出現了第二次機會。

這太簡單好用了，為什麼？因為你追蹤不到錢的流向

盧加諾打算為即將推行的比特幣計畫，召開一場大會，泰達公司是協辦單位之一。我覺得德瓦西尼不太可能參加，他沒在講者名單中，想避免曝光的他應該也不會參加大型公開活動。不過，既然我已經投入那麼深了，還是非去一趟不可，雖然我也不知道這場大會要談什麼。

上次造訪盧加諾之後，我知道比特幣並沒有在當地流行。如果說薩爾瓦多比特幣實驗是過度炒作的宣傳噱頭，那麼盧加諾的實驗基本上什麼都不是。當地人大都不知道什麼比特幣計畫，除了麥當勞，我很難找到其他收加密貨幣的店家。何況，用比特幣買個漢堡也很麻煩，比刷卡結帳還慢，要收手續費，還無法累積刷卡紅利，漢堡也沒比較好吃。

---

*譯註：取 son of a bitch（渾蛋）的諧音。

**編按：十九世紀的拉丁美洲革命家，被視為南美洲脫離西班牙帝國統治並逐步邁向獨立建國的英雄人物。

當地一些政治人物公開反對比特幣計畫，有人建議我去找最直言不諱的保羅・貝納斯科尼（Paolo Bernasconi）談談。這位專門揭弊的前檢察官，邀請我在大會第一天上午碰面，他的辦公室就在會場對面。我抵達他的律師事務所後，一位祕書帶我到會議室。在走廊上，我聽到有人吹口哨，吹的是韋瓦第（Vivaldi）《四季》裡的一段輕快旋律。接著，有著一頭濃密灰髮的帥氣男士走了進來，他穿著藍色西裝外套，打著學院風的紫白相間條紋領帶。

「我們算是開創了追蹤金流的方法。」貝納斯科尼說，「我打擊犯罪六十年，如今還在目睹這一切，其實滿難過的。」

貝納斯科尼轉過身，指著玻璃門外的會議中心，我們可以看到那裡掛著皮科齊設計、以紅、藍、綠色為主的比特幣旗幟。他笑了笑，揚起了眉毛。剛剛他說的一點也不誇張，一九七〇年代與八〇年代，他在瑞士南部地區擔任州檢察官，如今七十九歲的他曾調查過為黑手黨轉移贓款的瑞士銀行。他經手的最著名案件為「披薩販毒網」（The Pizza Connection），因為當時黑手黨透過美國的披薩店洗錢，將數十億美元的販毒獲利轉移到盧加諾、巴哈馬或百慕達。調查過程很危險，一九九二年，一位與貝納斯科尼共事的義大利法官遭到黑手黨暗殺，他的車隊被遙控引爆的炸彈炸毀[1]。當地銀行業也反對這項調查，因為銀行就是靠這些來自義大利的可疑資金撐起來的。但一九九〇年，在貝納斯科尼的協助下[2]，瑞士終於立法把洗錢列為一種犯罪[3]。

「我們成功斷了幫派犯罪的金流，現在他們靠加密貨幣捲土重來！」他說。

後來轉行當律師的貝納斯科尼，曾代表被駭客攻擊及勒索的公司出庭。他告訴我，駭客都是要受害者用加密貨幣付贖金。「這些犯罪分子證明了，加密貨幣就是最好的洗錢方式。」他拍桌說道：「太好用了，為什麼？因為你追蹤不到錢的流向。」

我告訴貝納斯科尼，我查到東南亞幫派組織透過泰達幣進行不法勾當。犯罪分子可能正使用這種穩定幣，匿名轉移數十億美元。他們騙美國的退休老人把大量泰達幣發送給東南亞的騙子。我還說，有些詐騙者本身是被迫行騙，他們被關在像中國城那樣的大型辦公園區裡。我說，泰達公司的高層主管甚至可能對這些事情一無所知，因為持有或發送泰達幣完全不需要任何身分證明，而且我猜該公司會把責任推得一乾二淨。貝納斯科尼打斷了我的話，他告訴我，當年他打擊黑手黨時，瑞士的銀行業者就是這樣。他用指尖蒙住眼睛，把手移開後直視著我。

「如果你是故意裝作看不見，你就得負責。」他說，「如果你不在乎，你更要負責。」

蜜蜂不會浪費時間向蒼蠅解釋蜂蜜比屎好

從馬路這邊，我看到對街上死忠的比特幣信徒、名氣較小的幣圈人士、學生和好奇的當地人。比特幣價格一直是以往加密大會的主要話題之一，但隨著比特幣價格跌了約三分之二，只剩兩萬美元，大家也似乎在迴避這個話題。

我原本擔心二訪盧加諾可能也是浪費時間，但令我很意外，德瓦西尼竟然來了。我看見他在觀眾席上，可惜我還沒來得及走近，他就走了。直到約莫中午時分，我看到他又走進會議中心，身旁是史黛西・赫伯特和她那個浮誇的搭檔老公麥克斯・凱澤。

德瓦西尼身材高大，一頭及肩的蓬亂捲髮塞在耳後。當時他五十八歲了，一身行頭看起來像個老搖滾樂手：身穿黑色連帽皮夾克、寬鬆牛仔褲，右手戴著一枚黑戒指，左手戴著三個手環，臉型稜角分明，鼻子高挺，下巴突出，走路時上半身前傾，擺動長臂。或許是因為他的網路帳號就叫「梅林」（Merlin）*，讓我聯想到了巫師。不過，我想的是另一個巫師：藍色小精靈那個渴望權力的宿敵——巫師賈不妙。

他們一行人在熱鬧的會議廳門口停下，我衝過去拉住赫伯特，希望我們上次在聖薩爾瓦多喝咖啡的一面之緣，可以讓她幫我引薦一下，但她瞪了我一眼，假裝不認識我。

我向德瓦西尼自我介紹、說我正在做的事，但他也以三兩句話打發我。

「一切都好，非常感謝。」怪的是，他帶著輕微的義大利口音：「祝你的書順利。」

德瓦西尼走進大會講堂，在前排坐了下來。我就不贅述大會節目內容了，我只覺得，也不過是麥當勞提供多一種支付方式，他們竟然可以掰那麼多內容，實在了不起。

我寧可留在講堂外的大廳，聽著反覆播放的電子情境音樂。皮科齊設計的一座金屬公牛雕像，也擺在這裡展示。我看到警衛以手臂勒住一個戴著黑色滑雪面罩及太陽眼鏡的男子，把他拖出去。

男子大喊：「侵犯人權！侵犯人權！」

我無意間聽到兩個曬得黝黑的壯碩男人正大聲交談，口音聽起來像來自紐約市一帶，我走過去自我介紹。他們告訴我，他們是 Bitfinex 的交易員，但當我問他們是否和我一樣從布魯克林飛過來時，他們突然心生警戒。「不不，我們在美國沒有任何業務。」其中一人說，「我們有接獲指示，不能和任何人說話。」

不遠處，我看到泰達公司技術長阿多諾，正和另一位與會者聊他的飲食習慣。他看起來身材很好，緊身T恤塞在修身的灰色西褲裡。他說：「我一天吃一餐，只吃紅肉。」但他不願和我交談，連吃牛肉的好處都不願跟我分享。

「他就是那個寫我們壞話的人。」他對站在旁邊的妻子說。

「你好！」我說。她也不願和我說話。

第二天，我聽膩了一個接一個盛讚薩爾瓦多比特幣奇蹟的演講後，走到街上一家酒吧，在 Telegram 上發了一則訊息給德瓦西尼。他在 Telegram 上仍使用舊網名「魔法師梅林」（Merlin The Wizard），我心想，如果約在他朋友不會出現的地方，他或許願意私下跟我談談。

＊譯註：英格蘭與威爾斯神話中的傳奇魔法師。

「我昨天曾自我介紹，我是那個正在寫加密貨幣書籍的人，你是書中的要角。」我寫道：「何不跟我談談呢？我很想聽你親口講故事，這非常重要。如果你願意見面，我目前在會場附近的羅拉酒吧（Bar Laura）。」

當時，我已經花了一年多追查德瓦西尼，我有太多事想和他談談。我不認為他會突然對我敞開心扉，大談他的整形手術生涯、離婚，以及我找到的舊部落格，也不太可能對我透露泰達幣準備金的內幕，但我想告訴他，我在柬埔寨看到的騙局。也許從他的反應中，我可以感覺到他是否知道泰達幣在世界各地扮演什麼角色。

於是，我坐在那裡等待回覆，一等就是好幾個小時。我慢慢吃著櫛瓜三明治，看著面前那張空著的紅色椅子。隔壁桌是一個瑞士家庭，他們一邊喝著濃縮咖啡，一邊和幼兒玩。一隻褐色的小鳥停在桌上，看了我幾秒鐘就飛走了。

德瓦西尼始終沒有出現。當晚十二點三十八分，在我上床睡覺後，德瓦西尼發來一則簡訊，只有一句話：「蜜蜂不會浪費時間向蒼蠅解釋蜂蜜比屎好。」

我很失望。千里迢迢來到瑞士，而且還來了兩次，只為了一場沒發生的訪問。我努力想讓德瓦西尼與泰達的其他高層主管敞開心扉，卻一再碰壁，我不知道接下來還能做什麼。

但就在我回到紐約一週後，SBF發了一則看似無害的推文，卻意外引發了一連串事件，最終讓幣圈的腐敗現象曝光。那則推文是和幣圈首富——幣安創辦人趙長鵬——有關。

第22章

騙子與慈善家

二〇二一年十月二十九日，ＳＢＦ在推特上寫道：「很高興看到他來華府推廣這一行！咦，他可以來華府？」

這段半開玩笑的留言，是在回應他同事一則稱讚幣安交易所趙長鵬（人稱ＣＺ）的貼文。玩笑的重點在於，當時幣安正遭到美國司法部、國稅局、證管會、期交會等監管組織的調查[1]，所以趙長鵬很可能不會來美國。

其實，兩人的關係有點複雜。四十五歲的趙長鵬留著平頭，身材瘦削，是ＦＴＸ的早期投資者之一，而ＳＢＦ對這位前金主的成就是既羨又妒。我造訪ＦＴＸ辦公室時，ＳＢＦ曾給我看一個追蹤ＦＴＸ與幣安市占率的儀表板。ＳＢＦ的身價可能超過兩百億美元，但彭博社一度估計趙長鵬的財富高達九百六十億美元，這數字讓這個在中國出生的加拿大人，成為全球數一數二的大富豪，同時也是幣圈首富。

長期以來，幣安一直不願透露公司總部在哪裡，沒有一個國家可以宣稱對幣安擁有管轄權。美國正在調查幣安是否涉及規避對伊朗與俄羅斯的制裁、交易未註冊證券、違反洗錢規定等等，路透社還稱幣安是「駭客、詐騙者及毒販的中心」[2]。二〇一八年，幣安法遵長在寫給同事的訊息中坦率承認：「兄弟，我們在美國是一家該死的無照證券交易所。」[3]殺豬盤的騙徒也喜歡利用幣安交易所來套現，我發給薇琪的八十一枚泰達幣中，有一些最後被轉到了幣安（幣安與趙長鵬否認這些指控）。

ＳＢＦ或許只是無心的調侃[4]，但後來的演變證明，他的嘲諷根本打到馬蜂窩，也給自己挖了一個墳墓。

十一月二日，加密貨幣新聞網站CoinDesk的一篇報導，質疑ＳＢＦ的財務狀況，說他的避險基金阿拉米達持有近六十億美元他自創的加密貨幣ＦＴＴ，資金缺口高達數十億美元[5]。儘管該文暗指ＳＢＦ的財富可能是建立在一個搖搖欲墜的基礎上，但一開始外界並未理會那篇報導，畢竟，稽核人員及知名的創投業者，都聲稱已經調查過ＦＴＸ交易所了。所有幣圈交易所中，ＳＢＦ似乎是最有意願接受美國監管的，還被譽為幣圈的Ｊ．Ｐ．摩根，他似乎沒什麼好隱瞞的。

但趙長鵬決定加碼出手，在推特上暗示大家關注那篇報導。幣安早期投資ＳＢＦ公司時，取得一批ＦＴＴ幣，而十一月六日趙長鵬宣布，有鑑於「最近揭露的消息」，幣安將出售這些ＦＴＴ幣。「我們不會在離婚後還假裝相愛，」他在推特上寫道：「我們不會支持那些暗中惡搞同業的人。」

其他投資者紛紛跟進，拋售手中的ＦＴＴ幣，並從ＦＴＸ交易所提領資金。一時間，謠言四起，說ＦＴＸ可能沒有足夠資金來支付用戶的存款。用戶提領（其中一些可在區塊鏈上公開追蹤）

規模像滾雪球一樣加速，提領越多，就有越多投資者跟進，形成一種反向 FOMO 的情況*。其實投資者並不確定ＦＴＸ是否有麻煩，而是覺得萬一趙長鵬是對的，那不如早點把錢提領出來。殷鑑不遠，那些把錢留在攝氏網或其他倒閉加密公司的投資者下場，他們已經看到了。

ＳＢＦ立即上推特發文，試圖阻止大家提領，「ＦＴＸ沒問題，我們的資產沒問題，我們不會拿客戶的資產去投資（包括國債）。」但聽起來沒什麼說服力。

於是，擠兌效應開始出現。趙長鵬在週日發推文，到了週二ＦＴＸ已被提領了六十億美元，占投資人全部存款的很大比例。

趙長鵬出狠招，搞垮ＦＴＸ？

我在布魯克林看著這一切演變，感到有些震驚。做空者長期以來認為可能搞垮泰達公司的假設，似乎正在摧毀ＳＢＦ的公司。在我看來，ＦＴＸ就像個加密賭場，吸引投資者來豪賭虛構的貨幣和騙局，但在這之前，我竟然從來沒有懷疑過這個賭場的點鈔室，會有現金短缺的問題。

---

*編按：FOMO 是 fear of missing out 的縮寫，意思是害怕錯過或害怕落後的心理狀態，又稱錯失恐懼症。

在巴哈馬，ＳＢＦ拚命向新的投資者募集資金，並把問題描述為「流動性」問題——他聲稱ＦＴＸ擁有大量資產，只是那些資產無法馬上變現。他打電話求助的對象，也被他要求的龐大金額嚇到。香港歐易交易所（ＯＫＸ）的高層主管黎智凱（Lennix Lai）後來告訴記者，ＳＢＦ在週二早上對他說，他需要立即獲得幾十億美元，以避免「非常嚴重的後果」。據報導，在一次電話會議上，ＳＢＦ告訴投資者，如果他募不到至少四十億美元的話，ＦＴＸ將會破產[6]。

「我搞砸了。」據傳ＳＢＦ在電話中說，如果有人能幫他，他會「非常非常感激」。

這聽起來不太合理。像ＦＴＸ這樣的交易所，本來就應該持有客戶的存款，並在客戶要求提領時歸還。就像賭場一樣，是從賭客每次的賭注中抽點手續費來賺錢。它不該自己下場賭，而且無論有多少賭徒同時想要兌現籌碼，都不該在支付上有任何困難。

週二稍晚，ＳＢＦ發布了一個令人震驚的消息：他要出售ＦＴＸ交易所，而買家是趙長鵬。「我知道媒體上有傳言指出，我們兩家有利益衝突，但幣安一再表示，他們致力於建立一個更去中心化的全球經濟，同時努力改善加密產業與監管機構的關係。」ＳＢＦ在推特上寫道：「我們會得到最妥善的照顧。」

可是，第二天出現大逆轉，趙長鵬宣布退出交易，在推特上寫道：「經過盡職調查，加上最新報導指出有客戶資金處理不當問題，美國機構已展開調查，我們決定不繼續進行 FTX.com 的收購。」[7]有些人猜測，這是趙長鵬要搞垮ＦＴＸ而採取的狠招。

那個週五，也就是趙長鵬發推文宣布幣安要出售FTT幣的五天後，FTX宣告破產。這家年初才估值高達三百二十億美元的公司，就此畫下句點。資金留在FTX交易所的人，全都血本無歸。

加密金童變成加密惡棍

這起令人震驚的事件，是幣圈有史以來最大條的新聞，驚人的程度簡直就像「中本聰的身分揭曉，本尊竟是幣圈最痛恨的央行總裁」一樣。FTX破產消息登上了《紐約時報》頭版，《華爾街日報》寫道：「SBF從加密金童變成加密惡棍。」

推特上，幣圈都在討論：FTX破產，究竟是趙長鵬引發擠兌造成的，抑或本來FTX就是一場大騙局？有些人主張應立即逮捕SBF，SBF的競爭對手則是幸災樂禍。一時間，任何與SBF牽扯上的東西都變成燙手山芋。曾把FTX譽為「金融未來」的創投業者，把他們的投資一舉打消為零，收過SBF政治獻金的政客也與他劃清界線。

有效利他主義社群則是集體崩潰，聽到他們最大的金主破產、有效利他主義運動代表人物竟然名譽掃地，大家都驚愕不已。有些人開始質疑，SBF只是利用他們來宣傳，未必打算捐出他的數十億美元。多年前在Au Bon Pain餐廳裡吸收SBF加入這個運動的哲學家麥卡斯科爾，也公開譴責他。

麥卡斯科爾在推特上寫道：「我曾經信任山姆，如果他撒謊又濫用客戶資金，他就背叛了我，就像他背叛了他的客戶、員工、投資者及所屬的社群一樣。」

根據CoinDesk報導，FTX多名高層主管不僅住在一起，還關係混亂，社群媒體上盛傳他們沉溺於「多角戀」之中。[8]保守派媒體緊抓著「SBF捐大筆政治獻金給民主黨候選人」這點大做文章，福斯新聞台主播傑西．沃特斯（Jesse Watters）怒斥：「這傢伙怎麼還沒上銬？他根本是金融手榴彈，剛剛才幫民主黨買下參議院席次就爆了。還有，他睡遍了公司所有員工，那是怎麼回事？」[9]

為什麼有人想做好事，卻做了壞事呢？

對於這一切發展，我和其他人一樣不解。第一次與SBF見面時，我曾問他是否想過用詐騙的手法賺錢，然後用這筆錢來做慈善。對我來說，按照有效利他主義和效益主義的邏輯，這麼做很合理。

但是當時SBF告訴我，詐騙——套用幣圈俚語就是「拉地毯／捲款騙局」（rugging）——是沒有意義的。他認為詐騙會毀掉他的信譽，也會毀掉他所資助的慈善機構的信譽。詐騙有可能成功地為慈善募得幾十億美元，但長遠來看，正派經營的期望值更高。

當時我覺得這樣的解釋很有道理，但現在看來，他可能真的去實行我那個「詐騙做慈善」的想法了。當然，也有可能他本來就只是假裝做慈善，藉此博取信任，好讓他展開大規模的詐騙。

FTX申請破產後幾天，某個深夜，我寫了一封電郵給SBF，提起我們之前的那次談話。「我第一次採訪你時，你告訴我，騙走所有人的錢不會得出正的期望值，我以為當時你已經做了周全的考量。」我在凌晨一點零九分寫下這些文字（正的期望值，意指好的賭注）。我問他，是否願意再跟我見面討論這個問題。

「我也許可以跟你見面談，但如果無法見面，講電話也可以。」幾分鐘後，SBF回信：「事情不像表面看起來的那樣非黑即白。」

翌日，我買了去拿騷的機票。那幾天的新聞報導對SBF越來越不利，我猜想他隨時可能被捕，我能見到他的時間可能不多了。所以，那天早上吃早餐時，我向孩子們解釋了這個情況。我告訴他們：「有個壞蛋現在麻煩大了，我擔心我到達以前，他就被抓去關了。」

我女兒瑪戈問道：「但是，為什麼有人想做好事，卻做了壞事呢？」

這是個好問題。

墜落在一個陌生星球，星球上只住著富人

其實我也沒把握能見到他，因為SBF其實並沒有答應受訪。

我一抵達拿騷，就開始發電郵與簡訊給他，但他沒有任何明確的回應，我只好造訪一些與ＦＴＸ有關的地方來打發時間。島上到處都是記者，至少有兩支攝影團隊在拍紀錄片，希望能拿到Netflix或ＨＢＯ的合約。我去了ＦＴＸ原本打算興建龐大總部的那片荒地，現在雜草叢生、滿地礫石，我還遇到了一個為《紐約》雜誌前來巴哈馬採訪的朋友。一位曾為ＦＴＸ提供餐飲的業者告訴我，《金融時報》已經採訪過他了。二月我採訪ＳＢＦ時去過的辦公園區，如今大門口站著兩名警衛，其中一人告訴我：「抱歉，老闆說不能進去。」園區外，CNBC電視台的主播正在錄影，彭博社的攝影小組正在收拾工作車，還有位攝影師正從對街用長焦鏡頭拍攝。

我看到推特上發布的一張照片顯示，ＳＢＦ正在一家便利商店裡。我從標誌看出，那是在奧爾巴尼（Albany），也就是他住的度假村，位於島的西南側，非居民禁止進入。由於想進去度假村的記者太多了，度假村已經停售水療中心給非居民的日票。據我所知，沒有人有機會採訪到ＳＢＦ。

我打電話給度假村的一位會員，他答應偷偷帶我進去，假裝我是他一起打板網球的隊友。我心想，如果我人已經在樓下等，ＳＢＦ或許有可能答應受訪。

就在我開車前往奧爾巴尼時，他回信說，他願意見面。

那是一個悶熱的週六午後，ＳＢＦ的住所位於一棟豪華公寓大樓頂層，就在奧爾巴尼度假村的碼頭附近。公寓外，甲板上有幾個人正在擦拭一艘六十米長遊艇的護欄，遊艇的主人是油氣開採業的億萬富豪。附近停靠著幾艘更大的超級遊艇。

草坪上矗立著一座仿華爾街銅牛的雕像，草坪修剪得整整齊齊，居民悠閒漫步而過。度假村如此靜謐，我甚至聽得到海浪輕輕拍打的聲音。不知怎的，這裡連空氣聞起來都很高貴。我感覺自己好像墜落在一個陌生星球，星球上只住著富人和為他們工作的人。

我走到ＳＢＦ住的那棟「蘭花樓」（the Orchid），看見裝飾著威尼斯宮殿風格的精緻拱門，他在大廳迎接我。

ＳＢＦ沒穿鞋，只穿著白色運動襪、紅色Ｔ恤和皺巴巴的卡其短褲，那是他的招牌裝扮。距離ＦＴＸ申請破產已經過了八天，我原本以為他的情緒會很糟，甚至擔心他有自殺傾向，但他看起來出奇的樂觀。

「這幾週很有意思。」ＳＢＦ告訴我。

我們一起搭電梯上到他的頂層公寓，然後，電梯門打開了。

第23章

再訪蘭花樓

SBF那間價值三千萬美元的巴哈馬頂層公寓，看起來像放寒假時的學生宿舍。洗碗機裡塞滿了餐具，毛巾堆在洗衣房裡，萬聖節派對的蝙蝠裝飾還掛在門口，一間臥室的地板上堆著兩箱樂高玩具。另外，還有很多鞋子——數十雙球鞋和高跟鞋堆在門廳，全是FTX倒閉後倉皇逃離新普洛威頓斯島*的員工留下來的。

這不是SBF平常帶領記者參觀的路線。以前那些記者來到島上，是為了講述這位加密金童變成億萬富豪的故事，他們描述他睡在辦公桌旁的懶骨頭上，賺錢只是為了把錢全部捐出去。不難理解為什麼他平常不會展現出這一面，因為這裡的景象與那個節儉到開豐田 Corolla 汽車的苦行僧形象大相逕庭。

英雄摘下面具，露出一直隱藏的真面目

SBF帶我沿著鋪了大理石地磚的走廊來到一間小

臥室，接著他在一張棕色的絨面沙發坐下來。一如既往的，他那雙腳抖個不停，把旁邊的茶几撞得卡嗒卡嗒作響。他嚼著口香糖，拇指搓著食指，像是在旋轉一個隱形的指尖陀螺。但是，當他解釋為什麼不顧律師反對，邀我進入這個占地約三百三十七坪的藏身之處時，他看起來近乎愉悅開朗——儘管美國司法部的調查人員正在調查他[1]，而且罪行一旦成立，可能會讓他入獄多年。

「我現在關心的，是當下能做什麼，可以盡可能導正錯誤。」SBF說，「如果我只想保住自己，就做不到這一點。」

但他現在似乎就是在為自己開脫責任。我這次的頂層公寓之行，正是他一連串道歉之旅的開始。接下來那幾天，SBF透過視訊接受《紐約時報》採訪，也出現在《早安美國》（*Good Morning America*）節目。根據他的說法，他沒有蓄意詐騙，公司的失敗要歸咎於一系列講不清楚的因素，例如糟到離譜的簿記系統、對風險的嚴重誤判、他對自己的避險基金在做什麼一無所知等等。換句話說，這位出身自麻省理工學院與華爾街頂級交易公司簡街資本的天才，聲稱自己只是不擅長管理財務罷了，不是刻意詐騙。向媒體公開談案情，似乎是一種不尋常的策略，卻很有道理。畢竟媒體已經幫他塑造了「幣圈唯一老實人」的形象，那何不利用媒體，來為自己辯護呢？

＊譯註：新普洛威頓斯島（island of New Providence），巴哈馬的一個島嶼，是首都拿騷的所在地。

他願意接受我訪問，可能是因為我就是當初幫他塑造形象的記者之一。我在二月間造訪FTX辦公室時，忽視了在他的公司裡看到的諸多明顯警訊——缺乏公司治理、FTX與阿拉米達的關聯、他在行銷上的揮霍無度，以及FTX主要是在美國司法管轄權之外營運。當時我的報導，把焦點放在了SBF會不會按照計畫，向慈善機構捐贈巨款。

在眾多吹捧他的文章中，我的報導雖然不是最尷尬的一篇（有記者在創投公司委託撰寫的文章中寫道：「採訪SBF後，我確信一點：我正與一個身價即將破兆的富豪對談。」），但也沒好到哪去。當時我寫道：「SBF就像大學哲學研討會上的一個思想實驗，最後成為現實。一個想要拯救世界的人，應該先盡可能的累積財力與權力嗎？他會在過程中墮落嗎？」現在看起來，更恰當的問題應該是：這家公司是否打從一開始，就是一場騙局？

我跟SBF說，我想談談導致FTX崩解的決定，以及他為什麼會做出那樣的決定。那週稍早，SBF曾與Vox新聞網站記者在深夜透過私訊對話，也與一位幣圈網紅通過電話，許多人把這些談話解讀為他承認自己之前都在編造謊言（Vox記者問：「所以關於道德的那些說法，都只是幌子？」SBF回應：「是啊。」[2]）。他如此無所顧忌地談論自己的動機，在很多人看來，就像一個英雄摘下面具之後，露出了一直隱藏的惡棍真面目。

這次，我是帶著不同的假設前來採訪。也許是受到我過去報導的影響，我還是覺得他關於慈善的那些話不全然是編造的。SBF從少年時期就不諱言自己是效益主義者——他遵循的理念是，採取正確的行動，最有可能為最多人帶來最大利益。他說，他的最終目標是賺到足夠的錢並捐出去，以預防大流行病及阻止失控的AI摧毀人類。在面對危機又相信自己就是個人科幻電影的英雄之下，他可能會認為，為了挽救公司，做一次瘋狂（或甚至違法）的賭注是正確的。

當然，如果這就是他的想法，那是自大狂的邏輯，而不是烈士的邏輯。畢竟，那些錢又不是他的，他憑什麼拿去賭。而且，「為達目的可以不擇手段」也是糟糕的道德詭辯。但我猜，如果這就是他的信念，即使事情沒有成功，他可能依然認為自己做了正確的決定。我覺得他傳以下的訊息給Vox記者時，就是這樣想的：「最糟的情況是失信+失敗，最好的情況是贏了+？？？」我之所以想探究這點，是希望SBF更坦率地告訴我：客戶的錢到底哪兒去了？

我決定用我覺得能引起他共鳴的方式，更謹慎的談論這個話題，因為他似乎並不想承認自己的罪行。我先用他最喜歡的衡量指標——期望值——提出一個問題：「我應該根據你的影響力來評判你，還是根據你決策的期望值來評判你？」

「當一切都結束後，重要的是你實際造成的影響，那才是對世界真正有意義的事。」他說。

「但顯然，還有運氣成分。」

這正是我在找的切入點。接下來的十一個小時裡（中間穿插著募資電話及一頓非常尷尬的晚餐），我試圖讓他說出他的真心話。他否認自己詐騙或對任何人撒謊，把FTX的失敗歸咎於自己的懶散與輕忽，但有些時候，他似乎在說自己運氣不好或誤判。

ＳＢＦ告訴我，他仍有機會籌到八十億美元來拯救他的公司，但這只是在自欺欺人。這個悲哀的場景讓我想起電影《疤面煞星》（*Scarface*）的結局，東尼．莫塔納（Tony Montana）躲在他的豪宅裡，語無倫次，敵人正悄悄逼近。只不過ＳＢＦ緊抓不放的，不是成堆的古柯鹼，而是一堆試算表，上面滿滿都是對加密貨幣極度樂觀的估值。

偷看其他玩家底牌的誘惑

錢到底哪兒去了？

在我到ＳＢＦ的頂層公寓時，已有多篇報導指稱，ＦＴＸ私下把數十億美元的客戶資金借給了阿拉米達，而阿拉米達在一連串糟糕的投資、瘋狂的支出以及一些可疑的操作中把錢賠掉了。ＦＴＸ破產後，被任命為ＦＴＸ執行長的律師約翰．雷伊三世（John Ray III）在法庭上指控，ＦＴＸ使用祕密軟體掩蓋那些貸款。

ＳＢＦ再次向我否認了這點。於是，我又提到期望值，問他所做的決定是否正確。

「我覺得我做了很多有正期望值的決定，也做出了一些非常愚蠢的重大決定。」他說。「當然，如今回頭來看，那些非常重大的決定很糟糕，最終可能壓倒了其他一切。」

為了說明發生了什麼事，我們必須回到香港。二〇一八年，ＳＢＦ與卡洛琳．艾莉森、尼夏．

辛、王紫霄，以及一小群來自有效利他主義社群的朋友，一起搬到香港去經營他們的避險基金阿拉米達研究公司。SBF之所以選擇「阿拉米達研究公司」這個名稱，是為了避免引起銀行的注意。二〇二一年他曾對一位 podcast 主持人說：「如果我把公司命名為，比如說，垃圾幣當沖公司（Shitcoin Daytraders Inc.），銀行不會讓我開戶。」[3] 垃圾幣是幣圈俚語，指的是隨機的冷門加密貨幣。「但是，沒有人不喜歡研究。」

當時，他們正在考慮創立自己的交易所，也就是後來的FTX。但SBF估計，該交易所有八成的機率無法吸引到足夠的客戶。不過他認為，只要期望值是正的，即使成功的機率不高，也應該賭一把，他稱之為「風險中性」（risk neutral），但這其實意味著他會去冒一般人覺得很瘋狂的風險。四月時，有效利他主義的 podcast 主持人羅伯・維布林（Rob Wiblin）對SBF說：「打個比方吧，如果拿一百億美元去賭，結果要嘛贏兩百億，要嘛全部賠光，從我個人的角度看會覺得這種賭注太瘋狂，但從利他主義的角度來看，就不是那麼瘋狂。」[4]

「沒錯！」SBF回應。他告訴另一位採訪者，如果有個賭注是「五一%的機率你可以在其他地方複製一個地球，而四九%的機率會讓地球消失」，他也會下注[5]。

一邊經營一家避險基金，同時又去創立一家交易所，是很大的利益衝突。而且，SBF並沒有把FTX交易所與阿拉米達分開。在交易所內，阿拉米達是最大的交易商之一（或者，套用華爾街的行話是「流動性提供者」）。想像一下，如果一家線上撲克網站的高層主管也參與賭站中的高賭注賽局，那麼他偷看其他玩家底牌的誘惑將會非常大。但ＳＢＦ向客戶保證，阿拉米達會和其他人一樣，遵守相同的規則。我問ＳＢＦ，讓阿拉米達在ＦＴＸ交易，是不是他最初犯的一大錯誤，他說不是。ＳＢＦ說：「讓阿拉米達在ＦＴＸ草創時期提供流動性是正確的決定，因為這有助ＦＴＸ成為一個對用戶來說很棒的產品，只是最後帶來反效果。」

ＦＴＸ是一家衍生性商品交易所，客戶可以做融資（也就是借錢來交易），ＳＢＦ辯稱，ＦＴＸ的大交易商（包括阿拉米達）從交易所借錢，並沒有什麼問題，只是不知何故他的避險基金部位失控而已。「大家都在借貸，」他說，「這一直是ＦＴＸ的主打業務。」

但加密貨幣交易員告訴我，ＦＴＸ的保證金系統絕對不容許任何人累積像阿拉米達那樣高的債務。我問對方，阿拉米達是否必須（像其他交易員一樣）遵守保證金規則時，他承認，阿拉米達不必。

「它有較大的空間。」他說。

如果阿拉米達只做最初那種風險較低的套利交易（例如在日本做得非常成功的比特幣價格套利），事態或許就不會那麼嚴重了。但在二〇二〇與二一年，隨著ＳＢＦ變成ＦＴＸ的招牌、政治獻金的大戶、矽谷的寵兒，阿拉米達面臨更多的競爭，輕鬆獲利的交易機會消失了。於是，它的交易策略轉向了押注垃圾幣。

誠如二〇二一年三月阿拉米達的共同執行長艾莉森在推特上說的：「真正賺錢的方法，是弄清楚市場何時會漲，並在那之前大舉做多。」[6]她說，這個策略是她從《股票作手回憶錄》（*Reminiscences of a Stock Operator*）這本書中學到的。阿拉米達的另一位共同執行長在另一則推文中說，買狗狗幣是有利可圖的策略，因為馬斯克曾在推特上提到它[7]。

我簡直不敢相信，這不就跟我的朋友阿傑建議我投資他所謂「狗勾幣」的交易策略差不多嗎？差別只是這些人玩的規模是阿傑的十億倍。某種程度上來說，ＳＢＦ累積財富的概念，和阿傑賺到錢去迪士尼樂園玩的概念是一樣的。

一場災難，兩個版本

艾莉森之所以採取這種愚蠢的策略，是因為這招看起來很好賺。二〇二二年二月，我訪問ＳＢＦ時，他告訴我阿拉米達前一年賺了十億美元。九個月後，他告訴我那十億美元是阿拉米達的套利利潤。阿拉米達持有的垃圾幣加起來，至少帳面價值增加了數百億美元。ＳＢＦ說：「如果都按市價計算的話，我確信我的淨資產曾一度達到一千億美元。」

任何交易員都知道，這只是講起來好聽。真要把那一堆垃圾幣全部變現，勢必會導致市場崩盤。而且，其中很大一部分是ＳＢＦ和朋友自創的加密貨幣，例如ＦＴＴ、Serum、Maps（一款無厘頭 app 的官方貨幣，該 app 是把加密貨幣與地圖組合起來），或是與他密切相關的，例如索拉納幣。雖然ＳＢＦ承認那堆東西的價值不到一千億美元（他說，也許他會把估值縮減三分之一），但他堅稱他原本可以把這些貨幣換成真金白銀。

但實際上沒有，相反的，阿拉米達是跟其他加密貨幣放款機構（不是ＦＴＸ）借了數十億美元，並把錢投入更多加密貨幣賭注中。在公開場合，ＳＢＦ把自己塑造成一個有道德操守的經營者，並呼籲監管機構遏制幣圈的不當行為[8]，但事實上，他自己才是市場上最墮落的賭徒。我問他，如果他真的認為他可以出售那些加密貨幣，為什麼他沒賣。「為什麼不降低一些風險呢？」

「好吧，現在回頭來看，毫無疑問我應該那樣做。」他說，「但是當時我們的資金部位相當充裕。」

ＳＢＦ的問題，其實是始於二〇二二年五月，比CoinDesk那篇報導或趙長鵬的撤資早了幾個月。那個月，權渡衡的 Terra-Luna 計畫崩解，引發了幣圈的信貸危機。一些大型加密貨幣基金用借來的錢，投資這個價值六百億美元的龐氏騙局，結果破產了，導致那些借錢給阿拉米達數十億美元的人也開始感到擔心，於是要阿拉米達償還貸款，但阿拉米達沒有足夠的資金。它已經把錢投資在難以變現的東西上，比如拿去做創投交易和購買大量冷門的垃圾幣。

接下來發生的事情，有兩個不同的版本。當時已成為阿拉米達唯一負責人的艾莉森，在危機期間的一次全體員工會議上，向員工講述了她的版本。艾莉森說，她、ＳＢＦ及他的兩個主要副手王紫霄與尼夏．辛討論了這個資金缺口，誠實的做法理當是承認阿拉米達破產並承擔後果，但艾莉森說他們決定不那樣做。

相反的，艾莉森告訴員工，阿拉米達從FTX借了「一大筆資金」，這「導致FTX的用戶資金出現短缺」[9]。她說，他們之所以能這麼做，是因為阿拉米達在FTX的帳戶設定方式允許這種做法：阿拉米達的帳戶可以「在加密貨幣上出現負值」。他們基本上不承認阿拉米達破產了，而是決定用FTX客戶的資金來掩蓋真相。

如果這是真的，那麼這四位高層主管都是知情詐騙。我向SBF提出這點時，他瞇起眼睛、皺起眉頭，把手放在頭髮上想了幾秒鐘。

「可是，這不是我記憶中發生的事情。」SBF說。但令我吃驚的是，他竟然承認在Luna崩解後，他們四個人曾開過一次會，討論如何處理阿拉米達的債務。按照他的說法，當時他正在收拾行李準備前往華府，「只針對討論的部分內容，出了一些主意。」他說，當時看起來不像一場危機，FTX只是向一家已經在做融資交易的客戶（也就是阿拉米達）提供更多信貸額度罷了，這個客戶名下仍有一堆價值遠遠超過貸款的擔保品（儘管那堆擔保品大部分是垃圾幣）。

「就是在那個時候，阿拉米達在FTX的融資部位變得，嗯，變得大幅槓桿化。」他說，「顯然，現在回頭來看，我們當時應該停止，我當時沒有意識到這個部位已經變得如此之大了。」

「你們當時也都知道，這麼做未必救得了阿拉米達。」我說。

「沒錯，」他說，「但我認為風險要小得多。」

我試著想像，當時他心裡在想什麼。如果ＦＴＸ把阿拉米達的部位平倉，阿拉米達就破產了。即使ＦＴＸ交易所沒有直接損失，客戶也會失去對ＦＴＸ的信心。ＳＢＦ指出，那些借錢給阿拉米達的公司可能也會倒閉，進而導致一系列難以預測的連鎖反應。

「你不對阿拉米達追繳保證金，」我問他，「或許是因為你認為有七成的機率一切都會沒事，問題都能解決？」

「對，而且我也覺得，萬一行不通，負面衝擊也沒有那麼大。」他說，「我以為資金缺口小很多，以為情況在可控制範圍內。」

ＳＢＦ拿出他的筆電，打開一份試算表來解釋。那份試算表與他在最後一刻尋求金援時，向投資者展示的資產負債表類似[10]，他說表格上整合了ＦＴＸ與阿拉米達的部位，因為當時阿拉米達已經無力償債了。在標記著「我『所想的數字』」那一行，他列了八十九億美元的債務，以及遠遠超過那些債務的資金：九十億美元的流動資產、一百五十四億美元的「流動性較差」資產，及三十二億美元的「非流動性」資產。

他說：「我天真的以為，雖然我們仍有滿高的債務，但應該能夠償還。」

「那問題出在哪呢？」

ＳＢＦ指向試算表的另一處，他說那裡顯示了他們開會時的實際情況。那一行也出現類似的數字，但流動資產少了八十億美元。

「這兩行有什麼差別？」他問道。

「你以為你有八十億美元的現金，但實際上你沒有。」我說。

「沒錯，就是這樣。」

「你弄丟了八十億美元嗎？」我問道。

「記錯帳。」SBF說，那語氣聽起來還有點自豪似的。他說，有時客戶會把錢匯到阿拉米達，而不是直接匯到FTX（出於某些原因，有些銀行比較願意與避險基金往來，而不願與交易所往來）。他聲稱，不知何故，FTX內部會計系統重複計算了這筆錢，也就是說，同時把它計入FTX與阿拉米達的帳上。

但這依然沒有解釋，錢為什麼不見了。「那八十億去哪了？」我問。

為了回答這個問題，SBF在試算表上開了一個新的工作表並開始打字。他列出了阿拉米達與FTX最大的現金流。其中最大的一筆支出，是付給幣安二十五億美元，買斷幣安在FTX的投資。他也列了二．五億美元的房地產支出，十五億美元的費用支出、四十億美元用於投資新創企業、十五億美元用於收購，以及十億美元的「失誤」。即使算上FTX與阿拉米達的獲利，以及FTX募集的所有創投資金，它的總額仍是負六十五億美元。

SBF是在告訴我，客戶匯給阿拉米達的數十億美元之所以不見，只是因為公司的支出遠遠超過了收入。他聲稱，自己很少去關注開支，以至於沒有意識到花的比賺的多。這位前物理系的學生說：「我很懶得做這種心算。」他在試算表上增列一欄，輸入低很多的數字，顯示當時他認為的支出。

在我看來，他只是把ＦＴＸ的失敗推給底下的人，尤其是艾莉森，只是沒有明講罷了。兩人的感情分分合合，有段時間還同居。她是ＳＢＦ未來基金（Future Fund，ＦＴＸ與阿拉米達的收益就是透過這個基金，捐給有效利他主義認可的慈善事業）的成員，似乎不太可能在不經詢問下就揮霍數十億美元。「聽你這麼說，外界會覺得都是你前女友的錯。」我告訴他，「照你的說法，好像就是這個意思。」

他說：「我認為最大的問題是，無法完全釐清究竟是誰的錯。」

拜託，他們只是一群怪咖啦

我們談了幾個小時後，ＳＢＦ說他必須打個電話。我問他，有沒有人能佐證他的說法。他說，我可以在等他的時候，跟少數幾位留下來的員工談談。

一個態度傲慢的男子走了進來，他留著又長又亂的鬍子，挺著大肚腩，穿著不成對的襪子，其中一隻襪子上有電玩《小精靈》的圖案。他是ＦＴＸ的員工，留下來幫ＳＢＦ尋找投資者以拯救交易所。

我問他一個最簡單的問題。

「你為什麼還留在這裡？」我問道。

他一開始說，他想幫助FTX的客戶。接著他主動告訴我，他認為SBF陷入麻煩的風險不大。

「我相信一個人有錢到一定的程度之後，就永遠不會再變窮了。」他說。「他們不會坐牢，沒有什麼壞事會發生在他們身上。」

我試著保持面無表情，想像著他向調查FTX的國會議員與檢察官說這些話的情景。他傲慢的態度及邋遢的外表，讓我想起了《辛普森家庭》（*The Simpsons*）中那個討人厭又自以為無所不知的漫畫店老闆「宅神」。我這麼簡單的問題，他的答案都這麼爛，我覺得其他更棘手的問題就不為難他了，於是我給了他第二次機會，讓他說點SBF的好話。

「有沒有什麼具體的事情，讓你認為SBF是誠實的？」我問道。

「哦，我沒有說他誠實。」那人說。

「阿拉米達與FTX之間，有什麼明顯區隔嗎？」我問道。

「如果你是我，你會回答這個問題嗎？」他說。

太陽已經下山，我也餓了，SBF的前員工邀我和他們共進晚餐，條件是我不提及他們的名字。窗簾拉上後，客廳看起來不像照片上那麼氣派。他們告訴我，危機期間FTX的員工會聚在這裡，而SBF在另一間公寓工作。壓力與睡眠不足，他們常相擁而泣。他們一個接一個離開巴哈馬時，大部分的人並沒有互相道別，就這樣飛回老家與父母團聚。

一邊吃晚餐，他們告訴我，媒體報導不公。他們說，SBF與他那群朋友不像八卦小報所說的那樣沉溺於多角戀派對，他們除了一起工作，其他時間幾乎沒什麼互動。那週稍早，一位曾擔任FTX全天候司機與管家的巴哈馬男子也告訴我，那些報導都在亂寫。「他們說得像是《華爾街之狼》之類的，」他說，「拜託，他們只是一群怪咖啦。」

這只是失誤，一個巨大的失誤

我吃完晚餐，SBF又有空了。我們回到書房，他光著腳，把運動襪捲成一團，塞在沙發墊後面。他躺在沙發上，筆電放在腿上，打開他最喜歡的電玩《童話大亂鬥》。螢幕發出的光，在他額頭上投射出捲髮的陰影。

我留意到他手臂上有一塊膚色的貼片，和九個月前我在他辦公室採訪他時看到的一樣。我問那是什麼，他告訴我那是一種抗憂鬱貼布，叫希利治林（selegiline，又稱巴可癒錠）。我問他，他是用它來增強表現，還是治療憂鬱症。「沒有什麼事是能明確畫分的，」他說，「但我一直都處於輕度憂鬱的狀態。」他補充說道，有時他也會服用阿得拉（Adderall）*：「一次十毫克，一天幾次。」他有些同事也是如此，但他們不像外傳的那樣有吸毒問題。他說：「我不認為這是問題所在。」

我告訴SBF，我如何看他的動機：他想拯救世界的目標，導致他願意下很大的賭注。但他不同意。隨著我們聊得越多，他似乎想告訴我，他確實下了某種賭注，只是沒有正確的計算期望值。

「我願意承擔可能失敗的風險，」他盯著電腦螢幕說。螢幕上他正帶領一支卡通騎士與仙子組成的軍隊去打仗。「但實際發生的情況比預期的嚴重很多，出現這種結果的機率再怎麼小，都不值得去冒這種風險，這是一個重大的失誤。」

還有一件事我需要問SBF。我看到報導說，FTX快倒閉時，SBF曾向泰達公司的德瓦西尼求助，希望這位前整形外科醫師提供數十億美元來幫他紓困，但遭德瓦西尼拒絕。我心想，SBF現在已經沒什麼顧忌，應該願意對我透露關於泰達幣的真相了吧。先前他曾向我保證，泰達公司確實擁有它宣稱的資金，雖然其中一些資金是綁在奇怪的投資標的上。我問他，是否還有更多內情，但他還是說，泰達幣沒什麼大祕密。

「泰達幣並不像大家講的那麼糟。」他說，「但是很奇怪，他們常收到負評，卻又不做任何辯解。真的，他們沒做什麼，其實裡面問題不大。」

我告訴SBF我所了解的「殺豬盤」騙局，以及加密貨幣如何助長東南亞的人口販運，而他的

---

*譯註：被稱為聰明藥的藥物之一，原是用來治療過動症的處方藥。

交易所ＦＴＸ似乎也在幫助騙子兌現黑錢，有些ＦＴＸ的客戶是騙局的受害者。

「那真是糟糕。」他說，「我根本不知道該怎麼處理這個問題。」

我把麥卡斯科爾發布的一則貼文念給ＳＢＦ聽，這位有效利他主義者於二〇二二年加入ＳＢＦ的未來基金董事會，現在說ＳＢＦ背叛了他。「多年來，有效利他主義社群一直強調誠信、正直，以及尊重常識道德約束的重要性。」麥卡斯科爾在推特上寫道，「如果客戶的資金被濫用，那表示ＳＢＦ沒有聽進去，他一定以為他沒必要考慮這些。」

ＳＢＦ閉上眼睛，腳趾抵著沙發的一端，雙手緊抓著沙發的另一端。「我不是這樣看待發生的事情。」他說，「但我確實搞砸了，我真的非常非常抱歉。到目前為止，這件事最糟糕的一點，是傷害了那些一心想改善世界的人。」ＳＢＦ的聲音越來越小。在他的電腦螢幕上，他的軍隊在無人操縱下自己施展著法術，揮舞著刀劍。

我問他，有人把他和近代最著名的龐氏騙局主謀相提並論，他有什麼看法。我說：「馬多夫也說他立意良善，捐了很多錢給慈善事業。」

「ＦＴＸ是一個合法的、盈利的、蓬勃發展的事業，我只是讓融資部位變得太大而搞砸，大到危及整個平台。這是一個完全沒必要、可避免的錯誤。或許是我運氣太差了，但這全是我的錯。」

「這真是他媽的糟透了。」他補充道，「但這不是事業本質的問題。這只是一個失誤，一個巨大的失誤。」

自己設的規則，自己卻沒有遵守

但在我看來，這不像是搞砸。即使我相信他把八十億美元擺錯地方，但他也已經告訴我，阿拉米達可以違反FTX的保證金規則。這不是什麼微不足道的技術問題，要知道他對FTX的保證金系統非常自豪，所以一直在遊說監管機構讓它取代美國交易所使用的傳統保障措施。SBF自己說過，交易所永遠不該提供信貸給基金，危及其他客戶的資產。他在推特上寫道，讓交易所擁有這種自由裁量權的想法「太可怕了」。我念那則推文給他聽，問他：「你當時不就是這麼做的嗎？」他說：「對，你說的有道理。」他似乎覺得，這恰好證明他原本要建立的規則是正確的。「我認為這是本來可以阻止這種情況發生的機制之一。」

「你在你的平台上設了一條規則，但你自己卻沒有遵守。」我說。

已過了午夜，沒有任何處方興奮劑的我，已經筋疲力竭了。我問SBF，在我離開前，能否看一下公寓的露台。我們站在屋外的泳池邊，聽著蟋蟀的叫聲。碼頭一片漆黑，只有遊艇的聚光燈亮著。我道別時，SBF從袋子裡拿出一個沒餡料的漢堡麵包咬了一口，開始和那個穿著小精靈襪子的傢伙，談論可能的紓困計畫。

後記

音樂，暫時停止

SBF在他的頂層公寓又過了二週。十二月十二日，他接到律師從紐約打來的電話，警告他巴哈馬警方正要前來逮捕他[1]。當時，SBF正準備到眾議院金融服務委員會（House Financial Services Committee）作證，打算在聽證會上堅持自己的說法，認為這一切只是一場重大的失誤。他的演講草稿一開頭就說：「我想正式宣誓聲明：我搞砸了。」[2]

約莫下午六點，武裝警察抵達SBF那棟豪華公寓大樓所在的奧爾巴尼度假村[3]。他被戴上手銬，帶到警局，在拘留室裡過了一夜，接著被轉移到該島東部惡名昭彰的狐丘監獄（Fox Hill prison）。人權組織與美國國務院的報告描述該監獄黑暗、瀰漫著惡臭，幾乎沒有自來水，而且有鼠患，隨處可見蛆蟲。據報導，該監獄人滿為患，囚犯只能直接睡在地上。

一名獄警曾說：「這裡不適合人居住。」[4]

SBF也同時面臨美國的詐騙、串謀洗錢及違反競選經費法等指控。他被關在監獄醫務室的一個房間，約十一坪的空間裡還有另外五名囚犯[5]。由於監獄的食物不是素食，他只能吃變質的吐司和花生醬充飢，以及在一個發霉的隔間裡，用澆花的那種水管沖冷水澡。

但他最大的抱怨，是無法上網。他無法閱讀有關FTX的最新報導，也無法以《童話大亂鬥》那樣的電玩打發時間，他覺得自己快瘋了。他會給來探監的人一份清單，列出他要找的資訊，並告訴他們在網路上哪裡可以找到，然後希望他們隔天帶著列印出來的資料回來探監。

SBF後來告訴記者：「我假裝我還能上網，只是時間延遲了一天。」[6]

最親近的盟友，一一背叛了他

SBF確實可以取得的一份文件，是一則外交電報，該電報附在美國向巴哈馬提出的引渡請求上，文件上描述了兩名汙點證人，兩人都是軟體開發人員[7]。

其中一人告訴檢察官，他曾在九月左右質問SBF，借給阿拉米達的數十億美元貸款是怎麼回事。當時SBF回答說，對這情況他也感到擔憂。令人難以置信的是，該文件寫道，SBF說這事使得他的「生產力降低了五到一〇％」。SBF說，只要加密貨幣的價格上漲，問題就會自行消失。這位未具名的證人顯然是尼夏．辛，他曾是SBF位於帕羅奧圖住家的常客，經常與他們一家人共進晚餐。

另一名證人告訴檢察官，ＳＢＦ曾下令修改交易所的電腦程式碼，讓阿拉米達能夠借用客戶的資金。這位證人認為這樣做不恰當，並曾向ＳＢＦ提出質疑，但ＳＢＦ回應「這沒關係」，因為貸款有加密貨幣作擔保。ＳＢＦ認出這個證人是ＦＴＸ的首席程式設計師王紫霄，他在數學營和麻省理工學院認識的老友[8]。

他從青少年時期就認識尼夏．辛和王紫霄，一起搬到香港去追求財富，然後又搬到巴哈馬。在巴哈馬時，他們幾乎時時刻刻都在一起，但如今ＳＢＦ最親近的盟友顯然已經背叛了他。

ＳＢＦ在狐丘監獄度過八晚後，同意被引渡到美國。十二月二十一日晚上，一支警車隊在一名騎摩托車的警官帶領下，大開警笛穿過巴哈馬的車流，把他送到一條私人飛機跑道上，讓一架飛機把他帶回紐約。當晚的一張照片顯示，ＳＢＦ戴著手銬，被兩名美國官員夾在中間。翌日，他被帶到曼哈頓市中心的聯邦法院聆訊。

法院外擠滿了記者與攝影師。ＳＢＦ穿著灰色西裝，腳踝上的鐐銬叮噹作響[9]，法警把他帶進了法庭。他彎腰駝背坐在兩名律師之間[10]。法官告訴ＳＢＦ，在審判前，他將被軟禁在他父母位於帕羅奧圖的家中。法官問他是否了解這些條件時，他回答：「了解。」這是他在聆訊中唯一說的話。小孩犯錯有時候會被大人罰禁足，先前我曾跟女兒開玩笑說，ＳＢＦ可能會被禁足，沒想到他真的被送回自己的房間了。

尼夏．辛與王紫霄正忙著與政府談認罪協商，阿拉米達負責人艾莉森也是。他們逐一在法庭聆訊時就詐騙指控認罪，那些罪行可能導致他們被判處數十年的徒刑，但法官應該會基於認罪協商而對他們從輕量刑。王紫霄坦承他答應修改FTX的程式碼，賦予阿拉米達特殊的借款特權。

「我這樣做的時候，知道其他人向投資者與客戶表示阿拉米達沒有這種特權，而大家很可能是基於這些虛假陳述而投資及使用FTX。」王紫霄說，「我知道我做的事是錯的。」

艾莉森表示，阿拉米達利用這些特權從FTX借了數十億美元，那些錢是來自其他客戶的存款。

「我知道FTX需要用客戶資金來貸款給阿拉米達。」艾莉森說，「我為我做的事情深感抱歉。」

尼夏．辛的供詞，可能是最致命的。他說，阿拉米達借了數十億美元的客戶資金，而SBF把那些錢用於其他開支，包括政治獻金，而且很清楚阿拉米達不太可能償還那些貸款。他還說自己幫SBF誇大FTX的營收，欺騙潛在投資者。

「法官大人，我對自己在這一切所扮演的角色及造成的傷害深感抱歉。」他說，「我希望藉由承擔責任、協助政府及放棄資產，來彌補這些錯誤。」

二〇二三年一月，SBF回到曼哈頓法院，對所有指控都不認罪。接著，三月他再次否認詐騙銀行及賄賂中國官員等新指控。他的發言人表示，他對朋友們所描述的事件經過有異議。審判訂於十月開庭。

回到帕羅奧圖後，他睡在兒時的臥室裡，倍感無聊。他開始在Substack上寫電子報，詳細解釋FTX的失敗，並配上八張圖表，試圖將大部分責任歸咎於幣安的趙長鵬。SBF使用VPN（一種隱藏用戶位置的服務）連上串流服務觀看超級盃直播，事後遭主審法官譴責，最終被迫放棄使用智慧型手機。法官也要求他的父母保證，不讓SBF用他們的手機上網。

SBF的父母買了一隻訓練有素的德國牧羊犬，名叫桑多（Sandor）[11]。在收到死亡恐嚇後，他們還以每週一萬美元的價格雇用了武裝警衛[12]。警衛在他們的街道上設置路障，他的律師在法庭上聲稱，有一天有輛車子直接衝撞路障，三個人下車表示：「你們無法阻擋我們。」但三人隨即離開。

在家軟禁期間，SBF的訪客包括作家麥可·路易士，彭博社、《金融時報》、《富比士》、《帕克》（*Puck*）雜誌的記者，以及二十八歲的幣圈網紅蒂芙妮·方（Tiffany Fong）。SBF告訴他們，他感到孤單又無聊。

他的書房裡有一張大理石桌，上面並排擺著兩副西洋棋[13]，他以前常和FTX的朋友通宵玩這種雙打西洋棋（Bughouse chess）*。他告訴一位訪客，現在沒人和他玩了。他對一位記者說：「它擺在那裡沒別的功能，只是代表一種期待。」

---

*譯註：四人一起玩的一種西洋棋遊戲，使用兩個棋盤與兩組棋子，兩人一隊。

末日終會降臨，救贖即將到來

二〇二二年十一月FTX倒閉，象徵著二〇二〇至二二年這股垃圾幣熱潮的終結。所有加密貨幣的價格暴跌，比特幣最低跌到一萬六千美元，SBF最愛的索拉納幣從高點暴跌了九五%。所有加密貨幣的總值，從兩年前三兆美元的高點，跌到一兆美元以下。

更多公司接連倒閉。曾被FTX救活的BlockFi這次真的破產了，避險基金伽羅瓦資本（Galois Capital）原本靠做空權渡衡的Terra-Luna騙局海撈了一票，後來因為把獲利都放在FTX而倒閉[14]。其他公司如一款NFT鬥雞遊戲的開發商，則轉型投入AI[15]。曾向我炫耀在加密貨幣獲利的朋友，這下都沉默了。在推特上，很少人再發WAGMI*之類的訊息，或發文推廣加密貨幣了。國會如今召開聽證會，是為了教訓幣圈，而不是為了向幣圈募款而刻意討好。在英國，立法者呼籲把加密貨幣當成賭博監管。二〇二三年的超級盃期間，沒有任何與加密貨幣有關的廣告。

長期批評加密貨幣的摩根大通執行長傑米・戴蒙（Jamie Dimon）在接受CNBC採訪時，得意的表示：「我認為所有這一切都是浪費時間，完全無法理解你們為什麼要在這上面浪費唇舌。比特幣本身就是一個被炒作的騙局，就像寵物石（pet rock）風潮一樣。」[16]

加密貨幣的支持者表示，幣圈以前也曾低迷過，下一波高潮的出現只是時間早晚的事，但我當時覺得不太可能。自中本聰開採出第一枚比特幣以來，已過了十四年。這項技術和 WhatsApp 或

Uber一樣老，而後兩者早已深入我們的日常生活，所以它們的名稱也都已經變成動詞了，但現在還沒有人為加密貨幣發明出主流用途。那麼多聰明人花了成千上萬個小時研究加密貨幣，卻幾乎沒有產生什麼實用的東西。這些年來大家唯一想出來的用途，就是：半合法的離岸賭博，但SBF這下又讓大家對這個唯一的用途失去了信心。如果連最有信譽的加密貨幣賭場FTX都無法信任了，誰還想玩呢？

透過加密貨幣來從事全球轉移資金的概念，當然還是很誘人，但在我試過那個狐狸頭程式後，就覺得宣稱有朝一日每個人都會把現金存在那種系統的想法，實在很可笑。到世界各地調查加密貨幣後，讓我對我的Visa信用卡有了新的認識——可以馬上使用，只需輕輕刷過，不收取任何費用，也從來不會要求我記住一長串的數字，或叫我把密碼藏在後院裡，甚至還可以累積航空里程。當我妻子的信用卡被盜刷去預訂Airbnb時，我們只需要打一通電話，就可以獲得全額退款。

我不認為加密貨幣的價格會全都歸零，也不認為未來絕不會再出現靠發行新幣一夕致富的億萬富豪。在股市裡，「拉高倒貨」的騙局已經持續數百年了，但依然有新的傻瓜聽信空殼公司宣稱挖到金礦而購買那些股票。

尤其有一種加密貨幣我絕對不會做空，那就是比特幣。倒不是說它比較實用，其實它比其他的

＊譯註：We're All Gonna Make It，意指我們都會成功，是一種團呼，象徵著對未來的樂觀態度。

加密貨幣更難用。但比特幣的信徒非常死忠，很難想像有什麼能改變他們的想法。對他們來說，無論問題是什麼，答案都是「買進比特幣」。他們看到的一切，都是比特幣將上漲的證據，就好像邪教的信徒深信著世界末日終將降臨，他們的救贖即將到來一樣。

中國黑道、柬埔寨人口販子呢？

即使是在加密熱潮的顛峰期，我採訪的許多幣圈人士也會告訴我，大多數加密貨幣是騙局，只有他們的不是。如今這些人有的入獄、有的等著審判、有的面臨民事訴訟、有的破產。身在幣圈，似乎難逃這樣的下場。

到了二〇二三年，幣圈億萬富豪會現身的地方，已經從巴哈馬和邁阿密海灘，轉移到法院。攝氏網破產案、加密借貸平台 Voyager 破產案、三箭破產案、FTX破產案接踵而至。那年三月，Terra-Luna 騙局的主謀權渡衡在蒙特內哥羅（Montenegro）的機場被捕，他正打算用哥斯大黎加的假身分證件飛往杜拜（他否認自己有任何不當行為）。六月，美國證管會對幣安[17]和 Coinbase[18]提告，指控在兩家交易所網站上公開進行的加密貨幣交易大都是非法的，但證管會沒有解釋，為什麼要等到整個盛衰週期結束、眼看著無數人損失慘重後才提告。

其他案件也令我費解。聯邦調查局逮捕了「變異猿星球」（Mutant Ape Planet）和「奢猿俱樂部」（Baller Ape Club）ＮＦＴ系列的創作者，不是因為他們抄襲「無聊猿遊艇俱樂部」，而是因為他們欺騙買家。顯然，只要猿猴卡通醜到某個程度，他們就可以用詐騙罪起訴你。我去旁聽了一場聆訊，主角是二十六歲的年輕人艾維．艾森伯格（Avi Eisenberg），因涉嫌在DeFi網站「芒果市場」（Mango Markets）上操縱芒果幣的價格（他從中賺進了一億多美元），可能被判處長期徒刑。他穿著黃色囚服拖著腳走進法庭時，腳鐐喀噠喀噠作響。他剃了一個大平頭，看起來像個在廁所呼麻而被叫到校長室的青少年。我們真的要動用美國政府的全部力量和資源來起訴一個孩子，就因為他操縱了一個以水果命名的加密貨幣價格嗎？更荒謬的是，我沒看到任何案子與中國黑道洗錢或協助柬埔寨人口販運有關。

留在市場上，就已經是贏家

令我感到驚訝的是，即使加密貨幣市場崩盤，泰達公司依然好端端活著。無論世界如何衝擊加密貨幣，泰達公司似乎總是能像某種金融蟑螂一樣逃脫。

十一月十六日，ＦＴＸ倒閉幾天後，德瓦西尼回到薩爾瓦多，在總統府與總統布格磊合影[19]。他的伴侶比特幣藝術家皮科齊，以及podcast主持人赫伯特與凱澤也同時在場。德瓦西尼穿著七分亞麻褲與草編鞋，笑容滿面站在布格磊身邊，布格磊把手放在德瓦西尼的後腰上。

德瓦西尼當然有理由笑得那麼開心，他的公司彷彿中了樂透頭彩。二〇二二一整年，美國聯準會一直在提高利率以對抗通膨。到了十二月，利率已達四％。這表示之前幾乎不付息的美國公債，現在開始支付利息了。

對大多數銀行來說，這也表示他們必須開始向存款人支付更高的利息。但泰達公司不必向擁有泰達幣的人支付利息，它從準備金中賺取的任何收益，幾乎都是純利。

二〇二三年五月，泰達公司宣布已把持有的大部分資產轉換為美國公債。該公司表示，由於利率高，光是第一季就創造了十五億美元的獲利。對一家不受監管的離岸公司來說，這是個驚人的數字，就算是對雷神（Raytheon）、耐吉（Nike）或迪士尼這樣的跨國大企業來說，都算是很棒的季度盈利。如果這個數字是可信的，泰達公司已成為全球最賺錢的一百五十家企業之一。

我曾聽說德瓦西尼擁有四〇％的公司持股，按照上述的成長速度，這位前整形外科醫生光是二〇二三年就可能賺了二十億美元以上。但泰達公司表示，它會把獲利當成超額準備金，以確保泰達幣的安全。該公司也表示，將使用一五％的獲利購買比特幣。之前有人質疑泰達公司用泰達幣來炒高比特幣價格，還遭到泰達公司駁斥，如今，這種策略已成了該公司營運模式的一部分。

「就算明天比特幣的價格跌到零，市場上的每一枚泰達幣仍會持續得到充分支撐。」泰達公司的技術長保羅．阿多諾告訴記者，「即使泰達公司把投資於比特幣的全部資金都分配給股東，泰達幣與美元的掛鉤也不受影響。在這種情況下，泰達公司仍擁有十億美元的超額準備金。」[20]

泰達公司發布了立本會計師事務所義大利分公司（BDO Italia）的「保證意見」，顯示泰達確實擁有其宣稱的資產。然而，泰達至今沒拿出完全簽證查核的財務報表，雖然多年來該公司一直承諾有朝一日會公布。而且據我所知，美國檢察官仍在調查泰達的高層主管，並針對他們在公司成立初期使用違法手段在銀行開設帳戶，要以銀行詐欺罪起訴他們[21]。但這方面的調查從二〇一八年拖延至今，目前也看不出來會有什麼結果。

大多數做空泰達幣的投資者，現在都已經放棄了。興登堡研究公司的安德森曾在中央公園以百萬美元的賞金誘惑我，希望取得泰達公司的內幕，但一直找不到期待的爆炸性證據。

目前看來，光是繼續留在市場上，泰達公司就已經是贏家了。流通在外的泰達幣在危機期間曾減少，但是到六月又重新攀升至八百三十億枚的歷史新高[22]。我最後一次聯繫該公司並發送一份我調查結果的詳細備忘錄時，該公司發言人拒絕回應，只說備忘錄上包含「大量錯誤與不實訊息」。

對此，我也只能一笑置之。我想起了德瓦西尼在其部落格所寫的一句話：「要嘛我是天才，要嘛其他人都在侮辱你的智商。」無論是哪一種情況，他都是對的。

當魔力消失，數字又是數字

二〇二三年一月某個週三上午，我搭地鐵到曼哈頓南邊，去旁聽福氏網與傑森·史東的法院聆訊（史東是典型的賭徒與無聊猿愛好者）。走上地鐵樓梯，我注意到前面有個穿著寬鬆西裝、悶悶不樂的男人。出了地鐵後，我們都走向聯邦破產法院，那是一棟有科林斯圓柱的三層宏偉建築。我突然意識到，這個人就是攝氏網的創辦人馬辛斯基，他曾讓攝氏網的信徒深深著迷，吸引他們投入數十億美元的積蓄。如今的他，看起來跟一般的厭世上班族沒什麼兩樣。

「第一次來這裡。」當我們掏空口袋、穿過法院的金屬探測器時，他說，似乎知道他接下來還得來這裡數十次。

聆訊是在五樓的五二三室舉行，那是一個鑲木房間，座椅可容納數百人，我是現場僅有的兩名旁聽者之一。

史東坐在前排，面無表情的直視前方，身邊坐著三名律師。攝氏網這邊有六個人，由安慶國際律師事務所（Akin Gump）的米奇．赫利（Mitch Hurley）帶領，他是每小時收費一千七百九十六美元的合夥人，有一頭濃密的灰白色硬髮，穿著細條紋的灰色西裝。攝氏網申請破產已經六個月了，雖然把剩餘資產還給客戶的計畫幾乎沒有進展，但這個案件倒是先讓破產律師發了一筆橫財。

接下來的九個小時──這至少花了攝氏網客戶四萬三千四百一十六美元[23]──雙方律師針對史東如何管理攝氏網的加密貨幣，做了言詞辯論的攻防。攝氏網指控史東從其加密貨幣錢包中挪用資金，並用那些錢去買稀有的NFT，包括那個讓他成為幣圈網紅的惡魔變異猿。史東說，當初公司告訴他，可以把那隻猿視為管理酬勞的預付款，而且攝氏網還欠他管理酬勞的尾款，大約有兩億美元。

馬辛斯基走上用壓克力圍起來的證人席時，對方律師質疑他證詞的可信度。這其實相當容易，對方律師直接大聲念出馬辛斯基在攝氏網倒閉前幾週發的推文，他在推文中向客戶保證，一切沒問題。律師也提到一週前紐約州檢察長提起的訴訟，檢察長指控馬辛斯基欺騙客戶說他們的資金很安全，實際上卻偷偷把那些錢拿去賭博。

律師說，馬辛斯基應該知道史東買了NFT，因為史東在推特上炫耀過。這番說詞引發了爭論，他們開始爭辯史東的推特帳戶是否熱門，以及馬辛斯基會不會看他的推文。

馬辛斯基結結巴巴的說：「我有訂閱他的帳號，所以我確定我偶爾會看到他的推文，但那與我知不知道史東擁有什麼NFT沒有關係。」

破產法院首席法官馬丁・葛倫（Martin Glenn）是透過Zoom視訊主持庭審，他一直搞不定他電腦的鏡頭，所以有時會從螢幕上消失，然後又突然只露出一節脖子。有一次赫利忍不住說：「法官大人，請容我暫停一下，您的攝影鏡頭似乎只對準了您的胸部。」法官對於他必須裁決猿圖所有權的糾紛，似乎不怎麼高興。他一度繃著臉，很難分辨到底是他的影像傳輸卡住，還是因為懊惱而板起臉。

中場休息時，我和史東在大廳裡閒聊。「好無聊。」他說，然後給我看他在泰國海灘上撿來的一隻狗的照片。他說他最近好多了，因為有在吃治療憂鬱症的K他命處方藥。

開庭過程中，雙方曾為一件事情交鋒，就是：史東到底如何存放攝氏網加密錢包的密碼？他說，他是把攝氏網的錢——十四億美元的加密貨幣及另外六億美元的貸款——存在瀏覽器中的狐狸頭圖示裡（我購買變異猿時也是用那個程式），然後把錢包的助記詞念給他父親聽，他父親再寫在一本小記事本上。赫利提醒，他曾經承諾要歸還，但史東突然承認，他幾天前才剛用錢包裡的資金，支付了律師費。這時安慶的一位律師脫口而出「靠北！」然後發現不妥，趕快用手摀住嘴巴。

律師調出一份 Excel 試算表，上面記錄了攝氏網錢包裡的所有交易。試算表顯示在法庭左側的大螢幕上，我起身走過去看清楚。上面每一行只簡單列出攝氏網的錢包位址 0xb1adceddb2941033a090dd166a4 62fe1c2029484、另一個長字串，以及一個金額。

加密貨幣神話，為這幾行資訊賦予了意義：試算表上的每一行，都代表著某項藝術品未來的所有權，或是一筆將徹底改變金融世界的 DeFi 投資。人們付出好幾百萬美元，在加密貨幣的試算表上添加一行又一行，記錄他們擁有的一堆狗狗幣或稀有的無聊猿。藉由操縱這樣的表格，SBF讓自己變成全球數一數二的富豪。

但在法庭的螢幕上，這個試算表失去了原本的魔力，它看起來和其他的財務數字沒兩樣，只是一行接一行的隨機字母與數字罷了。實在很難理解，我們曾經把它們想像成別的東西。

致謝

本書有賴數百位受訪者，其中有許多人在書中並未提及。他們冒著某種程度的風險與我交談，且得不到明顯的好處。感謝你們對新聞業的信任，並讓我進入你們的世界。我想在此特別感謝傑森·史東的開放態度以及大方受訪（更遑論帶我參加猿猴節了）。

這個寫作計畫始於《彭博商業周刊》喬爾·韋伯（Joel Weber）所指派的任務，他與我在彭博社的其他上司慷慨地給了我時間與支持，去追查及完成這個故事。如果沒有羅伯·弗里德曼（Robert Friedman）的指導，我不可能成為今天的記者。十多年來，他一直是我忠實的朋友與導師。在不同階段提供我協助的其他同事，包括Jeremy Keehn、Christine Harper、John Hechinger、Pat Regnier、Joe Light、Ava Benny-Morrison、Anthony Cormier、Alex Harris、Michael Tobin、Vildana Hajric及Joanna Ossinger。我對FTX、攝氏網、Terra-Luna、薩爾瓦多的許多報導，最初是發表在《彭博商業周刊》與《彭博市場》（*Bloomberg*

Markets）。

我要感謝以下這些勇敢無畏的記者，他們助我跟進調查那些我不會說當地語言或不了解當地情況的國家。尼爾森・勞達・薩布拉（Nelson Rauda Zablah）對薩爾瓦多比特幣災難的報導可說是無人能及，他協助了我在當地的報導。我也很榮幸能夠與梅達拉和丹妮爾・奇頓—奧爾森在柬埔寨合作，他們大膽的報導揭露了詐騙園區內的強迫勞動和其他虐待問題。吉爾・拉莫斯（Guill Ramos）帶我去了菲律賓甲萬那端市ＮＦＴ遊戲 Axie Infinity 狂熱的發源地。阮宋（Song Nguyen）是越南的研究者，毅力過人。在米蘭，安娜・莫米利亞諾（Anna Momigliano）與塞吉奧・迪・帕斯誇萊（Sergio Di Pasquale）協助我研究並幫我翻譯。攝影師克里斯多夫・葛列格里—里維拉（Christopher Gregory-Rivera）、何塞・卡貝薩斯（Jose Cabezas）、梅麗莎・阿爾塞納（Melissa Alcena）允許我轉載他們的精采作品。

保羅・惠特拉奇（Paul Whitlatch）的熱情支持讓我能堅持下去，他的想法幫忙塑造了這個故事。他的細心編輯讓最終的稿子比初稿好太多了。我也要感謝凱蒂・貝里（Katie Berry）、吉利安・布萊克（Gillian Blake），以及皇冠與貨幣出版社（Crown and Currency）的其他所有人。

蒂娜・班尼特（Tina Bennett）從我們第一次通電話開始，就相信這個寫作計畫，並讓我有信心全心全意的投入。她的校訂協助改善了手稿，我想不出比她更好的經紀人了。

許多記者對加密貨幣做了廣泛的報導，也為我提供了豐富資訊。卡迪姆・舒伯（Kadhim Shubber）和他的同事為《金融時報》撰寫了一系列有關泰達幣的精采報導。法蘭克・穆奇（Frank Muci）很早就指出了 Axie Infinity 與薩爾瓦多經濟計畫的荒謬。傑克　布魯克（Jack Brook）與阿拉斯泰爾・麥可迪（Alastair McCready）對柬埔寨的詐騙集團做了出色的報導，並大方的提供建言。大衛・賈菲－貝拉尼（David Jaffe-Bellany）對ＦＴＸ、三箭和其他加密貨幣的報導生動有趣，深富洞察力。麥特・萊文（Matt Levine）的爆笑電子報《金錢大小事》（*Money Stuff*）協助我在深入幣圈時保持理智，並教會我許多幣圈運作機制的知識。他為所有的財金記者樹立了新的高標。

我的朋友 Max Chafkin、Max Abelson、Zach Mider、Nick Summers、Kit Chellel、Fais Khan、David Gauvey-Herbert 及 Hugo Lindgren 分別在不同階段閱讀了部分或全部手稿，並提供了重要的指導、鼓勵與評論，Sam Dean 甚至幫我修改了多份草稿。友人阿傑大方地讓我在書中分享我們在群組「丹的地下室」（Dan's Basement）群聊的內容。Amy Reading、Rebecca Spang 及 Barry Strauss 分享了他們的專業知識。還要感謝 Gabriel Baumgaertner、Ajai Raj、Cheyenne Ligon、Madeleine Kuhns 及 Ramasela Queen Molekwa 幫我仔細研究了幾個不同的章節。

我是在新美國基金會（New America Foundation）擔任國家研究員期間撰寫這本書的，基金會的研究員與工作人員給了我重要的支持，並對手稿某些關鍵部分提出指正。

我非常感謝父母給予我無盡的愛與支持，我的父親羅素（Russell）在我很小的時候，就教我追求知識的重要性，並灌輸了我對企業行銷抱持懷疑的態度。我的母親艾比（Abby）與我分享了她對文學的熱愛以及對文字的賞析，她畢生致力於教學與學習的精神同樣激勵了我。我的繼父大衛（David）身體力行教會我如何從容地克服任何挑戰，他也幫我解決了一個重要的問題：解釋比特幣。此外，我也想感謝上一代的人，我很幸運能獲得三位我所知思想最獨立、最具冒險精神的女性的愛與支持：潔芮（Jeri）、瑪麗（Mary）與凱洛（Carol）。

寫這本書，成了我們全家的任務。艾比幫忙編輯手稿並翻譯了一些義大利文的段落。瑪莎（Masha）幫我做研究並修改手稿的部分內容及研討會的笑話。珀西（Percy）大膽地幫我做了一些訪談。札克（Zark）與他的同事亞斯明・艾斯泰蒂（Yassmine Esteitie）畫了精美的殺豬盤流程圖。潔芮幫忙試讀，激勵我成為記者的艾蜜莉（Emily）在關鍵時刻提供了協助。我也要感謝莎拉（Sarah）、阿什拉夫（Ashraf）、黛安（Dian）對我和家人的支持。

我的孩子們對這本書的貢獻，比他們知道的還多。伊萊（Eli）的獨立與決心激勵了我，瑪戈（Margot）提出一些有洞察力的問題，菲奧娜（Fiona）的旺盛活力在我最低潮時為我帶來歡樂。我期待著有朝一日能讀到你們的故事。最重要的是，如果沒有我的妻子妮基，這本書永遠不會問世。我開始做研究時，菲奧娜還是個蹣跚學步的幼兒，瑪戈與伊萊才四歲，我出遠門去進行效果不彰的研究時，是妮基獨自照顧他們數週。她的善良、創意、活潑、正直持續激勵著我，她勇敢堅強地面對任何障礙。妮基，最美好的冒險就是和你在一起。

註

為了寫這本書，我採訪了三百多人。當引用或事實來自採訪時，我通常會在正文中註明，後面的註就不再重複列出。在某些情況下，我採訪的對象要求匿名。

本書出版前，我們向泰達公司提交了 份備忘錄，裡面列了一百八十七個事實查核點，但他們拒絕回應有關其歷史、準備金及詐騙集團與人口販子使用泰達幣的具體問題。該公司的一位發言人寫道：「這份檔案需要大量更正，幅度之大相當於我們為法克斯先生重寫他的書，這不是我們的工作。我們應該把心力放在客戶與比特幣社群的蓬勃發展上。」

有關加密貨幣價格的說明：加密貨幣的價格、交易量及市值，我通常使用 CoinMarketCap.com 的數據，並核對其他的資訊來源。NFT的價格來自 CoinGecko 和 OpenSea。我只是根據交易時的兌換率，把以太幣或索拉納幣的價格轉換成美元。

前言　我覺得很扯，沒想到實際上更扯

1 Tom Maloney, Yueqi Yang, Ben Bartenstein, "World's Biggest Crypto Fortune Began with a Friendly Poker Game," Bloomberg, January 9, 2022.

第 1 章　可疑的泰達幣，我的調查起點

1 Jackson Palmer, "My Joke Cryptocurrency Hit $2 Billion and Something Is Very Wrong," *Vice*, January 11, 2018.
2 "Reddit Frenzy Pumps Up Dogecoin! Now Worth Billions!," *Drudge Report*, January 30, 2021
3 Robert Schmidt and Jesse Hamilton, "Tether, Facebook Coin Spur Worry at Yellen's Closed-Door Meeting," Bloomberg, July 27,

2021.
4 Jonathan Levin, "Wall Street's Crypto Embrace Shows in Crowd at Miami Conference," Bloomberg, June 7, 2021.

第2章 這是一種「會上漲」的科技

1 Carl Hiaasen, *Skinny Dip* (New York: Grand Central Publishing, 2005), 37.
2 Anthony Cuthbertson, "Elon Musk Sends Adult-Themed Crypto Price 'to the Moon' After Tweeting Explicit Emoji," *Independent*, June 5, 2021.
3 這位市長徹底投入加密貨幣，後來甚至推廣一種名為「邁阿密幣」（MiamiCoin）的代幣。當價格暴跌時，蘇亞雷斯損失了約兩千五百美元。Joey Flechas and Vinod Sreeharsha, "MiamiCoin Trading Halted. After Price Tanked, Mayor Francis Suarez Lost About $2,500," *Miami Herald*, March 22, 2023.
4 Jonathan Levin, "Miami Mayor Says Plan Advancing to Pay City Employees in Bitcoin," Bloomberg, October 12, 2021.
5 Patricia Mazzei, "A 20-Foot Sea Wall? Miami Faces the Hard Choices of Climate Change," *New York Times*, June 2, 2021.
6 Matt Levine, "The Crypto Story," *Bloomberg Businessweek*, October 31, 2022. 推薦給任何有興趣深入了解加密貨幣運作方式的人閱讀。
7 Gabriel J.X. Dance, Tim Wallace, Zach Levitt, "The Real World Costs for the Digital Race for Bitcoin," *New York Times*, April 9, 2023.
8 Adrian Chen, "Underground Website Lets You Buy Any Drug Imaginable," *Wired*, June 1, 2011.
9 檢察官指出，絲綢之路創造了九百五十萬比特幣的收入。當時，比特幣的數量不到一千兩百萬枚。Tim Fernholz, "Silk Road Collected 9.5 Million Bitcoin— and Only 11.75 Million Exist," *Quartz*, October 2, 2013.
10 Stephen Foley and Jane Wild, "The Bitcoin Believers," *Financial Times*, June 14, 2013.
11 Neil Gandala, JT Hamrick, Tyler Mooreb, Tali Obermana, "Price Manipulation in the Bitcoin Ecosystem," *Journal of Monetary Economics* (2017): 5.
12 Hannah Brown, "Bitcoin Mining Is Drowning Out the Sound of Niagara Falls— Here's How," AFP, July 11, 2022.

13 Dance, Wallace, Levitt, "The Real World Costs for the Digital Race for Bitcoin."
14 Allyson Vesprille, "Crypto Mining Is Threatening US Climate Efforts, White House Warns," Bloomberg, September 8, 2022.
15 Larisa MacFarquhar, "Caesar.com," *The New Yorker*, April 3, 2000.
16 "Celsius Network Secures US$10M Equity Raise with Tether as Lead Investor," *PR Newswire*, June 22, 2020.
17 Zeke Faux and Joe Light, "Celsius's 18% Yields on Crypto Are Tempting—and Drawing Scrutiny," *Bloomberg Businessweek*, January 27, 2022.
18 Zeke Faux, "Anyone Seen Tether's Billions?," *Businessweek*, October 7, 2021.
19 這架飛機是由知名藝術家艾力克・大富翁（Alec Monopoly，本名艾力克・安登〔Alec Andon〕）在網紅羅根・保羅（Logan Paul）的協助下進行噴漆的。保羅將這個專案的照片製作成NFT（非同質化代幣）。根據他的網站Originals.com，這個NFT以約八萬七千美元的價格售出。

第3章　說好的美元，到底在哪裡？

1 不是他的真名，也不是真的家鄉。
2 Tabby Kinder and Richard Waters, "Peter Thiel's Fund Wound Down 8-Year Bitcoin Bet Before Market Crash," *Financial Times*, January 18, 2023.
3 Joseph Menn and Greg Miller, "How a Visionary Venture on the Web Unraveled," *Los Angeles Times*, May 7, 2000.
4 Andrew Rice, "DEN Board Asked Founder to Leave," *Wired*, November 1, 1999.
5 Ellie Hall, Nicolás Medina Mora, David Noriega, "Found: The Elusive Man at the Heart of the Hollywood Sex Abuse Scandal," *BuzzFeed News*, June 26, 2014.
6 Menn and Miller, "How a Visionary Venture on the Web Unraveled."
7 Joseph Menn, "Teen Worker Sues DEN, Its Founders on Sex Charges," *Los Angeles Times*, July 8, 2000.
8 Hunter Schwarz, "The TV Pilot with Eerie Similarities to the Bryan Singer Sexual Abuse Case," *BuzzFeed*, April 21, 2014.
9 John Gorenfeld and Patrick Runkle, "Fast Company," *Radar*, November 5, 2007.

10 Alex French and Maximillian Potter, "Nobody Is Going to Believe You," *The Atlantic*, March 2019.
11 Hall, Mora, Noriega, "Found: The Elusive Man at the Heart of the Hollywood Sex Abuse Scandal."
12 出處同前。
13 Joseph Menn, "Spain Arrests Fugitive in Molestation Case," *Los Angeles Times*, May 18, 2002.
14 Nicolás Medina Mora, Ellie Hall, Hunter Schwarz, "Brock Pierce, Associate of Embattled X-Men Director, Joins the Bitcoin Foundation," *BuzzFeed News*, May 11, 2014.
15 Julian Dibbell, "The Decline and Fall of an Ultra Rich Online Gaming Empire," *Wired*, November 24, 2008.
16 Julian Dibbell, "The Life of the Chinese Gold Farmer," *New York Times Magazine*, June 17, 2007.
17 Dibbell, "The Decline and Fall of an Ultra Rich Online Gaming Empire."
18 Andy Patrizio, "EverQuest's Long, Strange 20-Year Trip Still Has No End in Sight," *ArsTechnica*, June 6, 2019.
19 Simon Carless, "Blizzard Announces 5 Million WoW Subscribers," *Game Developer*, December 19, 2005.
20 Dibbell, "The Decline and Fall of an Ultra Rich Online Gaming Empire."
21 Cyril Gilson, "Blockchain Tech May Allow Developing World to Leapfrog Developed World: Brock Pierce," *Coin Telegraph*, November 20, 2017.
22 Shawn Boburg and Emily Rauhala, "Stephen K. Bannon Once Guided a Global Firm That Made Millions Helping Gamers Cheat," *Washington Post*, August 4, 2017.
23 出處同前。
24 Joshua Green, *Devil's Bargain: Steve Bannon, Donald Trump, and the Nationalist Uprising* (New York: Penguin, 2017), 146.
25 J. R. Willett, "The Second Bitcoin Whitepaper," https://cryptochainuni.com/wp-content/uploads/Mastercoin-2nd-Bitcoin-Whitepaper.pdf.
26 Vitalik Buterin, "Mastercoin: A Second-Generation Protocol on the Bitcoin Blockchain," *Bitcoin Magazine*, November 4, 2013.
27 Zeke Faux, "Anyone Seen Tether's Billions?," *Bloomberg Businessweek*, October 7, 2021.
28 Pete Rizzo, "Realcoin Rebrands as'Tether' to Avoid Altcoin Association," *CoinDesk*, November 20, 2014.

29 Tim Murphy, "Ron Paul Coin Minter, Pot Priest, Faces 15 Years in Prison," *Mother Jones*, March 21, 2011.

30 "Digital Currency Business E-Gold Indicted for Money Laundering and Illegal Money Transmitting," United States Department of Justice, April 27, 2007.

31 Jake Halpern, "Bank of the Underworld," *The Atlantic*, May 2015.

32 "Founder of Liberty Reserve Pleads Guilty to Laundering More Than $250 Million Through His Digital Currency Business," U.S. Department of Justice, January 29, 2016.

33 *United States v. Budovsky*, United States District Court Southern District of New York, Opinion and Order, September 23, 2015, 2.

34 "Founder of Liberty Reserve Pleads Guilty to Laundering More Than $250 Million Through His Digital Currency Business," U.S. Department of Justice.

35 作者對皮爾斯，波特，科林斯等人的採訪。波特也在各種 podcast 上講過他的故事版本，包括 *Orange Pill Podcast*（二〇二一年三月十四日）和 *What Bitcoin Did*（二〇一九年五月三十一日）。

第 4 章　可疑的整形外科醫生

1 Bio Delitzia, "Risotto con le orteche e nano," Facebook: https://www.facebook.com/bio.delitzia/videos/100797956613007/.

2 Alberto Giuliani, "Giancarlo, l'estetica della vita," 2.18 Gallery, Facebook, https://www.facebook.com/218Gallery/photos/giancarlo-l'estetica-della-vita-alle/425513227579095/.

3 出處同前。

4 該大學的資料顯示，他的論文題目是「感官學與伸展測量學的傳統與未來，特別關注皮膚及其移植」（一九八九年）。

5 Gianfranco Ambrosini, "Presa la gang informatica," *Il Corriere della Sera*, September 26, 1995.

6 AdnKronos newsroom, "Pirati informatici: Microsoft al contrattacco," AdnKronos, December 3, 1996.

7 Tether, "FT Article a Selective Rehashing of Irrelevant, Inaccurate, Old 'News,' " July 15, 2021.

8 泰達公司堅稱，他們對德瓦西尼旗下公司的描述是正確的。

9 作者採訪德瓦西尼公司前員工。另見：Kadhim Shubber and Siddharth Venkataramakrishnan, "Tether: The Former Plastic Surgeon Behind the Crypto Reserve Currency," *Financial Times*, July 15, 2021。

10 出處同前。

11 泰達公司宣稱貨物是在運輸途中遭竊。Tether, "FT Article a Selective Rehashing."

第5章　把錢存台灣，但匯不出去

1 Comment on "Il Blog delle Stelle." December 8, 2012.

2 "Show HN: Bitcoinica—Advanced Bitcoin Trading Platform," *Y Combinator*, https://news.ycombinator.com/item?id=2973301.

3 User: urwhatuknow, "Re: [OFFICIAL]Bitfinex.com first Bitcoin P2P lending platform for leverage trading," *Bitcointalk.org*, February 10, 2014.

4 User: urwhatuknow, "Re: And we have another Bitfinex Hookey THIEVING Short Squeeze!," *Bitcointalk.org*, June 22, 2014.

5 Jeff Wilser, "CoinDesk Turns 10: The Legacy of Mt. Gox—Why Bitcoin's Greatest Hack Still Matters," *CoinDesk*,May 4, 2023.

6 "Russian National and Bitcoin Exchange Charged in 21-Count Indictment for Operating Alleged International Money Laundering Scheme and Allegedly Laundering Funds from Hack of Mt. Gox," United States Department of Justice, July 26, 2017.

7 Nathaniel Rich, "Ponzi Schemes, Private Yachts, and a Missing $250 Million in Crypto: The Strange Tale of Quadriga," *Vanity Fair*, November 22, 2019.

8 Charlie Richards, "Karpeles Warns of Another Mt. Gox, but BitFinex Might Have the Answer," *CoinTelegraph*, June 3, 2015.

9 "Two Arrested for Alleged Conspiracy to Launder $4.5 Billion in Stolen Cryptocurrency," United States Department of Justice, February 8, 2022.

10 Clare Baldwin, "Bitfinex Exchange Customers to Get 36 Percent Haircut, Debt Token," Reuters, August 6, 2016.

11 Lucinda Shen, "Every User of This Hacked Bitcoin Exchange Is About to Lose 36% from Their Account," *Fortune*, August 8, 2016.

12 Garrett Keirns, "Bitcoin Exchange Bitfinex Buys Back All Remaining 'Hack Credit' Tokens," *CoinDesk*, April 3, 2017.

13 Mircea Constantin Șcheau, Simona Liliana Cr ciunescu, Iulia Brici, and Monica Violeta Achim, "A Cryptocurrency Spectrum

Short Analysis," *Journal of Risk and Financial Management* 13, no. 8 (August 17, 2020).

14 Brady Dale, "The First Yearlong ICO for EOS Raised $4 Billion. The Second? Just $2.8 Million," *CoinDesk*, September 17, 2019.

15 Gian M. Volpicelli, "To Get Rich in Crypto You Just Need an Idea, and a Coin," *Wired*, February 3, 2018.

16 Nellie Bowles, "Everyone Is Getting Hilariously Rich and You're Not," *New York Times*, January 13, 2018.

17 Olga Kharif, "IBM Is Tackling Blood Diamonds with Blockchain," Bloomberg, April 26, 2018.

18 Camila Russo, "Walmart Is Getting Suppliers to Put Food on the Blockchain," Bloomberg, April 23, 2018.

19 Edward Chancellor, *Devil Take the Hindmost: A History of Financial Speculation* (New York: Farrar, Straus and Giroux, 1999), 67.

20 出處同前，64。

21 Erik Schatzker, "A Crypto Fund King Says Bitcoin Will Be the Biggest Bubble Ever," Bloomberg, September 26, 2017.

22 Stan Hinden, "Penny Stock Fraud Toll Put at $2 Billion a Year," *Washington Post*, September 7, 1989.

23 Leslie Eaton, "Ideas & Trends; Hi. My Name's Matt. I'm Selling Hot Stocks," *New York Times*, December 21, 1997.

24 Andrew Hayward, "$25 Million ICO Backed by Floyd Mayweather Was a Fraud, Founder Admits," *Decrypt*, June 16, 2020.

25 "SEC Charges Additional Defendant in Fraudulent ICO Scheme," United States Securities and Exchange Commission, April 20, 2018.

26 參見雷蒙德·特拉帕尼（Raymond Trapani）在刑事審判中的量刑聽審紀錄。*United States v. Sharma et al.*, United States District Court Southern District of New York, May 14, 2018.

27 "Two Celebrities Charged with Unlawfully Touting Coin Offerings," U.S. Securities and Exchange Commission, November 29, 2018.

28 Sherwin Dowlatt and Michael Hodapp, "Cryptoasset Market Coverage Initiation: Valuation," Satis Group, August 30, 2018.

29 Bitfinex published some financial information in May 2019 during its "Unus Sed Leo" coin offering.

30 *iFinex Inc. v. Wells Fargo & Company*, 3:17-cv01882 (N.D. Cal.), April 5, 2017.

第6章 再見台灣，轉進波多黎各

1 Bitfinex'ed, "The Mystery of the Bitfinex/Tether Bank, and Why This Is Suspicious," *Medium*, October 1, 2017.
2 "Founder of Liberty Reserve Pleads Guilty to Laundering More Than $250 Million Through His Digital Currency Business," United States Department of Justice, January 29, 2016.
3 "Dough Ray Me." *DuckTales*, season 3, episode 7, directed by James T. Walker and Bob Hathcock, written by Brooks Wachtel and Gordon Bressack, aired November 3, 1989.
4 Matthew Leising and Yalixa Rivera, "Puerto Rico's Noble Bank Seeks Sale Amid Crypto Slide," Bloomberg, October 1, 2018.
5 Zeke Faux, "Anyone Seen Tether's Billions?," *Bloomberg Businessweek*, October 7, 2021.
6 Leising and Rivera, "Puerto Rico's Noble Bank Seeks Sale Amid Crypto Slide."

第7章 快還錢！我快倒閉了！

1 "A.G. Schneiderman Launches Inquiry into Cryptocurrency 'Exchanges,' " New York State Attorney General, April 17, 2018.
2 "Virtual Markets Integrity Initiative Report," Office of the New York State Attorney General, September 18, 2018, 2.
3 John M. Griffin and Amin Shams, "Is Bitcoin Really Un- Tethered?," *The Journal of Finance* (June 15, 2020).
4 Bitfinexed, "Bitfinex Tether Phil Potter 'Solved' Banking Problems with Illegal Money Laundering Tactics," YouTube, https://www.youtube.com/watch?v=62cvxPIDBGY.
5 "Attorney General James Announces Court Order Against 'Crypto' Currency Company Under Investigation for Fraud," New York State Attorney General, April 25, 2019.
6 "The Rise and Fall of Crypto Capital Corp, Crypto's Premiere Shadow Bank," *Protos*, August 17, 2021.
7 Damian Williams, "Memorandum of Law of the United States of America in Opposition to the Defendant's Pretrial Motions," in *United States of America v. Reginald Fowler*, Case No. S3 19 Cr. 254 (ALC) (U.S. District Court for the Southern District of New York, filed November 4, 2021).
8 Tim Copeland, "The Story of Crypto Capital's Dark Past and Its Deep Ties with the Crypto Industry," *Decrypt*, May 2, 2019.

9 兩人之間的訊息是在泰達公司與紐約檢察總長的訴訟期間發布的。

10 David Floyd and Nikhilesh De, "For Bitfinex Users, Dollar Withdrawals Are Now a Weeks-Long Struggle," *CoinDesk*, November 9, 2018.

11 Leising and Rivera, "Puerto Rico's Noble Bank Seeks Sale Amid Crypto Slide."

12 Bitfinex, "A Response to Recent Online Rumours," *Bitfinex Blog* [no date].

13 Bitfinex, "Fiat Deposit Update— October 15th, 2018," *Medium*, October 15, 2018.

14 卡斯蒂利翁寫給米勒和溫斯坦兩人的信，"Re: Subpoenas to iFinex Inc. and Tether Limited," State of New York Office of the Attorney General, https://iapps.courts.state.ny.us/nyscef/ViewDocument?docIndex=2CN3UUPclyTIOms93ZTYGQ==.

15 Paul Vigna, "Cryptocurrency Investors Shrug Off Tether Woes," *Wall Street Journal*, April 29, 2019.

16 Pete Rizzo, " 'Not a White Paper': Marketing Document Details $1 Bill on Bitfinex Token Sale," *CoinDesk*, May 4, 2019.

17 Bitfinex, "Revenues from Tokinex Dedicated to LEO Redemptions," *Medium*, July 8, 2019.

第 8 章　別碰，很危險

1 約翰．亞當斯（John Adams）寫給湯瑪斯．傑佛遜（Thomas Jefferson）的信，National Archives, February 24, 1819。

2 Alpheus Felch, "Early Banks and Banking in Michigan," in *Report of the Pioneer Society of the State of Michigan*, vol. 2 (W.H. Graham's Presses, 1880), 111.

3 "VOX POPULI: Hurtful Rumors Can Spread Faster and Farther in Today's World," *Asahi Shimbun*, May 9, 2023.

4 George Hammond and Elaine Moore, "How Silicon Valley Learnt to Love the Government," *Financial Times*, March 17, 2023.

5 "Hindenburg Research Announces $1,000,000 Bounty for Details on Tether's Backing," Hindenburg Research, October 19, 2021. 泰達公司的技術長阿多諾在推特上發布了一個迷因訊息，將安德森描述為一個狂熱、戴著錫箔帽的陰謀論者。在推文中，那個虛構的安德森以網路用語嘀咕道：「監管機構隨時都會關閉它的。」

6 MacKenzie Sigalos, "Bitcoin Hits New All-Time High Above $68,000 as Cryptocurrencies Extend Rally," CNBC, November 8, 2021.

7 Joanna Ossinger, "Crypto World Hits $3 Trillion Market Cap as Ether, Bitcoin Gain," Bloomberg, November 8, 2021.
8 "Tether Papers: This Is Exactly Who Acquired 70% of All USDT Ever Issued," *Protos*, November 10, 2021.
9 Alexander Osipovich, "Crypto Exchange FTX Reaches $25 Billion Valuation," *Wall Street Journal*, October 21, 2021.
10 Steven Ehrlich and Chase Peterson-Withorn, "Meet the World's Richest 29-Year-Old: How Sam Bankman-Fried Made a Record Fortune in the Crypto Frenzy," *Forbes*, October 6, 2021.

第 9 章　小島上的加密海盜

1 Colin Woodard, *The Republic of Pirates* (Orlando, FL: Harcourt, 2007), 12, 15.
2 Woodard, *The Republic of Pirates*, 230.
3 Nicholas Shaxson, *Treasure Islands: Uncovering the Damage of Offshore Banking and Tax Havens* (New York: St. Martin's, 2011), 89.
4 "The Bahamas: Bad News for the Boys," *Time*, January 20, 1967.
5 Congressional Record: Proceedings and Debates of the Fifty-Seventh Congress, Vol. 81, Part 10, United States: U.S. Government Printing Office, 1937, p. 1562.
6 Frank Argote- Freyre, "The Myth of Mafia Rule in 1950s Cuba," *Cuban Studies* 49 (2020): 277–78.
7 Charles A. Dainoff, *Outlaw Paradise: Why Countries Become Tax Havens* (Lanham, MD: Lexington Books, 2021), xii.
8 Richard Oulahan and William Lambert, "The Scandal in the Bahamas: An Exposé of an Island Paradise Corrupted by Graft, Greed and an Influx of U.S. Gangsters," *Life*, February 3, 1967.
9 Letter from W. G. Hullard, Colonial Office, to B. E. Bennett, Bank of England, November 3, 1961. 感謝喬治亞大學的歷史教授史蒂芬・米姆（Stephen Mihm）在他的精采專欄文章中指出這句話，以及有關巴哈馬那些髒錢的許多其他細節："FTX's Bahamas Headquarters Was the First Clue," Bloomberg, December 7, 2022。
10 David Adams, "Robert Vesco: His Years on the Run," *Tampa Bay Times*, July 3, 1995.
11 Jim Drinkhall, "CIA Helped Quash Major, Star-Studded Tax Evasion Case," *Wall Street Journal*, April 24, 1980.
12 他的名字是卡洛斯・萊德（Carlos Lehder）。Seth Ferranti,"The Nazi-Loving Drug Lord Who Revolutionized the Cocaine

Smuggling Industry," *Vice*, January 9, 2016.

13 Guy Gugliotta and Jeff Leen, *Kings of Cocaine: Inside the Medellín Cartel— An Astonishing True Story of Murder, Money and International Corruption* (New Orleans: Garrett County Press, 2011).

14 Edward Cody, "Probe Finds Corruption in Bahamas," *Washington Post*, December 18, 1984

15 Drinkhall, "CIA Helped Quash Major, Star-Studded Tax Evasion Case.'

16 Youri Kemp, "Crypto Exchange: Hotel to 'Immerse' Visitors at Its HQ," *The Tribune*, March 14, 2022.

17 Remarks: The Rt. Hon. Philip Davis, QC, Prime Minister, The Commonwealth of the Bahamas: Office of the Prime Minister, October 4, 2021, https://opm.gov.bs/remarks-the-rt-hon-philip-davis-qc-prime-minister-october-4th-2021/.

18 "Meeting with SBF on FTX Crypto Derivatives Exchange," Government of Georgia, February 19, 2022.

19 時任高盛執行長的大衛・所羅門（David Solomon）也喜歡以 DJ D-Sol 的藝名擔任 DJ，但他播放的音樂並不好。

20 派對是在投資經理人邁克・基夫斯（Michael Kives）的家中舉行。他的人脈很廣，以前擔任好萊塢經紀人。派對隔天，佩芮在 Instagram 上對她的一・五四億名粉絲表示：「我要退出音樂圈，去 @Ftx_Offical 實習。」

21 Peter Singer, "Famine, Affluence, and Morality," *Philosophy & Public Affairs* 1, no. 3 (1972) 229– 43. 辛格在那篇文章的附註中指出，他於一九七一年寫下該文。

22 Barbara H. Fried, *Facing Up to Scarcity: The Logic and Limits of Nonconsequentialist Thought* (Oxford: Oxford University Press, 2020), xv.

23 Theodore Schleifer, "Keeping Up with the Bankman-Frieds," *Puck*, December 13, 2022.

24 Roger Parloff, "Portrait of a 29-Year-Old Billionaire: Can Sam Bankman-Fried Make His Risky Crypto Business Work?," Yahoo! Finance, August 12, 2021.

25 Adam Fisher, "Sam Bankman-Fried Has a Savior Complex— And Maybe You Should Too," *Sequoia*, September 22, 2022.

26 "Want an Ethical Career? Become a Banker," University of Oxford, November 22, 2011. 麥卡斯科爾後來調降了這個估計值，因為它假設的挽救生命成本太低了，不切實際。

27 Joe Weisenthal and Tracy Alloway, "The Ex- Jane Street Trader Who's Building a Multi- Billion Crypto Empire," Bloomberg, April

1, 2021.

28 Ava Benny-Morrison and Annie Massa, "From Math Camp to Handcuffs: FTX's Downfall Was an Arc of Brotherhood and Betrayal," Bloomberg, February 15, 2023.

29 出處同前。

30 David Yaffe-Bellany, Lora Kelly, and Cade Metz, "She Was a Little-Known Crypto Trader. Then FTX Collapsed," *New York Times*, November 23, 2022.

31 Sylvie Douglas, "Sam Bankman-Fried and the Spectacular Fall of His Crypto Empire, FTX," *Planet Money*, NPR, November 16, 2022.

32 三位匿名的消息人士提供了阿拉米達早年大致的財務資訊。

33 David Yaffe- Bellany, "A Crypto Emperor's Vision: No Pants, His Rules," *New York Times*, May 14, 2022.

第10章　有點像羅賓漢

1 Jamie Crawley, "FTX Reaches $32B Valuation with $400M Fundraise," *CoinDesk*, January 31, 2022.

2 Danny Nelson, "FTX Raises $420,690,000," *CoinDesk*, October 21, 2021.

3 David Yaffe-Bellany, "A Crypto Emperor's Vision: No Pants, His Rules," *New York Times*, May 14, 2022.

4 Kellen Browning, "A Pro E-Sports Team Is Getting $210 Million to Change Its Name," *New York Times*, June 4, 2021.

5 作者採訪FTX美國公司的前總裁布雷特・哈里森（Brett Harrison）。

6 Sander Lutz, "White House Refuses to Answer Questions About Sam Bankman- Fried Donations," *Decrypt*, December 14, 2022.

7 Matthew Goldstein and Benjamin Weiser, "New Details Shed Light on FTX's Campaign Contributions," *New York Times*, February 23, 2023.

8 Jesse Hamilton, Cheyenne Ligon, Elizabeth Napolitano, "Congress' FTX Problem: 1 in 3 Members Got Cash from Crypto Exchange's Bosses," *CoinDesk*, January 17, 2023.

9 Cheyenne Ligon, "The 'SBF Bill': What's in the Crypto Legislation Backed by FTX's Founder," *CoinDesk*, November 15, 2022.

10 Sam Harris, "Earning to Give: A Conversation with Sam Bankman-Fried," *Making Sense*, December 24, 2021.

11 Mercury News, "Saratogan Nishad Singh Sets the World Record for Fastest 100-Mile Run by a 16 Year Old," *San Jose Mercury News*, September 10, 2012.

12 尼夏・辛受訪時，可能不知道ＦＴＸ涉入任何詐騙。在二〇二三年二月的一次法庭聽審上，他對刑事詐騙指控認罪時，說他直到二〇二二年夏天，也就是我去巴哈馬訪問他們幾個月後，才開始了解發生了什麼。

第11章　抓到了，也賺到了！

1 這個駭客事件的描述，是來自 Bitfinex 委託調查的一份報告。我取得了那份報告。

2 Andy Greenberg, "Inside the Bitcoin Bust That Took Down the Web's Biggest Child Abuse Site," *Wired*, April 7, 2022.

3 Cyrus Farivar, David Jeans, and Thomas Brewster, "Razzlekhan: The Untold Story of How a YouTube Rapper Became a Suspect in a $4 Billion Bitcoin Fraud," *Forbes*, March 17, 2022.

4 作者採訪阿米娜・阿莫尼亞克。

5 Farivar, Jeans, and Brewster, "Razzlekhan: The Untold Story of How a YouTube Rapper Became a Suspect in a $4 Billion Bitcoin Fraud."

6 出處同前。

7 出處同前。

8 Kevin T. Dugan and Matt Stieb, "The Many Lives of Crypto's Most Notorious Couple: How the Accused Bitcoin Launderers Spent Their Time," *New York*, February 15, 2022.

9 Zeke Faux, "How Facebook Helps Shady Advertisers Pollute the Internet," *Bloomberg Businessweek*, March 27, 2018.

10 薩頓說，那句話是記者亂寫的，他搶劫銀行是因為那很刺激。Willie Sutton, Willie and Edward Linn, *Where the Money Was* (New York: Viking, 1976), 120.

11 Chainalysis, "The 2022 Crypto Crime Report."

12 出處同前。

13 FBI, "Bank Crime Statistics," https://www.fbi.gov/investigate/violent-crime/bank-robbery/bank-crime-reports.
14 這個數字是來自法院紀錄。
15 Wassayos Ngamkham, "Canadian Drug Suspect Found Hanged in Cell," *Bangkok Post*, July 12, 2017.
16 Nick Bilton, "The Ballad of Razzlekhan and Dutch, Bitcoin's Bonnie and Clyde," *Vanity Fair*, August 18, 2022.
17 Kenneth Garger, "NYC Man Charged with Helping Transport Nicole Flanagan's Body in Barrel to NJ," *New York Post*, August 24, 2021.
18 他們的刑事案件檔案中描述了這次搜查。
19 Tim Robinson, "Elliptic Follows the $7 Billion in Bitcoin stolen from Bitfinex in 2016," *Elliptic*, May 13, 2021.
20 Rob Guth, "Bandwidth Merchant?," *The Industry Standard*, January 25, 1999.

第 12 章　滑鼠點點點，錢就來來來

1 "Announcing C.R.E.A.M. Finance," *Medium*, July 16, 2020.
2 "Cream Finance Theme— Method Man and Havoc," YouTube, https://www.youtube.com/watch?v=-SFPp7Gsycs.
3 Neil Strauss, "Brock Pierce: The Hippie King of Cryptocurrency," *Rolling Stone*, July 26, 2018.
4 Strauss, "Brock Pierce: The Hippie King of Cryptocurrency."
5 出處同前。
6 Nellie Bowles, "Making a Crypto Utopia in Puerto Rico," *New York Times*, February 2, 2018.
7 出處同前。
8 Coral Murphy Marcos and Patricia Mazzei, "The Rush for a Slice of Paradise in Puerto Rico," *New York Times*, January 31, 2022.
9 出處同前。
10 Joshua Oliver and Kadhim Shubber, "Alex Mashinsky, Celsius Founder Feeling the Heat," *Financial Times*, June 17, 2022.

第13章　菲律賓，一場夢幻泡影

1 Steph Yin, "Seeking Superpowers in the Axolotl Genome," *New York Times*, January 29, 2019.
2 Leah Callon-Butler, "Most Influential 2021: Trung Nguyen," *CoinDesk*, December 8, 2021.
3 Darren Loucaides, "To Infinity and Back: Inside Axie's Disastrous Year," *Rest of World*, June 22, 2022.
4 Brandon Rochon, "Axie Infinity Growth Pt. 1—Approach to 10M Players," *Covalent*, December 1, 2021.
5 Aleksander Larsen. Interview. Patrick O'Shaughnessy, host. "Sky Mavis: The Builders Behind Axie Infinity," *Business Breakdowns*, September 15, 2021.
6 Yogita Khatri, "Axie Infinity Creator Announces $152 Million in Series B Funding Led by a16z," *The Block*, October 5, 2021.
7 Aleksander Larsen. Interview. Patrick O'Shaughnessy, host. "Sky Mavis: The Builders Behind Axie Infinity."
8 Packy McCormick, "Infinity Revenue, Infinity Possibilities," *Not Boring*, July 19, 2021.
9 Andrew Hayward, "FTX Sponsors Play-to-Earn 'Scholars' in Ethereum Game Axie Infinity," *Decrypt*, August 5, 2021.
10 "PLAY-TO-EARN | NFT Gaming in the Philippines | English," YouTube, https://www.youtube.com/watch?v=Yo-BrASiMHU4&t=263s.
11 Nikhilesh De and Danny Nelson, "US Officials Tie North Korea's 'Lazarus' Hackers to $625M Crypto Theft," *CoinDesk*, April 14, 2022.
12 美國官員估計，包括Sky Mavis駭客攻擊在內的數位竊盜案，一直在資助北韓半數的彈道飛彈計畫。Robert McMillan and Dustin Volz, "How North Korea's Hacker Army Stole $3 Billion in Crypto, Funding Nuclear Program," *Wall Street Journal*, June 11, 2023.

第14章　龐氏騙局經濟學

1 Lydia Moynihan, "How Sam Bankman-Fried's Ties with the Clintons Helped Him Dupe Investors," *New York Post*, January 19, 2023.
2 作者採訪SBF。

3 *Jules Vanden Berge v. Christopher Masanto, Andrew Masanto, Altitude Ads Limited, Blooming Investments Limited, and Amplify Limited*, 3:20-cv-00509-H-DEB (S.D. Cal. Mar. 17, 2020); *Socorro Lopo v. Christopher Masanto et al.*, 2:21-cv-01937-JAK-JEM (C.D. Cal. Mar. 2, 2021); *Widiantoro et al. v. Masanto et al.*, 1:21-cv-06941-KPF (S.D.N.Y. Aug. 17, 2021).

4 二〇二二年六月我與華格納聯絡時，《星圖》已發布一個可玩的演示版本，但星圖幣的價格已暴跌至接近零。「我們自成立以來的理念，就是反覆開發及模組化發布。」

5 Fisher, “Sam Bankman-Fried Has a Savior Complex—And Maybe You Should Too.”

6 Shaurya Malwa, “Solana-Based STEPN Reports $122.5M in Q2 Profits,” *CoinDesk*, July 12, 2022.

7 SBF訪談。Joe Weisenthal and Tracy Aloway, hosts. “Sam Bankman-Fried and Matt Levine on How to Make Money in Crypto,” *Odd Lots* podcast, April 25, 2022.

8 Hannah Miller, “Solana Generates $1 Billion in Returns for Multiple Early Backers,” *The Information*, December 13, 2021.

9 Kadhim Shubber, Ryan McMorrow, Siddharth Venkataramakrishnan, “Tether’s CEO: From IT Sales to Calling the Shots in Crypto Land,” *Financial Times*, December 17, 2021.

10 Nury Vittachi, “Doonesbury’s Mr Butts Just Needs a Bath,” *South China Morning Post,* March 27, 1996. Tether told the *Financial Times* that Van der Velde sold the company’s other products.

11 Pedro Herrera, “Dapp Industry Report—January 2022,” *Dapp Radar*, February 3, 2022.

第15章　孩子，我買了一隻猿

1 Paris Hilton. Interview. Jimmy Fallon, host. *The Tonight Show Starring Jimmy Fallon*, January 24, 2022.

2 Yueqi Yang, “Wall Street Firms Make Crypto Push to Catch Up with ‘Cool Kids’,” Bloomberg, April 25, 2022.

3 Ben Cohen, “The Whales of NBA Top Shot Made a Fortune Buying LeBron Highlights,” *Wall Street Journal*, March 9, 2021.

4 Rosanna McLaughlin, “‘I Went from Having to Borrow Money to Making $4M in a Day’: How NFTs Are Shaking Up the Art World,” *Guardian*, November 6, 2021.

5 Kate Irwin, “$70 Million Later, Pixelmon’s Founder Calls Artwork Reveal ‘Horrible Mistake,’” *Decrypt*, February 27, 2022.

6 那個賣屁的人叫史蒂芬妮・瑪朵（Stephanie Matto）。

7 Samantha Hissong, “How Four NFT Novices Created a Billion-Dollar Ecosystem of Cartoon Apes,” *Rolling Stone*, November 1, 2021.

8 Nate Freeman, “SBF, Bored Ape Yacht Club, and the Spectacular Hangover After the Art World’s NFT Gold Rush,” *Vanity Fair*, January 18, 2023.

9 Rosie Perper, “Rare Bored Ape Yacht Club NFT Sells for Record $3.4 Million USD,” Hypebeast, October 26, 2021.

10 Connor Sephton, “Collector Loses $391,000 as Bored Ape NFT Accidentally Sells for Just $115—How Did It Happen?,” *CoinMarketCap Alexandria*, March 29, 2022.

11 Sarah Emerson, “Seth Green’s Stolen Bored Ape Is Back Home,” *BuzzFeed News*, June 9, 2022.

12 Shanti Escalante-De Mattei, “Thieves Steal Gallery Owner’s Multimillion-Dolar NFT Collection: ‘All My Apes Gone,’” *ARTNews*, January 4, 2022.

第16章 兄弟，我是為了社群

1 Katie Notopoulos, “We Found the Real Names of Bored Ape Yacht Club’s Pseudonymous Founders,” *BuzzFeed*, February 4, 2022.

2 Jessica Klein, “Planet of the Bored Apes: Inside the NFT World’s Biggest Success Story,” *Input*, August 3, 2022.

3 Shirley Halperin, “From Maverick to Mogul, Madonna’s Manager Guy Oseary Transcends the Music World to Take on NFTs,” *Variety*, July 27, 2022.

4 Ryan Weeks, “MoonPay Has Quietly Set Up a Concierge Service to Help Celebrities Buy NFTs,” *The Block*, November 25, 2021.

5 芭黎絲・希爾頓是 MoonPay 的投資者之一。該協議是在她上吉米・法隆節目的幾個月後宣布的。Elizabeth Lopatto, “Thanks, Gwyneth! MoonPay Rides Celebrity Interest to $3.4 Billion Valuation,” *The Verge*, April 13, 2022.

6 根據猿幣的公開聲明，共有十億枚猿幣。其中一五%流向宇迦實驗室，另外八%流向該公司的創辦人——總計二・三億枚猿幣。在猿猴節期間，一枚猿幣的價值約為四美元。

7 宇迦實驗室的投資簡報可以在 *Best Pitch Deck* 找到。https://bestpitchdeck.com/yuga-labs.

8 Jessica Klein, "Planet of the Bored Apes: Inside the NFT World's Biggest Success Story."

9 訪談。Damon Dash. Rashad Bilal and Troy Millings, hosts. "Dame Dash on Starting Rocawear, His Football League, NFTs, & More," YouTube, June 1, 2022, https://www.youtube.com/watch?v=Jnnmb5oiQNU&t=566s.

10 宇迦實驗室控告里普斯案，22 Civ 4435 (C.D. Calif 2022).

11 宇迦實驗室的律師說，那句話引述自《富比士》，但實際上是出自《財星》。

12 Richard Whiddington, "Yuga Labs Has Won Its Lawsuit Against Artist Ryder Ripps for His Copycat Versions of Bored Ape Yacht Club NFTs," *Artnet News*, April 24, 2023.

13 宇迦實驗室控告里普斯案。

第17章　泡泡幣與浮浮幣

1 Zeke Faux and Muyao Shen, "A $60 Billion Crypto Collapse Reveals a New Kind of Bank Run," *Bloomberg Businessweek*, May 19, 2022.

2 "Cryptocurrencies II," *Last Week Tonight with John Oliver*, HBO, April 23, 2023.

3 Olga Kharif, "Tether Takes Victory Lap After Stablecoin Regains Peg," Bloomberg, May 12, 2022.

4 Ryan Browne, "World's Biggest Stablecoin Regains Dollar Peg After $3 Billion in Withdrawals," CNBC, May 13, 2022.

5 法院文件披露了細節與內部通訊。Celsius Network LLC, et al., 22-10964 (S.D. New York Bankruptcy).

6 紐約人民控告馬辛斯基案，Index No.: 450040/2023 (Supreme Court of the State of New York, County of Westchester).

7 Steven Ehrlich, "Bankman-Fried Warns: Some Crypto Exchanges Already 'Secretly Insolvent,'" *Forbes*, June 28, 2022.

8 Jen Wieczner, "The Crypto Geniuses Who Vaporized a Trillions Dollars," *New York*, August 15, 2022.

9 訪談。Kyle Davies. Hugh Hendry, host. "The Collapse of Three Arrows Capital: Part I with Kyle Davies," *The Acid Capitalist* podcast, December 3, 2022.

10 Joanna Ossinger, Muyao Shen, and Yueqi Yang, "Three Arrows Founders Break Silence Over Collapse of Crypto Hedge Fund," Bloomberg, July 22, 2022.

11 "Eastern Caribbean Supreme Court in the High Court of Justice Virgin Islands (Commercial Division), In re Three Arrows Capital Limited, Case No. BVIHCOM2022/0119," June 27, 2022.

12 Amy Castor and David Gerard, "Crypto collapse: 3AC yacht 'Much Wow' back on the market, Celsius maybe-Ponzi, Voyager pays off the boys, Hodlnaut," AmyCastor.com, August 23, 2022.

13 Madison Darbyshire, "Miami Nightclubs Mourn Absence of High-Rolling Crypto Entrepreneurs," *Financial Times*, November 26, 2022.

14 David Yaffe-Bellany, "Their Crypto Company Collapsed. They Went to Bali," *New York Times*, June 9, 2023.

15 作者採訪「查皮」與札克・沙爾克羅斯，二〇二三年五月三十一日。

16 Freddy Brewster, "'Bachelorette' Contestant's Firefighter Dad Has Retirement Locked Up in Bankrupt Crypto Lender," *Los Angeles Times*, August 12, 2022.

17 Jeff John Roberts, "Exclusive: 30-Year-Old Billionaire Sam Bankman-Fried Has Been Called the Next Warren Buffett. His Counterintuitive Investment Strategy Wil Either Build Him an Empire—Or End in Disaster," *Fortune*, August 1, 2022.

18 "Crypto's Last Man Standing," *The Economist*, July 5, 2022.

19 David Gura, "Crypto Bilionaire Says Fed Is Driving Current Downturn," NPR, June 19, 2022.

20 Steven Ehrlich, "Bankman-Fried Warns: Some Crypto Exchanges Already 'Secretly Insolvent'," *Forbes*, June 28, 2022.

21 泰達公司曾表示會配合所有的法律調查，但它與美國當局抗爭的歷史卻提高了它在業界的聲譽。

22 *Protos* Staff, "China's Crypto King Pleads Guilty to Laundering $480M for Online Casinos, Report," *Protos*, May 12, 2021.

23 U.S. Department of Justice, Office of Public Affairs, "North Korean Foreign Trade Bank Representative Charged in Crypto Laundering Conspiracies," April 24, 2023.

24 Transparency International UK, "From Russia with Crypto: Moscow-Based Exchanges Offering to Anonymously Convert Stablecoins for Cash in the UK." Available at: https://www.transparency.org.uk/news-and-events/press-releases/item/1936-from-russia-with-crypto-moscow-based-exchanges-offering-to-anonymously-convert-stablecoins-for-cash-in-the-uk.

25 *U.S. v. Orekhov et al.*, 22 Crim 434 (E.D. New York Sep. 26, 2022).

第18章　美女，網戀，殺豬盤

1 我從一個隨機號碼收到的另一則奇怪簡訊寫道：「嗨，邁克，我是丹妮，這是我的新號碼。我的狗昨天不吃狗糧了，你能過來看看牠嗎？」

2 Alastair McCready, "From Industrial-Scale Scam Centers, Trafficking Victims Are Being Forced to Steal Billions," *Vice*, July 13, 2022.

3 Brian Krebs, "Massive Losses Define Epidemic of 'Pig Butchering,'" *Krebs on Security* (blog), July 21, 2022.

4 Kevin Roose, "Crypto Scammers' New Target: Dating Apps," *New York Times*, February 21, 2022.

5 騙子面臨的最大挑戰是，在騙了受害者的現金後，如何甩掉受害者。有時，他們會讓一個假警探到現場假裝逮捕騙子，指控他操縱股市；或者，一個騙子會假裝射殺另一個騙子，讓受害者捲入一場假謀殺案。在一九七三年的電影《刺激》（*The Sting*）中，保羅．紐曼（Paul Newman）與勞勃．瑞福（Robert Redford）飾演的騙子就是採用這種伎倆。

6 David W. Maurer, *The Big Con: The Story of the Confidence Man* (New York: Random House, 1940), 8.

7 Saul Bellow, *There Is Simply Too Much to Think About: Collected Nonfiction*, ed. Benjamin Taylor (New York: Penguin, 2016).

8 Maurer, *The Big Con*, 218.

9 Shaffiq Alkhatib, "Jail for Money Mule Who Worked with Member of Nigerian Love Scam Group and Had Child with Him," *Straits Times*, February 23, 2023.

10 Mitchell Clark, "A Cringe Rapper Slash Forbes Contributor Allegedly Found with Billions in Stolen Bitcoin," *The Verge*, February 8, 2022.

11 Brian Krebs, "Confessions of an ID Theft Kingpin, Part I," *Krebs on Security* (blog), August 26, 2020.

12 Mech Dara, "Spate of Violent Crimes Against Foreigners Nabs More Than 20 Suspects," *Voice of Democracy*, February 2, 2022.

13 Husain Hader, "Sihanoukvile's Dirty Secret: Dark Rumours and Inside Information Raise Questions About the China Project," *Khmer Times*, September 6, 2021.

第19章　深入柬埔寨，步步驚心

1 "Cambodia: 51 Opposition Politicians Convicted in Mass Trial," *Human Rights Watch*, June 14, 2022
2 "Cambodia: Rights Crackdown Intensifies," *Human Rights Watch*, January 12, 2023.
3 Jack Brook, "Scams, Human Trafficking Thrived at Bokor Mountain Behind Tycoon's Luxury Hotel," *CamboJA*, February 9, 2023.
4 Sangeetha Amarthalingam, "Sleepless in Sin City—Will Half-Sized, Outlawed Online Gambling Sector Persist Below the Surface in Cambodia?," *Phnom Penh Post*, September 2, 2021.
5 澳門博彩諮詢公司 IGamiX 的創辦人李忠良指出，施亞努市每年的賭博相關營收在三十五億至五十億美元之間，其中九成來自約四百家的虛擬賭場，柬埔寨當局無法控管這些賭場。（引自《日本經濟新聞》二〇二〇年一月十日的報導）
6 David Boyle, "Cambodia's Casino Gamble," *Al Jazeera*, 2019.
7 Shaun Turton and Huang Yang, "Stuck in Sihanoukville: Projects Grind to Halt in Cambodia Resort Town," *Nikkei*, August 5, 2022.

第20章　薩爾瓦多是玩真的嗎？

1 BitcoinTV, "Interview with Jack Dorsey—by Michael Saylor," YouTube, February 1, 2022.
2 彭博社根據布格磊的推文，重建了他的交易歷史，並計算了他的損失。Sydney Maki, "El Salvador's Big Bitcoin Gamble Backfires to Deepen Debt Woes," Bloomberg, June 15, 2022.
3 Bryan Avelar and Tom Phillips, "At Least 153 Died in Custody in El Salvador's Gang Crackdown—Report," *Guardian*, May 29, 2023.
4 作者取得的飛行紀錄。皮爾斯告訴我，除了辦派對之外，他也與馬雅長老一起「重啟」了一座古老的金字塔。
5 Sharyn Alfonsi, "Bitcoin Beach: How a Town in El Salvador Became a Testing Ground for Bitcoin," *60 Minutes*, CBS News, April 10, 2022.

第21章　蜂蜜與大便

1 這位義大利法官是喬瓦尼・法爾科內（Giovanni Falcone）。另一位法官保羅・博爾塞利諾（Paolo Borsellino）也在一場汽車炸彈攻擊中喪生。Celestine Bohlen, "Fugitive Mafia Boss Arrested by the Italian Police in Sicily," *New York Times*, May 22, 1996.

2 John Parry, "Swiss Plan Law to Curb Laundering," *American Banker*, March 2, 1987.

3 Alan Riding, "New Rule Reduces Swiss Banking Secrecy," *New York Times*, May 6, 1991.

第22章　騙子與慈善家

1 Chris Strohm, "Binance Faces US Probe of Possible Russian Sanctions Violations," Bloomberg, May 5, 2023. 報導中提到，幣安在一份聲明中表示，它遵守美國和國際的金融制裁規定，並對「不明來源的資金」採取「零容忍態度」。

2 Angus Berwick and Tom Wilson, "How Crypto Giant Binance Became a Hub for Hackers, Fraudsters and Drug Traffickers," Reuters, June 6, 2022.

3 *SEC v. Binance Holdings Limited, BAM Trading Services Inc., BAM Management US Holdings Inc., and Changpeng Zhao*, 1:23-cv-01599 (D.D.C. June 5, 2023), Complaint.

4 趙長鵬告訴我的《彭博商業周刊》同事馬克斯・查夫金（Max Chafkin），他之所以避開美國，並非由於可能遭到刑事起訴。「我覺得，我在美國是完全合法的，沒問題。」他說，「但我不想給人一種感覺，好像我們在美國招攬用戶。」查夫金是在趙長鵬的公關團隊承諾帶他參觀辦公室後，才飛往杜拜，但當他抵達後，這家大公司只讓他看光禿禿的水泥地板、裸露的管道與石膏板牆——沒有電腦，也沒有人。公關人員告訴他：「我們施行的是無固定辦公桌的彈性座位制。」Justina Lee and Max Chafkin, "Can Crypto's Richest Man Stand the Cold?," *Bloomberg Businessweek*, June 23, 2022.

5 Joshua Oliver, "'Sam? Are You There?!' The Bizarre and Brutal Final Hours of FTX," *Financial Times*, February 29, 2023.

6 Gillian Tan, "FTX Warns of Bankruptcy Without Rescue for $8 Billion Shortfall," Bloomberg, November 9, 2022.

7 Lydia Beyoud, Yueqi Yang, and Olga Kharif, "Sam Bankman-Fried's FTX Empire Faces US Probe into Client Funds, Lending,"

Bloomberg, November 9, 2022.
8 Tracy Wang, "Bankman-Fried's Cabal of Roommates in the Bahamas Ran His Crypto Empire—and Dated. Other Employees Have Lots of Questions," *CoinDesk*, November 10, 2022.
9 Jesse Watters, Jordan Belfort, *Jesse Watters Primetime*, Fox News, November 17, 2022.

第23章　再訪蘭花樓

1 Katanga Johnson, Lydia Beyoud, Allyson Versprille, and Annie Massa, "Sam Bankman-Fried Facing Possible Trip to US for Questioning," Bloomberg, November 15, 2022.
2 Kelsey Piper, "Sam Bankman-Fried Tries to Explain Himself," *Vox*, November 16, 2022.
3 SBF訪談。*Empire* podcast, "How Sam Bankman-Fried Made $10 Billion by the Age of 28," April 1, 2021.
4 Robert Wiblin, "Sam Bankman-Fried on Taking a High-Risk Approach to Crypto and Doing Good," *80,000 Hours* podcast, April 14, 2022.
5 Tyler Cowen, "Sam Bankman-Fried on Arbitrage and Altruism," *Conversations with Tyler* podcast, January 6, 2022.
6 Caroline Ellison, Twitter, March 7, 2021.
7 Sam Trabucco, Twitter, April 22, 2021.
8 Yueqi Yang, "FTX Chief Reminds Congress That 95% of Crypto Volume Is Offshore," Bloomberg, February 9, 2022.
9 兩位知情人士向我提及了艾莉森的說法，而直接引述則是來自商品期貨交易委員會（CFTC）對她的指控。尼夏・辛在指控他的刑事案件中所說的供詞，沒有提到這次會議。他在法庭上聲稱，他是後來才知道詐騙的嚴重程度。
10 Antoine Gara, Kadhim Shubber, and Joshua Oliver, "FTX Held Less Than $1bn in Liquid Assets Against $9bn in Liabilities," *Financial Times*, November 12, 2022.

後記　音樂，暫時停止

1 Steven Ehrlich, "Sam Bankman-Fried Recalls His Hellish Week in a Caribbean Prison," *Forbes*, January 26, 2023.

2 Gillian Tan and Max Chafkin, "Sam Bankman-Fried's Written Testimony Is Called 'Absolutely Insulting' at House Hearing," Bloomberg, December 13, 2022.

3 Theodore Schleifer, "The Only Living Boy in Palo Alto," *Puck,* January 10, 2023.

4 Lee Brown, "Sam Bankman-Fried's Bahamas Jail Infested by Rats and Maggots: 'Not Fit for Humanity,' " New York Post, December 14, 2022.

5 Ehrlich, "Sam Bankman-Fried Recalls His Hellish Week in a Caribbean Prison."

6 出處同前。

7 作者取得的文件副本。

8 Ava Benny-Morrison and Annie Massa, "From Math Camp to Handcuffs: FTX's Downfall Was an Arc of Brotherhood and Betrayal," Bloomberg, February 15, 2023.

9 Jacob Shamsian and Sindhu Sundar, "Sam Bankman-Fried to Be Released on $250 Million Bail and Will Be Required to Stay with Parents Ahead of FTX Trial," *Business Insider,* December 22, 2022.

10 Benjamin Weiser, Matthew Goldstein, and David Yaffe-Bellany, "Sam Bankman-Fried Released on $250 Million Bond with Restrictions," *New York Times,* December 22, 2022.

11 Ehrlich, "Sam Bankman-Fried Recalls His Hellish Week in a Caribbean Prison."

12 Selim Algar, "Sam Bankman-Fried's Family Pays $10K a Week for Armed Security, Sources Say," *New York Post,* December 27, 2022.

13 Joshua Oliver, " 'Sam? Are You There?!' The Bizarre and Brutal Final Hours of FTX," *Financial Times,* February 9, 2023.

14 Laurence Fletcher, "Hedge Fund Galois Closes After Half of Assets Trapped on Crypto Exchange FTX," *Financial Times,* February 20, 2023.

15 Molly White, "a16z-Backed Mecha Fight Club NFT Robot Cockfighting Game Put on Ice as Maker Pivots to AI," *Web3 Is Going Just Great,* May 13, 2023.

16 Jamie Dimon. Interview. Andrew Ross Sorkin, host. *Squawk Box,* CNBC, January 19, 2023.

17 *Securities and Exchange Commission v. Binance Holdings Limited, et al.*, Civil Action No. 1:23-cv-01599 (U.S. District Court for the District of Columbia, filed June 5, 2023).

18 *Securities and Exchange Commission v. Coinbase, Inc., et al.*, Civil Action No. 1:23-cv-04738 (U.S. District Court for the Southern District of New York, filed June 6, 2023).

19 Paolo Ardoino on Twitter, https://twitter.com/paoloardoino/status/1593298288568049664?s=20.

20 Vicky Ge, "Tether to Buy More Bitcoin for Stablecoin Reserves," *Wall Street Journal*, May 17, 2023.

21 Tom Schoenberg and Matt Robinson, "Tether Bank-Fraud Probe Gets Fresh Look by Justice Department," Bloomberg, October 31, 2022.

22 泰達幣的技術長阿多諾在一份慶祝聲明中表示：「泰達公司面對市場波動時多次展現的韌性，以及業界領先的透明做法，證明泰達是值得信賴的。」Tether, "Tether Reaches All-Time High, Surpasses Previous Market Cap High of $83.2B," June 1, 2023.

23 作者按法院文件列出的小時費率計算出來的。

國家圖書館出版品預行編目（CIP）資料

幣漲無疑：加密貨幣，一場史詩級騙局？/ 齊克．法克斯 (Zeke Faux) 著；洪慧芳譯. -- 初版. -- 臺北市：早安財經文化有限公司，2025.01
面；　公分. --（早安財經講堂；107）
譯自：Number go up : inside crypto's wild rise and staggering fall
ISBN 978-626-98712-5-4(平裝)

1.CST: 電子貨幣　2.CST: 金融投資工具

563.146　　113019417

早安財經講堂 107
幣漲無疑
加密貨幣，一場史詩級騙局？
Number Go Up
Inside Crypto's Wild Rise and Staggering Fall

作　　者：齊克・法克斯 Zeke Faux
譯　　者：洪慧芳
特約編輯：莊雪珠
封面設計：Bert.design
責任編輯：沈博思、黃秀如

發 行 人：沈雲驄
發行人特助：戴志靜、黃靜怡
行銷企畫：楊佩珍、游荏涵
出版發行：早安財經文化有限公司
電話：(02) 2368-6840　傳真：(02) 2368-7115
早安財經網站：goodmorningpress.com
早安財經粉絲專頁：facebook.com/gmpress
沈雲驄說財經 podcast：linktr.ee/goodmoneytalk
早安財經官網　沈雲驄說財經

郵撥帳號：19708033　戶名：早安財經文化有限公司
讀者服務專線：(02)2368-6840　服務時間：週一至週五 10:00~18:00
24 小時傳真服務：(02)2368-7115
讀者服務信箱：service@morningnet.com.tw

總 經 銷：大和書報圖書股份有限公司
電話：(02)8990-2588
製版印刷：中原造像股份有限公司
初版 1 刷：2025 年 1 月

定　　價：550 元
I S B N：978-626-98712-5-4（平裝）